국민연금공단

실력평가 모의고사

KB210782

국민연금공단

실력평가 모의고사

초판 발행	2023년 8월 23일
개정1판 발행	2025년 4월 18일

편 저 자	취업적성연구소
발 행 처	㈜서원각
등록번호	1999-1A-107호
주　　소	경기도 고양시 일산서구 덕산로 88-45(가좌동)
교재주문	031-923-2051
팩　　스	031-923-3815
교재문의	카카오톡 플러스 친구[서원각]
홈페이지	goseowon.com

우리나라 기업들은 1960년대 이후 현재까지 비약적인 발전을 이루었다. 이렇게 급속한 성장을 이룰 수 있었던 배경에는 우리나라 국민들의 근면성 및 도전정신이 있었다. 그러나 빠르게 변화하는 세계 경제의 환경에 적응하기 위해서는 근면성과 도전정신 이외에 또 다른 성장 요인이 필요하다.

최근 많은 공사 · 공단은 직무 관련성에 대한 고려 없이 인 · 적성, 지식 중심으로 치러지던 기존의 필기전형에서 탈피하여, 직업기초능력과 직무수행능력을 측정하기 위한 직업기초능력평가, 직무수행능력평가 등을 도입하고 있다.

본서는 국민연금공단의 채용에 대비하기 위한 모의고사 형태의 문제집으로, 다음과 같이 구성하여 수험생들이 단기간에 최상의 학습 효율을 얻을 수 있도록 하였다.

- 공단의 출제 스타일을 반영한 3회분 모의고사
- 수록과목 : 직업기초능력평가(의사소통능력, 문제해결능력, 수리능력, 조직이해능력, 정보능력, 직업윤리)+종합 직무지식평가(법학, 행정학, 경영학, 경제학, 사회보장론)
- 정 · 오답에 대한 상세하고 확신한 해설

합격을 향해 고군분투하는 당신에게 힘이 되는 교재가 되기를 바라며,
달려가는 그 길을 서원각이 진심으로 응원합니다.

4. ①

철도 차량 소재의 변천 과정을 (
언급하는 (다) 단락이 가장 처음에 (
로 대체 사용되기도 하였으며, 이러
드형 소재의 출현으로 부위별 다양
라서 이러한 소재의 변천 과정을

제 01 회 **실력평가 모의고사**

1 다음 글의 중심 내용으로 가장 적절한 것을 고르시오.

1 다음 글의 중심 내용으로 가장 적절한

한 번에 두 가지 이상의 일을 할 때
분야에서 좋은 성과를 내는 데 필수적인 요
열되는 상황에 처하도록 하는 경우도 많습
들을 안고 징정거리도록, 강박이나 충동에
동시에 먹을 때 가
서도 최상의 것을 얻지 못합니다. 다음과
앉아 있을 때는 앉아 있어야. 갈팡질팡하
가치가 있는 것이어야 합니다. 단지 부
한 가치가 있는지 자문하세요. 어떤
명심하세요.

8 PART. 01 실력평가 모의고사

제 01 회 **정답 및 해설**

1	③	2	④	3	④	4	①	5	③	6	①
11	④	12	③	13	①	14	①	15	④	16	④	17	
21	①	22	③	23	③	24	④	25	③	26	②	27	28	③
31	④	32	②	33	①	34	①	35	③	36	④	37	②	38	②	39	③	40	③

1. ③

화자는 본문에서 한 번에 두 가지 이상의 일을 하는 것은 마음에게 흩어지라고 지시하는 것이라고 언급한다. 또한 글의 중후반부에서 당신이 하는 모든 일은 당신의 온전한 주의를 받을 가치가 있는 것이어야 한다고 강조한다. 따라서 이 글의 중심 내용은 ③이 적절하다.

2. ④

몇 개 국가의 남녀평등 문화와 근로정책에 대하여 간략하게 기술하고 있으며, 노르웨이와 일본의 경우에는 법률을 구체적으로 언급하고 있지 않다. 또한 단순한 근로정책 소개가 아닌, 남녀평등에 관한 내용을 입각되게 소개하고 있으므로 전체를 포함하는 논지는 남녀평등과 그에 따른 근로정책에 관한 것이라고 볼 수 있다.

3. ④

(나) 자연 과학의 경험적 방법에는 세 가지 차원이 있다고 전제하고, (마) 가장 초보적인 차원(일상경험)→(라) 이보다 발달된 차원(관찰)→(바) 가장 발달된 차원(실험)으로 설명이 전개되고 있다.

144 PART. 02 정답 및 해설

실력평가 모의고사

실제 시험과 동일한 유형의 모의고사를 5회분 수록하여 충분한 문제풀이를 통한 효과적인 학습이 가능하도록 하였습니다.

정답 및 해설

정·오답에 대한 명쾌한 해설을 깔끔하게 담아 효율적이고 확실한 학습이 가능하도록 하였습니다.

1 실력평가 모의고사

2 정답 및 해설

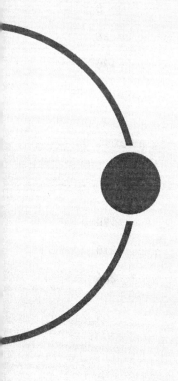

PART

01

실력평가 모의고사

제 01 회 | 실력평가 모의고사

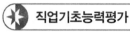 직업기초능력평가 (60문항/60분)

┃1~2┃ 다음 글을 읽고 이어지는 물음에 답하시오.

경쟁의 승리는 다른 사람의 재산권을 침탈하지 않으면서 이기는 경쟁자의 능력, 즉 경쟁력에 달려 있다. 공정경쟁에서 원하는 물건의 소유주로부터 선택을 받으려면 소유주가 원하는 대가를 치를 능력이 있어야 하고 남보다 먼저 신 자원을 개발하거나 신 발상을 창안하려면 역시 그렇게 해낼 능력을 갖추어야 한다. 다른 기업보다 더 좋은 품질의 제품을 더 값싸게 생산하는 기업은 시장경쟁에서 이긴다. 우수한 자질을 타고났고, 탐사 또는 연구개발에 더 많은 노력을 기울인 개인이나 기업은 새로운 자원이나 발상을 대체로 남보다 앞서서 찾아낸다.

개인의 능력은 천차만별인데, 그 차이는 타고나기도 하고 후천적 노력에 의해 결정되기도 한다. 능력이 후천적 노력만의 소산이라면 능력의 우수성에 따라 결정되는 경쟁 결과를 불공정하다고 불평하기는 어렵다. 그런데 능력의 많은 부분은 타고난 것이거나 부모에게서 직간접적으로 물려받은 유무형적 재산에 의한 것이다. 후천적 재능 습득에서도 그 성과는 보통 개발자가 타고난 자질에 따라 서로 다르다. 타고난 재능과 후천적 능력을 딱 부러지게 구분하기도 쉽지 않은 것이다.

어쨌든 내가 능력 개발에 소홀했던 탓에 경쟁에서 졌다면 패배를 승복해야 마땅하다. 그러나 순전히 타고난 불리함 때문에 불이익을 당했다면 억울함이 앞선다. 이 점을 내세워 타고난 재능으로 벌어들이는 소득은 그 재능 보유자의 몫으로 인정할 수 없다는 필자의 의견에 동의하는 학자도 많다. 자신의 재능을 발휘하여 경쟁에서 승리하였다 하더라도 해당 재능이 타고난 것이라면 승자의 몫이 온전히 재능 보유자의 것일 수 없고 마땅히 사회에 귀속되어야 한다는 말이다.

그런데 재능도 노동해야 발휘할 수 있으므로 재능 발휘를 유도하려면 그 노고를 적절히 보상해주어야 한다. 이론상으로는 재능 발휘로 벌어들인 수입에서 노고에 대한 보상만큼은 재능보유자의 소득으로 인정하고 나머지만 사회에 귀속시키면 된다.

1 윗글을 읽고 나눈 다음 대화의 ㉠~㉣ 중, 글의 내용에 따른 합리적인 의견 제기로 볼 수 없는 것은 어느 것인가?

> A : "타고난 재능과 후천적 노력에 대하여 어떻게 보아야 할지에 대한 필자의 의견이 담겨 있는 글입니다."
>
> B : "맞아요. 앞으로는 ㉠ 선천적인 재능에 대한 경쟁이 더욱 치열해질 것 같습니다."
>
> A : "그런데 우리가 좀 더 확인해야 할 것은, ㉡ 과연 얼마만큼의 보상이 재능 발휘 노동의 제공에 대한 몫이냐 하는 점입니다."
>
> B : "그와 함께, ㉢ 얻어진 결과물에서 어떻게 선천적 재능에 의한 부분을 구별해낼 수 있을까에 대한 물음 또한 과제로 남아 있다고 볼 수 있겠죠."
>
> A : "그뿐이 아닙니다. ㉣ 타고난 재능이 어떤 방식으로 사회에 귀속되어야 공정한 것인지, 특별나게 열심히 재능을 발휘할 유인은 어떻게 찾을 수 있을지에 대한 고민도 함께 이루어져야 하겠죠."

① ㉠

② ㉡

③ ㉢

④ ㉣

2 윗글에서 필자가 주장하는 내용과 견해가 다른 것은?

① 경쟁에서 승리하기 위해서는 능력이 필요하다.

② 능력에 의한 경쟁 결과가 불공정하다고 불평할 수 없다.

③ 선천적인 능력이 우수한 사람은 경쟁에서 이길 수 있는 확률이 높다.

④ 후천적인 능력이 모자란 결과에 대해서는 승복해야 한다.

3 다음 (   )안에 들어갈 접속어를 순서대로 나열한 것은?

> 세계기상기구(WMO)에서 발표한 자료에 따르면 지난 100년간 지구 온도가 뚜렷하게 상승하고 있다고 한다. (   ) 지구가 점점 더워지고 있다는 말이다. 산업 혁명 이후 석탄과 석유 등의 화석 연료를 지속적으로 사용한 결과로 다량의 온실 가스가 대기로 배출되었기 때문에 지구 온난화 현상이 심화된 것이다. (   ) 작은 것일지라도 실천할 수 있는 방법들을 찾아보아야 한다.

① 다시 말해서, 비록　　　　　　　　② 그러나, 그리고

③ 게다가, 비록　　　　　　　　　　④ 그런데, 그래도

4 다음 글에서 제시한 '자유무역이 가져다주는 이득'과 거리가 먼 것은?

> 오늘날 세계경제의 개방화가 진전되면서 국제무역이 계속해서 크게 늘어나고 있다. 국가 간의 무역 규모는 수출과 수입을 합한 금액이 국민총소득(GNI)에서 차지하는 비율로 측정할 수 있다. 우리나라의 2014년 '수출입의 대 GNI 비율'은 99.5%로 미국이나 일본 등의 선진국과 비교할 때 매우 높은 편에 속한다.
> 　그렇다면 국가 간의 무역은 왜 발생하는 것일까? 가까운 곳에서 먼저 예를 찾아보자. 어떤 사람이 복숭아를 제외한 여러 가지 과일을 재배하고 있다. 만약 이 사람이 복숭아가 먹고 싶을 때 이를 다른 사람에게서 사야만 한다. 이와 같은 맥락에서 나라 간의 무역도 부존자원의 유무와 양적 차이에서 일차적으로 발생할 수 있다. 헌데 이러한 무역을 통해 얻을 수 있는 이득이 크다면 왜 선진국에서조차 완전한 자유무역이 실행되고 있지 않을까? 세계 각국에 자유무역을 확대할 것을 주장하는 미국도 자국의 이익에 따라 관세 부과 등의 방법으로 무역에 개입하고 있는 실정이다. 그렇다면 비교우위에 따른 자유무역이 교역 당사국 모두에게 이익을 가져다준다는 것은 이상에 불과한 것일까?
> 　세계 각국이 보호무역을 취하는 것은 무엇보다 자국 산업을 보호하기 위한 것이다. 비교우위가 없는 산업을 외국기업과의 경쟁으로부터 어느 정도의 경쟁력을 갖출 때까지 일정 기간 보호하려는 데 그 목적이 있는 것이다.
> 　우리나라의 경우 쌀 농업에서 특히 보호주의가 강력히 주장되고 있다. 우리의 주식인 쌀을 생산하는 농업이 비교우위가 없다고 해서 쌀을 모두 외국에서 수입한다면 식량안보 차원에서 문제가 될 수 있으므로 국내 농사를 전면적으로 포기할 수 없다는 논리이다.
> 　교역 당사국 각자는 비교우위가 있는 재화의 생산에 특화해서 자유무역을 통해 서로 교환할 경우 기본적으로 거래의 이득을 보게 된다. 자유무역은 이러한 경제적 잉여의 증가 이외에 다음과 같은 측면에서도 이득을 가져다준다.

① 각국 소비자들에게 다양한 소비 기회를 제공한다.
② 비교우위에 있는 재화의 수출을 통한 규모의 경제를 이루어 생산비를 절감할 수 있다.
③ 비교우위에 의한 자유무역의 이득은 결국 한 나라 내의 모든 경제주체가 누리게 된다.
④ 경쟁을 활성화하여 경제 전체의 후생 수준을 높일 수 있다.

5 다음 글의 문맥을 참고할 때, 빈 칸에 들어갈 단어로 가장 적절한 것은?

> 최근 과학기술 평준화 시대에 접어들며 의약품과 의료기술 성장은 인구 구조의 고령화를 촉진하여 노인인구의 급증은 치매를 포함한 신경계 질환 (   ) 증가에 영향을 주고 있다. 따라서 질병치료 이후의 재활, 입원 기간 동안의 삶의 질 등 노년층의 건강한 생활에 대한 사회적 관심이 증가되고 있다. 사회적 통합 기능이 특징인 음악은 사람의 감정과 기분에 강한 영향을 주는 매체로 단순한 생활 소음과는 차별되어 아동기, 청소년기의 음악교과 활동뿐만 아니라 다양한 임상 분야와 심리치료 현장에서 활용되고 있다. 일반적으로 부정적 심리상태를 안정시키는 역할로 사용되던 음악은 최근 들어 구체적인 인체 부위의 생리적 기전(Physiological Mechanisms)에 미치는 효과에 관심을 갖게 되었다.

① 유병률
② 전염률
③ 발병률
④ 점유율

6 다음 글을 논리적으로 바르게 배열한 것은?

> ㉠ 유럽에서 정당은 산업화 시기 생성된 노동과 자본 간의 갈등을 중심으로 다양한 사회 경제적 균열을 이용하여 유권자들을 조직하고 동원하였다.
> ㉡ 당의 정책과 후보를 당원 중심으로 결정하고, 당내 교육과정을 통해 정치 엘리트를 충원하며, 정치인들이 정부 내에서 강한 기율을 지니는 대중정당은 책임정당정부 이론을 뒷받침하는 대표적인 정당 모형이었다.
> ㉢ 이 과정에서 정당은 당원 중심의 운영 구조를 지향하는 대중정당의 모습을 띠었다.
> ㉣ 이 이론에 따르면 정치에 참여하는 각각의 정당은 자신의 지지 계급과 계층을 대표하고, 정부 내에서 정책 결정 및 집행 과정을 주도하며, 다음 선거에서 유권자들에게 그 결과에 대해 책임을 진다.
> ㉤ 대의 민주주의에서 정당의 역할에 대한 대표적인 설명은 책임정당정부 이론이다.

① ㉤ – ㉣ – ㉢ – ㉡ – ㉠
② ㉤ – ㉣ – ㉠ – ㉢ – ㉡
③ ㉤ – ㉠ – ㉡ – ㉢ – ㉣
④ ㉠ – ㉡ – ㉣ – ㉢ – ㉤

7 다음 글의 중심 화제로 적절한 것은?

> 전통은 물론 과거로부터 이어 온 것을 말한다. 이 전통은 대체로 그 사회 및 그 사회의 구성원인 개인의 몸에 배어 있는 것이다. 그러므로 스스로 깨닫지 못하는 사이에 전통은 우리의 현실에 작용하는 경우가 있다. 그러나 과거에서 이어 온 것을 무턱대고 모두 전통이라고 한다면, 인습이라는 것과의 구별이 서지 않을 것이다. 우리는 인습을 버려야 할 것이라고는 생각하지만, 계승해야 할 것이라고는 생각하지 않는다. 여기서 우리는, 과거에서 이어 온 것을 객관화하고, 이를 비판하는 입장에 서야 할 필요를 느끼게 된다. 그 비판을 통해서 현재의 문화 창조에 이바지할 수 있다고 생각되는 것만을 우리는 전통이라고 불러야 할 것이다. 이같이, 전통은 인습과 구별될뿐더러, 또 단순한 유물과도 구별되어야 한다. 현재의 문화를 창조하는 일과 관계가 없는 것을 우리는 문화적 전통이라고 부를 수가 없기 때문이다.

① 전통의 본질
② 인습의 종류
③ 문화 창조의 본질
④ 외래 문화 수용 자세

8 밑줄 친 사례로 적절하지 않은 것은?

경매에서 존 레논의 기타가 구입 가격의 1만 배가 넘는 가격에 낙찰되었다고 한다. 경매에서 낙찰의 기쁨을 얻은 승자는 그 상품에서 얻을 수 있는 자신의 기쁨만큼 가격을 지불했고, 판매자도 높은 가격에 만족했을 것이다.

그러나 낙찰자가 얼마 가지 않아 레논의 기타에 싫증을 낸다면, 그 물건이 과대평가되었다는 것을 곧 알게 될 것이다. 오늘의 낙찰가가 효율적인 것처럼 보이지만, 길게 보면 결코 합리적인 가격 수준이 아닐 수도 있는 것이다.

원유의 채굴권이 경매되는 과정을 생각해보자. 누구도 매장량과 상업성을 정확히 예측할 수 없는 상황에서 기업 A가 과학적인 방법을 동원하여 가장 정확하게 가치를 산정했다고 하자. 그렇다고 경매에서 채굴권이 A에게 돌아간다는 보장은 없다. 오히려 가장 낙관적으로 과대평가한 B 기업이 채굴권을 차지한다. 그런데 이 경우 채굴권을 따낸 승자는 시장에서는 오히려 큰 손실을 보는 패자가 된다. 이런 현상을 '<u>승자의 저주</u>'라고 부른다. 불확실한 미래가치를 너무 용기 있게 평가했기 때문에 나타난 결과이다.

구매자가 합리적이라면, 자신이 원하는 용도에 적합하게 가격을 부른다. 그 결과 적정한 가격에서 효율적인 교환이 성립된다. 경제학에서 '효율적인 교환'이라는 말은 모든 거래 당사자가 서로 손해를 보지 않는 가격에서 교환하는 것을 말한다. 예를 들어 적정 이윤을 포함한 원가가 1만 원인데, 2만 원에 판매하거나 8,000원에 판매한다면 누군가가 손실을 부담하므로 비효율적이다. 그러나 정확히 1만 원에 판매한다면, 양자가 서로 만족하면서 교환하므로 효율적인 거래가 성립된다. 1만 원 이외에는 다른 어떤 가격도 두 사람을 다 만족시킬 수 없는 것이다. 독점가격은 비효율적이고 경쟁가격이 효율적인 이유가 여기에 있다.

경매는 효율적인 가격을 결정해 주는 과정이다. 경매에 참여하는 구매자가 모두 합리적이라면, 승자의 저주도 나타나지 않는다. 특히 미래가치에 대한 확실한 정보를 알거나, 동일한 유형의 상품이 많이 거래될 때에는 합리적인 가격이 결정된다. 따라서 주식시장에서도 경매를 통해 효율적인 가격이 형성될 수 있다. 그러나 누군가가 비합리적인 행동을 한다면, 경매는 의외의 결과를 가져올 수도 있다. 주가에 거품이 있는 것처럼, 경매가격도 턱없이 올라갈 수 있기 때문이다. 그래서 승자는 비합리적인 의사결정에 대한 고통과 저주를 감당해야 한다.

① A 제작사는 흥행을 목적으로 가장 인기 있는 배우 섭외에 성공하여 영화를 만들었으나, 관객 동원에 실패하였다.

② B 과장은 집값이 오르리라는 기대로 남들보다 비싼 가격으로 아파트를 샀으나, 가격이 하락하면서 많은 손해를 보았다.

③ C 사원은 어려운 입사 시험을 통과하여 원하던 회사에 취직하였지만, 경제 위기 탓으로 자신이 기대한 임금을 받지 못했다.

④ D 감독은 다른 구단에 비해 더 좋은 조건을 제시하여 유명한 선수들을 영입하였지만, 성적이 좋지 않아 결국 해임되고 말았다.

9 다음 글을 순서대로 바르게 나열한 것은?

(가) 그러나 이런 해명에도 불구하고 우리 주변에서는 각종 난개발이 도처에서 자행되고 있으며, 환경오염은 이제 전 지구적으로 만연해 있는 것이 엄연한 현실이다. 자기 집 부근에 도로나 공원이 생기기를 원하면서도 정작 그 비용은 부담하려고 하지 않는다든지, 남에게 해를 끼치는 일인 줄 뻔히 알면서도 쓰레기를 무단 투기하는 등의 행위를 서슴지 않고 한다. '합리적인 개인'이 '비합리적인 사회'를 초래하고 있는 것이다.

(나) 그러나 개인의 합리적 선택이 반드시 사회적인 합리성으로 연결되지는 못한다는 주장도 만만치 않다. 이른바 '죄수의 딜레마' 이론에서는, 서로 의사소통을 할 수 없도록 격리된 두 용의자가 각각 개인 수준에서 가장 합리적으로 내린 선택이, 오히려 집합적인 결과에서는 두 사람 모두에게 비합리적인 결과를 초래할 수 있다고 설명하고 있다. 즉 다른 사람을 고려하지 않고 자신의 이익만을 추구하는 개인적 차원의 합리성만을 강조하면, 오히려 사회 전체적으로는 비합리적인 결과를 초래할 수 있다는 것이다. 죄수의 딜레마 이론을 지지하는 쪽에서는, 심각한 환경오염 등 우리 사회에 광범위하고 보편적으로 존재하는 문제의 대부분을 이 이론으로 설명하고 있다.

(다) 그렇다면 죄수의 딜레마와 같은 현상을 극복하고 사회적인 합리성을 확보할 수 있는 방안은 무엇인가? 그것은 개인적으로는 도덕심을 고취하고, 사회적으로는 의사소통 과정을 원활하게 하는 것이라고 할 수 있다. 각 개인들이 자신의 욕망을 적절하게 통제하고 남을 배려하는 태도를 지니면 죄수의 딜레마 같은 현상에 빠지지 않고도 개인의 합리성을 추구할 수 있을 것이다. 아울러 서로 간의 원활한 의사소통을 통해 공감의 폭을 넓히고 신뢰감을 형성하며, 적절한 의사수렴과정을 거친다면 개인의 합리성이 보다 쉽게 사회적 합리성으로 이어지는 길이 열릴 것이다.

(라) 일부 경제학자들은 이러한 주장에 대하여 강하게 반발한다. 그들은 죄수의 딜레마 현상이 보편적이고 광범위한 현상이라면, 우리 주위에서 흔히 발견할 수 있는 협동은 어떻게 설명할 수 있느냐고 반문한다. 사실 우리 주위를 돌아보면, 사람들은 의외로 약간의 손해를 감수하더라도 협동을 하는 모습을 곧잘 보여주곤 한다. 그들은 이런 행동들도 합리성을 들어 설명한다. 안면이 있는 사이에서는 오히려 상대방과 협조를 하는 행동이 장기적으로는 이익이 된다는 것을 알기 때문에 협동을 한다는 것이다. 즉 협동도 크게 보아 개인적 차원의 합리적 선택이 집합적으로 나타난 결과로 보는 것이다.

(마) 개인의 합리성과 사회의 합리성은 병행할 수 있을까? 이 문제와 관련하여 고전 경제학에서는, 각 개인이 합리적으로 행동하면 사회 전체적으로도 합리적인 결과를 얻을 수 있다고 말한다. 물론 여기에서 '합리성'이란 여러 가지 가능한 대안 가운데 효용의 극대화를 추구하는 방향으로 선택을 한다는 의미의 경제적 합리성을 의미한다. 따라서 각 개인이 최대한 자신의 이익에 충실하면 모든 자원이 효율적으로 분배되어 사회적으로도 이익이 극대화된다는 것이 고전 경제학의 주장이다.

① (가) - (나) - (라) - (다) - (마) 　　　② (라) - (가) - (나) - (마) - (다)

③ (마) - (나) - (라) - (가) - (다) 　　　④ (마) - (라) - (나) - (가) - (다)

10 다음 중 ㉠의 예로 적절한 것은?

언어 표현은 표현하려고 하는 대상에 대한 내포적인 뜻이나 외연적인 뜻을 표현한다. '내포(內包)'는 대상에 대해 화자가 떠올릴 수 있는 개인적인 느낌, 감정, 연상, 추측 등을 말한다. 가령 '봄'이라는 대상에 대해 화자는 한가롭고 포근한 마음을 느낄 수도 있고, 화창하고 생기발랄함을 느낄 수도 있으며, 어떤 시인처럼 잔인함을 느낄 수도 있다. '외연(外延)'은 그 대상이 객관적으로도 적용되는 범위, 사실을 말한다. 가령 '봄'이라는 대상에 대하여 일 년 중의 어떤 계절이며 평균 기온과 자연적인 특징 등 있는 그대로의 현상을 적용하며 그 뜻을 생각해 볼 수 있다.

사람들은 어떤 것을 생각할 때 이러한 두 가지 사고법, 곧 ㉠ 내포적인 사고와 외연적인 사고로 생각한다. 이 중에서도 흔히 하는 것이 내포적인 사고이다. 우리는 어떤 것을 생각할 때 사실을 보지 않고 대상의 내포적인 의미만 생각하면서 자신은 사실에 대하여 생각한다고 착각하기 쉽다. 내포적 사고는 마음 세계의 일이고 객관의 세계, 즉 사실의 세계와는 차원을 달리하고 있음에도 불구하고, 우리는 종종 말과 사실을 동일시하고 잘못된 판단을 내리기 쉽다.

반면에 우리들이 외연적인 사고를 하는 것은 사실을 발견하고 입증하고 직접 경험에 주의를 기울여 주관에 치우치지 않으려는 노력이 포함된다. 우리가 일상적으로는 나의 일이 아닌 남의 일, 세상의 일에 대해서는 외연적인 사고를 하기가 어렵다. 외연적인 사고는 사실을 일반으로 하고 있어야 하는데, 그러한 사실의 직접 확인은 현실적으로 어렵기 때문이다.

① 나는 어제 시골이 있는 할아버지 댁을 방문했다.
② 백남준은 한국이 낳은 세계적인 예술가 중 한 사람이야.
③ 20세기 초에도 우리나라에는 외국인들이 거주하고 있었다.
④ 바람에 흔들리는 나뭇가지의 소리로 보아 태풍이 올 것이 분명해.

11 (가) ∼ (라)의 화제로 적절하지 않은 것은?

> (가) 밀은 「자유론」에서 "인간의 삶에서 각자가 최대한 다양하게 자신의 삶을 도모하는 것 이상으로 더 중요한 것은 없다."라고 하면서, '자기 식대로 사는 것'을 자유라고 규정하고 기능론적 차원에서 자유의 소중함을 강조한다. 효용을 증대시키기 위해서는 자유가 필요하다는 것이다. 자유가 온전히 주어져야 각자가 자신의 이익을 최대한 달성할 수 있고, 어느 누구라도 당사자보다 더 본인의 이익을 염려할 수는 없기 때문에 자유는 절대적으로 주어져야 한다고 주장한다.
>
> (나) 그러면서 밀은 동시에 전혀 다른 차원에서 자유의 소중함을 역설한다. 자유는 수단이 아니라 목적 그 자체라는 것이다. 남에게 해를 주지만 않는다면 각자가 원하는 바를 자기 방식대로 추구하는 것을 자유로 본다. 여기에서 밀은 반드시 본인에게 최대한 이익을 줄 것이기 때문에 자유가 보장되어야 한다고는 말하지 않는다. 설령 결과가 좋지 못하다 하더라도 자유는 소중하다는 것이다. 결과와 관계없이 각 개인이 자기가 원하는 대로 자기 삶의 방식대로 살아가는 것이 인간에게는 그 무엇보다 중요하다는 생각이다.
>
> (다) 그런데 밀은 자유 그 자체의 절대적 소중함을 역설하면서도 자유가 통제되어야 마땅할 이런저런 상황에 대해서도 고민했다. 자유란 각자가 자기 방식대로 자신의 개별성을 거리낌 없이 발휘하는 것인가라는 물음에 대해 밀은 그렇지 않다고 생각했다. 사람은 누구나 자신의 고유한 가치관과 감정, 나름의 목적에 따라 살아가야 하지만 그 자유는 일정한 방향 아래 향유되는 것이 바람직하고, 그 틀 속에서 자유를 추구해야 한다고 보았다. 방향이 없는 무원칙한 자유까지도 개별성이라는 이름으로 옹호될 수는 없다는 것이다. 밀이 자유 그 자체의 소중함을 강조하면서 동시에 자유의 조건에 대해 관심을 보이는 이유는 '자유에는 방향이 있어야 한다.'는 믿음 때문이다.
>
> (라) 사람이 어떻게 살아야 하는가 하는 문제에 대해 밀은 분명한 방향을 제시하고 있다. 자유가 소중한 것은 바로 '좋은 삶'을 위해서이다. 밀은 자유 그 자체를 소중히 여기고 있기는 하나, 엄밀히 말하면 방향이나 원칙 없는 자유를 제창하는 것은 아니다. 자유란 '자신이 원하는 바를 하는 것'이고, 여기서 '원한다'는 것은 아무런 방향 없이 '마음대로 하는 것'을 의미하지 않는다. 나무는 자신의 생존을 위해 땅속에서 마음껏 뿌리를 뻗어 나갈 자유를 요구한다. 인간도 자신의 '생명 원리'가 지시하는 바대로 살아야 하는데, 밀은 '자기 발전'이라고 하는 목적론적 가치가 인간의 생명 원리를 구성한다고 역설한다. 결국 자기 발전이라는 좋은 삶을 추구하기 위한 방향의 틀 안에서 자유를 마음껏 구가해야 한다는 것이다.

① (가) : 목적론적 차원에서의 자유의 중요성

② (나) : 수단이 아닌 목적으로서의 자유

③ (다) : 자유의 추구와 관련한 자유의 조건

④ (라) : 자유의 올바른 방향

12 다음과 같은 문서의 특징으로 옳은 것은?

SW Co., Ltd.
8-1, Duksan-ro, Ilsanseo-gu, Goyang-si, Gyeonggi-do, Republic of Korea
Phone +82 (0)31-920-2000, Fax +82 (0)31-920-3000

October 27, 20××

Mr. Ruud Van, Senior Manager
Human Resources Department
MK Inc.
12 North Street,
Washington, CA 15412

Subject : We are looking for a business partner.

Dear Mr. Ruud Van,

I am writing to inquire about your new product, MK.
We want to know more about MK.
Could you end some information on MK?
We look ferwand to hearing from you.

Sincerely,

Hong Gildong
Gildong Hong
General Manger

---

① 업무에 대한 협조를 구하거나 의견을 전달할 때 작성하는 사내 공문서이다

② 상품의 특성이나 작동 방법 등을 소비자에게 설명하기 위해 작성하는 문서이다.

③ 개인이 자신의 성장과정이나, 입사 동기, 포부 등에 대해 구체적으로 기술하여 자신을 소개하는 문서이다.

④ 사업상의 이유로 상대에게 보내는 글이다.

13 다음 글을 읽고 알 수 있는 사실로 옳지 않은 것은?

> 반의관계는 서로 반대되거나 대립되는 의미를 가진 단어 사이의 의미 관계이다. 반의 관계는 두 단어가 여러 공통 의미 요소를 가지고 있으면서 다만 하나의 의미 요소가 다를 때 성립한다. 가령 '총각'의 반의어가 '처녀'인 것은 두 단어가 여러 공통 의미 요소를 가지고 있으면서 '성별'이라고 하는 하나의 의미 요소가 다르기 때문이다. 반의어는 반의관계의 성격에 따라 분류할 수 있다. 즉 반의어에는 '금속', '비금속'과 같이 한 영역 안에서 상호 배타적 대립관계에 있는 상보(모순) 반의어, '길다', '짧다'와 같이 두 단어 사이에 등급성이 있어서 중간 단계가 있는 등급(정도) 반의어, '형', '아우'와 '출발선', '결승선' 등과 같이 두 단어가 상대적 관계를 형성하고 있으면서 의미상 대칭을 이루고 있는 방향(대칭) 반의어가 있다.

① '앞'과 '뒤'는 등급 반의어가 아니다.
② '삶'과 '죽음'은 방향 반의어가 아니다.
③ 상보 반의어에는 '액체'와 '기체'가 있다.
④ 등급 반의어에는 '크다'와 '작다'가 있다.

14 다음 글을 통해 볼 때, ㉠의 원인에 해당하지 않는 것은?

최근 통계청이 발표한 가계수지동향을 보면 ㉠ 빈부 격차가 보통 심각한 문제가 아님을 알 수 있다. 2분기 도시근로자 가구 월 평균 소득은 310만 9,600원으로 전년 동기보다 4.7% 느는데 그쳐, 외환위기 이후 최저 증가율을 기록했다. 요즘 같은 장기적인 불황 속에서 소득이 많이 늘어나지 않는 것은 특별히 이상한 일도 아니다. 문제는 장기 불황이 부자들에게는 별 타격이 되지 않는 반면 저소득층에게는 크고 깊은 문제로 다가간다는 데 있다. 최상위 10% 계층 가구의 소득은 7.8%나 증가하여 넉넉히 쓰고도 흑자 가계를 기록했다. 그러나 최하위 10% 가구의 소득은 0.26% 늘어나 물가 상승률에도 미치지 못했으며 최저생계비 수준에 머물러 50만 원 정도의 가계 적자를 면치 못했다. 이들 최하위소득층은 국가 보호가 필요한 절대빈곤층으로 추락한 것으로 추정된다.

빈부 격차 심화 현상이 발생한 것은 기본적으로 장기적인 불황과 고용 사정의 악화로 인한 저임금 근로자와 영세 자영업자들의 생업 기반이 무너진 탓이다. 또한 고소득층의 소비가 주로 해외에서 이뤄지기 때문에 내수 회복이나 서민 경제에 별 도움이 되지 않는다는 지적도 있다. 넘쳐흐르는 물이 바닥을 고루 적신다고 하는 '적하(積荷)' 효과가 일어나지 않는다는 뜻이다. 개인 파산 신청 건수가 급격히 늘고 있는 사실도 결코 이와 무관하지만은 않다.

이처럼 계층 간 소득 격차가 확대되면 사회 경제적 갈등은 필연적으로 발생하기 마련이고 성장 잠재력을 훼손할 우려도 높다. 정부가 적극적으로 양극화 해소책을 서둘러 마련해야 할 까닭이 여기에 있다. 전문가들은 '남북 분단'과 '동서 분단'에 이어 '빈부 양극화 고착'이라는 제3의 분단을 경고한다. 수출과 내수 간 양극화, 산업 간 양극화, 기업 간 양극화와 함께 소득의 양극화 현상은 단기적으로 경기회복 지연 요인이 되고 장기적으로 자본과 인적 자원 축적을 저해함으로써 경제 성장 잠재력 확충에 부정적인 영향을 미쳐 선진국 진입의 장애 요인으로 작용할 것이기 때문이다.

자본주의 체제에서 모든 계층의 사람이 똑같이 많이 벌고 잘 살 수는 없는 일이다. 선진국은 우리보다 소득 격차가 더 많이 벌어져 있다. 또 어느 정도의 소득 격차는 경쟁을 유발하는 동기 기능을 하는 것도 부인할 수 없다. 그러나 지금과 같은 양극화 현상의 심화 추세를 그대로 방치한 채 자연 치유되도록 기다릴 수만은 없고, 서민 경제가 붕괴 조짐을 보이는데도 넋 놓고 있어서는 안 된다. 그동안 분배와 관련된 몇 개의 단편적인 대책이 나오기는 하였으나, 모두 일시적 처방에 불과한 것이어서 오히려 상황의 악화를 초래한 것은 매우 심각한 일이다.

분배 정책도 성장 없이는 한낱 허울에 불과하다. 과거의 실패를 거울 삼아 저소득층의 소득 향상을 통한 근본적인 빈부 격차 개선책을 제시하여 빈자에게도 희망을 불어넣어야 한다. 그렇다고 고소득자와 대기업을 욕하거나 경원해서는 안 된다. 무엇보다 기업 투자와 내수경기를 일으키는 일이 긴요하다. 그래야 일자리가 생기고 서민 소득도 늘어나게 된다. 더불어 세제를 통한 재분배 정책을 추진할 필요가 있다. 세제만큼 유효한 재분배 정책 수단도 없다. 동시에 장기적인 관점에서 각 부문의 양극화 개선을 위해 경제 체질과 구조 개선을 서둘러야 할 것이다.

① 정부의 단편적 분배 정책

② 수출과 내수 간 양극화 현상

③ 고소득층의 해외 소비 현상

④ 장기적인 불황과 고용 사정의 악화

15 다음을 읽고, 빈칸에 들어갈 내용으로 가장 알맞은 것을 고르시오.

> 비트겐슈타인이 1918년에 쓴『논리 철학 논고』는 '빈학파'의 논리실증주의를 비롯하여 20세기 현대 철학에 큰 영향을 주었다. 그는 많은 철학적 논란들이 언어를 애매하게 사용하여 발생한다고 보았기 때문에 언어를 분석하고 비판하여 명료화하는 것을 철학의 과제로 삼았다. 그는 이 책에서 언어가 세계에 대한 그림이라는 '그림이론'을 주장한다. 이 이론을 세우는데 그에게 영감을 주었던 것은, 교통사고를 다루는 재판에서 장난감 자동차와 인형 등을 이용한 모형을 통해 사건을 설명했다는 기사였다. 그런데 모형을 가지고 사건을 설명할 수 있는 이유는 무엇일까? 그것은 모형이 실제의 자동차와 사람 등에 대응하기 때문이다. 그는 언어도 이와 같다고 보았다. 언어가 의미를 갖는 것은 언어가 세계와 대응하기 때문이다. 다시 말해 언어가 세계에 존재하는 것들을 가리키고 있기 때문이다. 언어는 명제들로 구성되어 있으며, 세계는 사태들로 구성되어 있다. 그리고 명제들과 사태들은 각각 서로 대응하고 있다. _____

① 그러므로 언어는 세계를 설명할 수 있지만, 사건은 설명할 수 없다.
② 이처럼 언어와 세계의 논리적 구조는 동일하며, 언어는 세계를 그림처럼 기술함으로써 의미를 가진다.
③ 이처럼 비트겐슈타인은 '그림 이론'을 통해 언어가 설명할 수 없는 세계에 대하여 제시했다.
④ 그러므로 철학적 논란들은 언어를 명확하게 사용함으로써 사라질 것이다.

16 ㉠~㉣ 중 통일성을 해치는 문장은?

> 우리의 생각과 판단은 언어에 의해 결정되는가 아니면 경험에 의해 결정되는가? ㉠언어결정론자들은 우리의 생각과 판단이 언어를 반영하고 있고 실제로 언어에 의해 결정된다고 주장한다. 에스키모인들의 눈에 관한 언어를 생각해보자. ㉡언어결정론자들의 주장에 따르면 에스키모인들은 눈에 관한 다양한 언어 표현들을 갖고 있어서 눈이 올 때 우리가 미처 파악하지 못한 미묘한 차이점들을 찾아낼 수 있다. 또 ㉢언어결정론자들은 '노랗다', '샛노랗다', '누르스름하다' 등 노랑에 대한 다양한 우리말 표현들이 있어서 노란색들의 미묘한 차이가 구분되고 그 덕분에 색에 관한 우리의 인지 능력이 다른 언어 사용자들보다 뛰어나다고 본다. ㉣다시 말해 언어적 표현은 다양한 경험에서 비롯된 것이라고 보는 것이다. 이렇듯 언어결정론자들은 사용하는 언어에 의해서 우리의 사고 능력이 결정된다고 말한다.

① ㉠
② ㉡
③ ㉢
④ ㉣

17 빨간색, 파란색, 노란색 구슬이 각각 한 개씩 있다. 이 세 개의 구슬을 A, B, C 세 사람에게 하나씩 나누어 주고, 세 사람 중 한 사람만 진실을 말하도록 하였더니 구슬을 받고 난 세 사람이 다음과 같이 말하였다. 빨간색, 파란색, 노란색의 구슬을 받은 사람을 차례대로 나열한 것은?

A : 나는 파란색 구슬을 가지고 있다.

B : 나는 파란색 구슬을 가지고 있지 않다.

C : 나는 노란색 구슬을 가지고 있지 않다.

① A, B, C

② A, C, B

③ B, A, C

④ C, B, A

18 오 부장, 최 차장, 박 과장, 남 대리, 조 사원, 양 사원 6명은 주간회의를 진행하고 있다. 둥근 테이블에 둘러 앉아 회의를 하는 사람들의 위치가 다음과 같을 때, 조 사원의 양 옆에 위치한 사람으로 짝지어진 것은?

• 최 차장과 남 대리는 마주보고 앉았다.

• 박 과장은 오 부장의 옆에 앉았다.

• 오 부장은 회의의 진행을 맡기로 하였다.

• 남 대리는 양 사원이 앉은 기준으로 오른쪽에 앉았다.

① 양 사원, 최 차장

② 양 사원, 남 대리

③ 박 과장, 최 차장

④ 오 부장, 양 사원

19 A, B, C, D, E가 서로 거주하고 있는 집에 한 번씩 방문하려고 할 때, 세 번째로 방문하는 집은 누구의 집인가?

- A ~ E는 각각의 집에 함께 방문하며, 동시에 여러 집을 방문할 수 없다.
- A의 집을 방문한 후에 B의 집을 방문하나, 바로 이어서 방문하는 것은 아니다.
- D의 집을 방문한 후에 바로 C의 집을 방문한다.
- E의 집을 A의 집보다 먼저 방문한다.

---

① B   ② C
③ D   ④ E

20 다음 글에서 추론할 수 있는 내용만을 바르게 나열한 것은?

　　빌케와 블랙은 얼음이 녹는점에 있다 해도 이를 완전히 물로 녹이려면 상당히 많은 열이 필요함을 발견하였다. 당시 널리 퍼진 속설은 얼음이 녹는점에 이르면 즉시 녹는다는 것이었다. 빌케는 쌓여있는 눈에 뜨거운 물을 끼얹어 녹이는 과정에서 이 속설에 오류가 있음을 알게 되었다. 눈이 녹는점에 있음에도 불구하고 많은 양의 뜨거운 물은 눈을 조금밖에 녹이지 못했기 때문이다.
　　블랙은 1757년에 이 속설의 오류를 설명할 수 있는 실험을 수행하였다. 블랙은 따뜻한 방에 두 개의 플라스크 A와 B를 두었는데, A에는 얼음이, B에는 물이 담겨 있었다. 얼음과 물은 양이 같고 모두 같은 온도, 즉 얼음의 녹는점에 있었다. 시간이 지남에 따라 B에 있는 물의 온도는 계속해서 올라갔다. 하지만 A에서는 얼음이 녹으면서 생긴 물과 녹고 있는 얼음의 온도가 녹는점에서 일정하게 유지되었는데 이 상태는 얼음이 완전히 녹을 때까지 지속되었다. 얼음을 녹이는 데 필요한 열량은 같은 양의 물의 온도를 녹는점에서 화씨 140도까지 올릴 수 있는 정도의 열량과 같았다. 블랙은 이 열이 실제로 온도계에 변화를 주지 않기 때문에 이를 '잠열(潛熱)'이라 불렀다.

ⓐ A의 온도계로는 잠열을 직접 측정할 수 없었다.
ⓑ 얼음이 녹는점에 이르러도 완전히 녹지 않는 것은 잠열 때문이다.
ⓒ A의 얼음이 완전히 물로 바뀔 때까지, A의 얼음물 온도는 일정하게 유지된다.

---

① ㉠㉡   ② ㉠㉢
③ ㉡㉢   ④ ㉠㉡㉢

| 21 ～ 22 | 다음 SWOT 분석에 대한 설명과 사례를 보고 이어지는 물음에 답하시오.

〈SWOT 분석방법〉

구분		내부환경요인	
		강점(Strengths)	약점(Weaknesses)
외부 환경요인	기회 (Opportunities)	SO 내부강점과 외부기회 요인을 극대화	WO 외부기회를 이용하여 내부약점을 강점으로 전환
	위협 (Threats)	ST 강점을 이용한 외부환경 위협의 대응 및 전략	WT 내부약점과 외부위협을 최소화

〈사례〉

S	편의점 운영 노하우 및 경험 보유, 핵심 제품 유통채널 차별화로 인해 가격 경쟁력 있는 제품 판매 가능
W	아르바이트 직원 확보 어려움, 야간 및 휴일 등 시간에 타 지역 대비 지역주민 이동이 적어 매출 증가 어려움
O	주변에 편의점 개수가 적어 기본 고객 확보 가능, 매장 앞 휴게 공간 확보로 소비 유발 효과 기대
T	지역주민의 생활패턴에 따른 편의점 이용률 저조, 근거리에 대형 마트 입점 예정으로 매출 급감 우려 존재

21 다음 중 위의 SWOT 분석방법을 올바르게 설명하지 못한 것은?

① 외부환경요인 분석 시에는 자신을 제외한 모든 것에 대한 요인을 기술하여야 한다.

② 구체적인 요인부터 시작하여 점차 객관적이고 상식적인 내용으로 기술한다.

③ 같은 데이터도 자신에게 미치는 영향에 따라 기회요인과 위협요인으로 나뉠 수 있다.

④ 외부환경요인 분석에는 SCEPTIC 체크리스트가, 내부환경요인 분석에는 MMMITI 체크리스트가 활용될 수 있다.

22 다음 중 위의 SWOT 분석 사례에 따른 전략으로 적절하지 않은 것은?

① 가족들이 남는 시간을 투자하여 인력 수급 및 인건비 절감을 도모하는 것은 WT 전략으로 볼 수 있다.

② 저렴한 제품을 공급하여 대형 마트 등과의 경쟁을 극복하고자 하는 것은 SW 전략으로 볼 수 있다.

③ 고객 유치 노하우를 바탕으로 사은품 등 적극적인 홍보활동을 통해 편의점 이용에 대한 필요성을 부각시키는 것은 ST 전략으로 볼 수 있다.

④ 매장 앞 공간을 쉼터로 활용해 지역 주민 이동 시 소비를 유발하도록 하는 것은 WO 전략으로 볼 수 있다.

23 다음 조건이 참이라고 할 때 항상 참인 것을 고르면?

> • 민수는 A기업에 다닌다.
> • 영어를 잘하면 업무 능력이 뛰어난 것이다.
> • 영어를 잘하지 못하면 A기업에 다닐 수 없다.
> • A기업은 우리나라 대표 기업이다.

① 민수는 업무 능력이 뛰어나다.
② A기업에 다니는 사람들은 업무 능력이 뛰어나지 못하다.
③ 민수는 영어를 잘하지 못한다.
④ 민수는 수학을 매우 잘한다.

24 갑, 을, 병, 정, 무 다섯 사람은 일요일부터 목요일까지 5일 동안 각각 이틀 이상 아르바이트를 한다. 다음 조건을 모두 충족시켜야 할 때, 다음 중 항상 옳지 않은 것은?

> ㉠ 가장 적은 수가 아르바이트를 하는 요일은 수요일뿐이다.
> ㉡ 갑은 3일 이상 아르바이트를 하는데 병이 아르바이트를 하는 날에는 쉰다.
> ㉢ 을과 정 두 사람만이 아르바이트 일수가 같다.
> ㉣ 병은 평일에만 아르바이트를 하며, 연속으로 이틀 동안만 한다.
> ㉤ 무는 항상 갑이나 병과 같은 요일에 함께 아르바이트를 한다.

① 어느 요일이든 아르바이트 인원수는 확정된다.
② 갑과 을, 병과 정의 아르바이트 일수를 합한 값은 같다.
③ 두 사람만이 아르바이트를 하는 요일이 확정된다.
④ 어떤 요일이든 아르바이트를 하는 인원수는 짝수이다.

┃ 25~26 ┃ 다음은 N지역의 도시 열 요금표이다. 이를 보고 이어지는 물음에 답하시오.

구분	계약종별	용도	기본요금	사용요금
온수	주택용	난방용	계약면적 m^2당 52.40원	단일요금 : Mcal당 64.35원 계절별 차등요금 • 춘추절기 : Mcal당 63.05원 • 하절기 : Mcal당 56.74원 • 동절기 : Mcal당 66.23원
		냉방용		5~9월 　Mcal당 25.11원
				1~4월 10~12월 　난방용 사용요금 적용
	업무용	난방용	계약용량 Mcal/h당 396.79원	단일요금 : Mcal당 64.35원 계절별 차등요금 • 수요관리 시간대 : Mcal당 96.10원 • 수요관리 이외의 시간대 : Mcal당 79.38원
		냉방용		5~9월 　• 1단 냉동기 Mcal당 34.20원 • 2단 냉동기 Mcal당 25.11원
				1~4월 10~12월 　난방용 사용요금 적용
냉수	냉방용		계약용량 Mcal/h당 • 0부터 1,000Mcal/h까지 　3,822원 • 다음 2,000Mcal/h까지 　2,124원 • 다음 3,000Mcal/h까지 　1,754원 • 3,000Mcal/h 초과 　1,550원	Mcal당 • 첨두부하시간 : 135.41원 • 중간부하시간 : 104.16원 • 경부하시간 : 62.49원

*계약면적 산정
　건축물관리대장 등 공부상의 세대별 전용면적의 합계와 세대별 발코니 확장면적의 합계 및 공용면적 중 해당 지역의 난방열을 사용하는 관리사무소, 노인정, 경비실 등의 건축연면적 합계로 함.
*춘추절기 : 3~5월, 9~11월, 하절기 : 6~8월, 동절기 : 12~익년 2월
*수요관리 시간대 : 07 : 00~10 : 00
*냉수의 부하시간대 구분
　• 첨두부하시간 : 7월 1일부터 8월 31일까지의 오후 2시 정각부터 오후 4시 정각까지
　• 중간부하시간 : 7월 1일부터 8월 31일까지의 오후 2시 정각부터 오후 4시 정각 이외의 시간
　• 경부하시간 : 7월 1일부터 8월 31일까지를 제외한 1월 1일부터 12월 31일까지의 시간
*기본요금 : 감가상각비, 수선유지비 등 고정적으로 발생하는 경비를 사용량에 관계없이 (계약면적 또는 계약 용량에 따라) 매월정액을 부과하는 것
*사용요금 : 각 세대별 사용 난방 및 온수 사용량을 난방(온수) 계량기를 검침하여 부과하는 금액
*공동난방비 : 관리사무소, 노인정, 경비실 등 공동열사용량을 세대별 실사용량 비례 배분 등으로 각 세대에 배분(아파트 자체 결정사항) 합니다.

25 다음 중 위의 열 요금표를 올바르게 이해하지 못한 것은?

① 주택별 난방 사용요금은 계절마다 적용 단위요금이 다르다.

② 업무 난방 기본요금은 계약용량을 기준으로 책정된다.

③ 냉수의 냉방용 기본요금은 1,000Mcal/h 마다 책정 요금이 다르다.

④ 냉수의 부하시간대는 춘추절기, 동절기, 하절기로 구분되어 차등 요금을 적용한다.

26 다음에 제시된 A씨와 B씨에게 적용되는 월별 열 요금의 합은 얼마인가? (단, 공동난방비는 고려하지 않는다.)

> 〈계약면적 100m²인 A씨〉
> -12월 주택용 난방 계량기 사용량 500Mcal
>
> 〈계약용량 900Mcal/h인 B씨〉
> -7월: 냉수를 이용한 냉방 계량기 사용량 오후 3시~4시 200Mcal, 오후 7~8시 200Mcal

① 90,091원

② 90,000원

③ 89,850원

④ 89,342원

27 다음은 신용 상태가 좋지 않은 일반인들을 상대로 운용되고 있는 국민행복기금의 일종인 '바꿔드림론'의 지원대상자에 관한 내용이다. 다음 내용을 참고할 때, 바꿔드림론의 대상이 되지 않는 사람은 누구인가? (단, 보기에서 언급되지 않은 사항은 자격요건을 충족하는 것으로 가정한다)

구분		자격요건	비고
신용등급		6 ~ 10등급	연소득 3.5천만 원 이하인 분 또는 특수채무자는 신용등급 제한 없음
연소득	급여소득자 등	4천만 원 이하	부양가족 2인 이상인 경우에는 5천만 원 이하
	자영업자	4.5천만 원 이하	사업자등록 된 자영업자
지원대상 고금리 채무 (연 20% 이상 금융채무)	채무총액 1천만 원↑	6개월 이상 정상상환	보증채무, 담보대출, 할부금융, 신용카드 사용액(신용구매, 현금서비스, 리볼빙 등)은 제외
	채무총액 1천만 원↓	3개월 이상 정상상환	*상환기간은 신용보증신청일 기준으로 산정됩니다.

※ 제외대상
• 연 20% 이상 금융채무 총액이 3천만 원을 초과하는 분
• 소득에 비해 채무액이 과다한 분(연소득 대비 채무상환액 비율이 40%를 초과하는 분)
• 현재 연체중이거나 과거 연체기록 보유자, 금융채무 불이행 자 등

① 법정 최고 이자를 내고 있으며 금융채무액이 2.5천만 원인 A씨
② 2명의 자녀와 아내를 부양가족으로 두고 연 근로소득이 4.3천만 원인 B씨
③ 신용등급이 4등급으로 연체 이력이 없는 C씨
④ 저축은행으로부터 받은 신용대출금에 대해 연 18%의 이자를 내며 8개월 째 매달 원리금을 상환하고 있는 D씨

|28~29| 다음은 ○○협회에서 주관한 학술세미나 일정에 관한 것으로 다음 세미나를 준비하는 데 필요한 일, 각각의 일에 걸리는 시간, 일의 순서 관계를 나타낸 표이다. 제시된 표를 바탕으로 물음에 답하시오. (단, 모든 작업은 동시에 진행할 수 없다)

세미나 준비 현황

구분	작업	작업시간(일)	먼저 행해져야 할 작업
가	세미나 장소 세팅	1	바
나	현수막 제작	2	다, 마
다	세미나 발표자 선정	1	라
라	세미나 기본계획 수립	2	없음
마	세미나 장소 선정	3	라
바	초청자 확인	2	라

28 현수막 제작을 시작하기 위해서는 최소 며칠이 필요하겠는가?

① 3일 ② 4일
③ 5일 ④ 6일

29 세미나 기본계획 수립에서 세미나 장소 세팅까지 모든 작업을 마치는 데 필요한 시간은?

① 10일 ② 11일
③ 12일 ④ 13일

30 멤버십의 등록 고객 중 여성이 75%, 남성이 25%라고 한다. 여성 등록 고객 중 우수고객의 비율은 40%, 일반고객의 비율은 60%이다. 그리고 남성 등록 고객의 경우 우수고객이 30%, 일반고객이 70%이다. 등록 고객 중 한 명을 임의로 뽑았더니 우수고객이었다. 이 고객이 여성일 확률은?

① 65%   ② 70%

③ 75%   ④ 80%

31 아버지의 나이는 자식의 나이보다 24세 많고, 지금부터 6년 전에는 아버지의 나이가 자식의 나이의 5배였다. 아버지와 자식의 현재의 나이는 각각 얼마인가?

① 36세, 12세   ② 37세, 13세

③ 39세, 15세   ④ 40세, 16세

32 A, B, C, D, E 5명 중에서 3명을 순서를 고려하지 않고 뽑을 경우 방법의 수는?

① 7가지   ② 10가지

③ 15가지   ④ 20가지

33 생산라인 A만으로 먼저 32시간 가동해서 제품을 생산한 후, 다시 생산라인 B를 가동하여 두 생산라인으로 10,000개의 정상제품을 생산하였다. 생산성과 불량품 비율이 다음과 같을 때, 10,000개의 정상제품을 생산하기 위해 생산라인을 가동한 총 시간을 구하면?

> ㉠ 불량품 체크 전 단계의 시제품 100개를 만드는 데, 생산라인 A는 4시간이 걸리고, 생산라인 B로는 2시간이 걸린다.
> ㉡ 두 라인을 동시에 가동하면 시간당 정상제품 생산량이 각각 20%씩 상승한다.
> ㉢ 생산라인 A의 불량률은 20%이고, B의 불량률은 10%이다.

① 132시간
② 142시간
③ 152시간
④ 162시간

34 두 기업 A, B의 작년 상반기 매출액의 합계는 91억 원이었다. 올해 상반기 두 기업 A, B의 매출액은 작년 상반기에 비해 각각 10%, 20% 증가하였고, 두 기업 A, B의 매출액 증가량의 비가 2 : 3이라고 할 때, 올해 상반기 두 기업 서원각, 소정의 매출액의 합계는?

① 96억 원
② 100억 원
③ 104억 원
④ 108억 원

▎35~37 ▎ 다음은 연도별 최저임금 현황을 나타낸 표이다. 물음에 답하시오.

(단위 : 원, %, 천 명)

구분	2019년	2020년	2021년	2022년	2023년	2024년	2025년
시간급 최저임금	3,770	4,000	4,110	4,320	4,580	4,860	5,210
전년대비 인상률(%)	8.30	6.10	2.75	5.10	6.00	6.10	7.20
영향률(%)	13.8	13.1	15.9	14.2	13.7	14.7	x
적용대상 근로자수	15,351	15,882	16,103	16,479	17,048	17,510	17,734
수혜 근로자수	2,124	2,085	2,566	2,336	2,343	y	2,565

* 영향률 = 수혜 근로자수 / 직용대상 근로지수 × 100

35 2025년 영향률은 몇 %인가?

① 14.1%
② 14.3%
③ 14.5%
④ 14.7%

36 2024년 수혜 근로자수는 몇 명인가?

① 약 255만 3천 명
② 약 256만 5천 명
③ 약 257만 4천 명
④ 약 258만 2천 명

37 표에 대한 설명으로 옳지 않은 것은?

① 시간급 최저임금은 매해 조금씩 증가하고 있다.
② 전년대비 인상률은 2021년까지 감소하다가 이후 증가하고 있다.
③ 영향률은 불규칙적인 증감의 추세를 보이고 있다.
④ 2026년의 전년대비 인상률이 2025년과 같을 경우 2026년 시간급 최저임금은 약 5,380원이다.

38 다음은 X공기업의 팀별 성과급 지급 기준이다. Y팀의 성과평가 결과가 〈보기〉와 같다면 3/4 분기에 지급되는 성과급은?

- 성과급 지급은 성과평가 결과와 연계함
- 성과평가는 유용성, 안전성, 서비스 만족도의 총합으로 평가함. 단, 유용성, 안전성, 서비스 만족도의 가중치를 각각 0.4, 0.4, 0.2로 부여함
- 성과평가 결과를 활용한 성과급 지급 기준

성과평가 점수	성과평가 등급	분기별 성과급 지급액	비고
9.0 이상	A	100만 원	
8.0 이상 9.0 미만	B	90만 원(10만 원 차감)	성과평가 등급이 A이면 직전 분기 차감액의 50%를 가산하여 지급
7.0 이상 8.0 미만	C	80만 원(20만 원 차감)	
7.0 미만	D	40만 원(60만 원 차감)	

〈보기〉

구분	1/4 분기	2/4 분기	3/4 분기	4/4 분기
유용성	8	8	10	8
안전성	8	6	8	8
서비스 만족도	6	8	10	8

① 130만 원   ② 120만 원
③ 110만 원   ④ 100만 원

39 새로운 철로건설 계획에 따라 A, B, C의 세 가지 노선이 제시되었다. 철로 완공 후 연간 평균 기차 통행량은 2만 대로 추산될 때, 건설비용과 사회적 손실비용이 가장 큰 철로를 바르게 짝지은 것은?

> • 각 노선의 총 길이는 터널구간 길이와 교량구간 길이 그리고 일반구간 길이로 구성된다.
> • 건설비용은 터널구간, 교량구간, 일반구간 각각 1km당 1,000억 원, 200억 원, 100억 원이 소요된다.
> • 운행에 따른 사회적 손실비용은 기차 한 대가 10km를 운행할 경우 1,000원이다.
> • 다음 표는 각 노선의 구성을 보여 주고 있다.
>
> | 노선 | 터널구간 길이 | 교량구간 길이 | 총 길이 |
> |------|------|------|------|
> | A | 1.2km | 0.5km | 10km |
> | B | 0 | 0 | 20km |
> | C | 0.8km | 1.5km | 15km |

	건설비용이 가장 큰 철로	사회적 손실비용이 가장 큰 철로
①	A	B
②	B	C
③	A	C
④	C	B

▎40~41 ▎ 다음에 제시된 투자 조건을 보고 물음에 답하시오.

투자안	판매단가(원/개)	고정비(원)	변동비(원/개)
A	2	20,000	1.5
B	2	60,000	1.0

1) 매출액 = 판매단가 × 매출량(개)
2) 매출원가 = 고정비 + (변동비 × 매출량(개))
3) 매출이익 = 매출액 - 매출원가

40 위의 투자안 A와 B의 투자 조건을 보고 매출량과 매출이익을 해석한 것으로 옳은 것은?

① 매출량 증가폭 대비 매출이익의 증가폭은 투자안 A가 투자안 B보다 항상 작다.

② 매출량 증가폭 대비 매출이익의 증가폭은 투자안 A가 투자안 B보다 항상 크다.

③ 매출량 증가폭 대비 매출이익의 증가폭은 투자안 A와 투자안 B가 항상 같다.

④ 매출이익이 0이 되는 매출량은 투자안 A가 투자안 B보다 많다.

41 매출량이 60,000개라고 할 때, 투자안 A와 투자안 B를 비교한 매출이익은 어떻게 되겠는가?

① 투자안 A가 투자안 B보다 같다.

② 투자안 A가 투자안 B보다 작다.

③ 투자안 A가 투자안 B보다 크다.

④ 제시된 내용만으로 비교할 수 없다.

42 다음은 어떤 지역의 연령층·지지 정당별 사형제 찬반에 대한 설문조사 결과이다. 이에 대한 설명 중 옳은 것을 고르면?

(단위 : 명)

연령층	지지정당	사형제에 대한 태도	빈도
청년층	A	찬성	90
		반대	10
	B	찬성	60
		반대	40
장년층	A	찬성	60
		반대	10
	B	찬성	15
		반대	15

⊙ 청년층은 장년층보다 사형제에 반대하는 수가 적다.
ⓒ B당 지지자의 경우, 청년층은 장년층보다 사형제 반대 비율이 높다.
ⓒ A당 지지자의 사형제 찬성 비율은 B당 지지자의 사형제 찬성 비율보다 높다.
ⓔ 사형제 찬성 비율의 지지 정당별 차이는 청년층보다 장년층에서 더 크다.

① ⊙ⓒ
② ⓒⓒ
③ ⓒⓔ
④ ⓒⓔ

팀	주요 업무	필요 자질
영업관리	영업전략 수립, 단위조직 손익관리, 영업인력 관리 및 지원	마케팅/유통/회계지식, 대외 섭외력, 분석력
생산관리	원가/재고/외주 관리, 생산계획 수립	제조공정/회계/통계/제품 지식, 분석력, 계산력
생산기술	공정/시설 관리, 품질 안정화, 생산 검증, 생산력 향상	기계/전기 지식, 창의력, 논리력, 분석력
연구개발	신제품 개발, 제품 개선, 원재료 분석 및 기초 연구	연구 분야 전문지식, 외국어 능력, 기획력, 시장분석력, 창의/집중력
기획	중장기 경영전략 수립, 경영정보 수집 및 분석, 투자사 관리, 손익 분석	재무/회계/경제/경영 지식, 창의력, 분석력, 전략적 사고
영업(국내/해외)	신시장 및 신규고객 발굴, 네트워크 구축, 거래선 관리	제품지식, 협상력, 프레젠테이션 능력, 정보력, 도전정신
마케팅	시장조사, 마케팅 전략수립, 성과 관리, 브랜드 관리	마케팅/제품/통계지식, 분석력, 통찰력, 의사결정력
총무	자산관리, 문서관리, 의전 및 비서, 행사 업무, 환경 등 위생관리	책임감, 협조성, 대외 섭외력, 부동산 및 보험 등 일반지식
인사/교육	채용, 승진, 평가, 보상, 교육, 인재개발	조직구성 및 노사 이해력, 교육학 지식, 객관성, 사회성
홍보/광고	홍보, 광고, 언론/사내 PR, 커뮤니케이션	창의력, 문장력, 기획력, 매체의 이해

43 위의 업무분장표를 참고할 때, 창의력과 분석력을 겸비한 경영학도인 신입사원이 배치되기에 가장 적합한 팀은?

① 연구개발팀　　　　　　　　　② 홍보/광고팀

③ 마케팅팀　　　　　　　　　　④ 기획팀

44 다음 중 해당 팀 자체의 업무보다 타 팀 및 전사적인 업무 활동에 도움을 주는 업무가 주된 역할인 팀으로 묶인 것은?

① 총무팀, 마케팅팀
② 생산기술팀, 영업팀
③ 인사/교육팀, 생산관리팀
④ 홍보/광고팀, 총무팀

45 다음 설명의 빈칸에 들어갈 말이 순서대로 바르게 짝지어진 것은?

> (　　　)은(는) 상대 기업의 경영권을 획득하는 것이고, (　　　)은(는) 두 개 이상의 기업이 결합하여 법률적으로 하나의 기업이 되는 것이다. 최근에는 금융적 관련을 맺거나 또는 전략적인 관계까지 포함시켜 보다 넓은 개념으로 사용되고 있다. 기업은 이를 통해서 시장 지배력을 확대하고 경영을 다각화시킬 수 있으며 사업 간 시너지 효과 등을 거둘 수 있다. 이러한 개념이 발전하게 된 배경은 기업가 정신에 입각한 사회 공헌 실현 등 경영 전략적 측면에서 찾을 수 있다. 그러나 대상 기업의 대주주와 협상·협의를 통해 지분을 넘겨받는 형태를 취하는 우호적인 방식이 있는 반면 기존 대주주와의 협의 없이 기업 지배권을 탈취하는 적대적인 방식도 있다.

① 인수, 제휴
② 인수, 합작
③ 인수, 합병
④ 합병, 인수

46 다음은 L씨가 경영하는 스위치 생산 공장의 문제점과 대안을 나타낸 것이다. 이에 대한 설명으로 옳지 않은 것은?

- 문제점 : 불량률의 증가
- 해결방법 : 신기술의 도입
- 가능한 대안
  - 신기술의 도입
  - 업무시간의 단축
  - 생산라인의 변경

---

① 신기술을 도입할 경우 신제품의 출시가 가능하다.

② 업무시간을 단축할 경우 직원 채용에 대한 시간이 감소한다.

③ 생산라인을 변경하면 새로운 라인에 익숙해지는데 시간이 소요된다.

④ 업무시간을 단축하면 구성원들의 직무만족도를 증가시킬 수 있다.

47 다음 그림과 같은 두 개의 조직도 (A), (B)의 특징을 적절하게 설명한 것은 어느 것인가? (전체 인원수는 같다고 가정함)

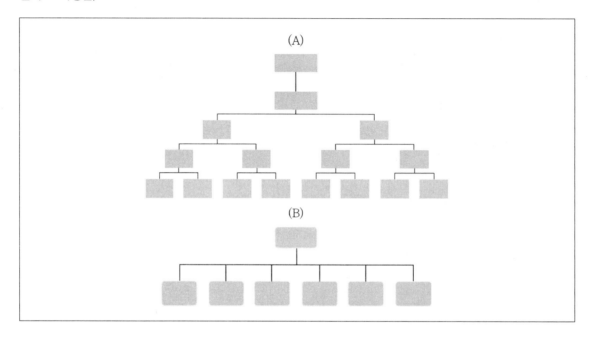

① (B)는 결재 단계가 많아 신속한 의사결정이 (A)보다 어렵다.

② (A)는 중간 관리자층이 얇아 다양한 검증을 거친 의견 수렴이 (B)보다 어렵다.

③ (A)보다 (B)는 소집단만의 조직문화가 형성될 수 있어 조직 간 경쟁체제를 유지할 수 있다.

④ (B)는 회사가 안정적이거나 일상적인 기술, 조직의 내부 효율성을 중요시하며 기업의 규모가 작을 때에는 주로 볼 수 있는 기능적인 구조이다.

48 다음 B사의 국내 출장 관련 규정의 일부를 참고할 때, 올바른 판단을 하지 못한 것은?

제2장 국내 출장

제12조(국내 출장 신청)

국내 출장 시에는 출장 신청서를 작성하여 출장 승인권자의 승인을 얻은 후 부득이한 경우를 제외하고는 출발 24시간 전까지 출장 담당부서에 제출하여야 한다.

제13조(국내 여비)

① 철도여행에는 철도운임, 수로여행에는 선박운임, 항로여행에는 항공운임, 철도 이외의 육로여행에는 자동차운임을 지급하며, 운임의 지급은 별도 규정에 의한다. 다만, 전철구간에 있어서 철도운임 외에 전철요금이 따로 책정되어 있는 때에는 철도운임에 갈음하여 전철요금을 지급할 수 있다.

② 공단 소유의 교통수단을 이용하거나 요금 지불이 필요 없는 경우에는 교통비를 지급하지 아니한다. 이 경우 유류대, 도로사용료, 주차료 등은 귀임 후 정산할 수 있다.

③ 직원의 항공여행은 일정 등을 고려하여 필요하다고 인정되는 경우로 부득이 항공편을 이용하여야 할 경우에는 출장 신청 시 항공여행 사유를 명시하고 출장 결과 보고서에 영수증을 첨부하여야 하며, 기상악화 등으로 항공편 이용이 불가한 경우 사후 그 사유를 명시하여야 한다.

④ 국내 출장자의 일비 및 식비는 별도 규정에서 정하는 바에 따라 정액 지급하고(사후 실비 정산 가능) 숙박비는 상한액 범위 내에서 실비로 지급한다. 다만, 업무 형편, 그 밖에 부득이한 사유로 인하여 숙박비를 초과하여 지출한 때에는 숙박비 상한액의 10분의 3을 넘지 아니하는 범위에서 추가로 지급할 수 있다.

⑤ 일비는 출장일수에 따라 지급하되, 공용차량 또는 공용차량에 준하는 별도의 차량을 이용하거나 차량을 임차하여 사용하는 경우에는 일비의 2분의 1을 지급한다.

⑥ 친지 집 등에 숙박하거나 2인 이상이 공동으로 숙박하는 경우 출장자가 출장 이행 후 숙박비에 대한 정산을 신청하면 회계 담당자는 숙박비를 지출하지 않은 인원에 대해 1일 숙박당 20,000원을 지급 할 수 있다. 단, 출장자의 출장에 대한 증빙은 첨부하여야 한다.

---

① 특정 이동 구간에 철도운임보다 비싼 전철요금이 책정되어 있을 경우, 전철요금을 여비로 지급받을 수 있다.

② 숙박비 상한액이 5만 원인 경우, 부득이한 사유로 10만 원을 지불하고 호텔에서 숙박하였다면 결국 자비로 3만 5천 원을 지불한 것이 된다.

③ 일비가 7만 원인 출장자가 3일은 대중교통을, 2일은 공용차량을 이용할 예정인 경우, 총 지급받을 일비는 28만 원이다.

④ 1일 숙박비 4만 원씩을 지급받은 갑과 을이 출장 시 공동 숙박에 의해 갑의 비용으로 숙박료 3만 원만 지출하였다면, 을은 사후 미사용 숙박비 중 1만 원을 회사에 반납하게 된다.

49 다음 중 조직의 성격 및 특성에 관한 설명으로 가장 옳지 않은 것은?

① 직분으로서의 목적과 이의 달성을 위한 직위에 의하여 뒷받침되고 있는 의식적으로 조정된 직능의 체계이다.

② 투입, 산출, 피드백을 통해 외부환경과 상호작용을 하는 개방체계이다.

③ 성장과 변화에 대응하지 않는 정태적 균형을 추구한다.

④ 공동의 목적을 위해 정립된 체계화된 구조이다.

50 아래 워크시트에서 부서명[E2 : E4]을 번호[A2 : A11] 순서대로 반복하여 발령부서[C2 : C11]에 배정하고자 한다. 다음 중 [C2] 셀에 입력할 수식으로 옳은 것은?

	A	B	C	D	E
1	번호	이름	발령부서		부서명
2	1	황현아	기획팀		기획팀
3	2	김지민	재무팀		재무팀
4	3	정미주	총무팀		총무팀
5	4	오민아	기획팀		
6	5	김혜린	재무팀		
7	6	김윤중	총무팀		
8	7	박유미	기획팀		
9	8	김영주	재무팀		
10	9	한상미	총무팀		
11	10	서은정	기획팀		

① =INDEX($E$2:$E$4, MOD(A2, 3))

② =INDEX($E$2:$E$4, MOD(A2, 3)+1)

③ =INDEX($E$2:$E$4, MOD(A2-1, 3)+1)

④ =INDEX($E$2:$E$4, MOD(A2-1, 3))

51 다음 [조건]에 따라 작성한 [함수식]에 대한 설명으로 옳은 것을 〈보기〉에서 고른 것은?

[조건]

◦ 품목과 수량에 대한 위치는 행과 열로 표현한다.

행 \ 열	A	B
1	품목	수량
2	설탕	5
3	식초	6
4	소금	7

[함수 정의]

• IF(조건식, ㉠, ㉡) : 조건식이 참이면 ㉠ 내용을 출력하고, 거짓이면 ㉡ 내용을 출력한다.
• MIN(B2, B3, B4) : B2, B3, B4 중 가장 작은 값을 반환한다.

[함수식]
= IF(MIN(B2, B3, B4) > 3, "이상 없음", "부족")

〈보기〉

㉠ 반복문이 사용되고 있다.
㉡ 조건문이 사용되고 있다.
㉢ 출력되는 결과는 '부족'이다.
㉣ 식초의 수량(B3) 6을 1로 수정할 때 출력되는 결과는 달라진다.

① ㉠, ㉡   ② ㉠, ㉢
③ ㉡, ㉢   ④ ㉡, ㉣

52 지민 씨는 회사 전화번호부를 1대의 핸드폰에 저장하였다. 핸드폰 전화번호부에서 검색을 했을 때 나타나는 결과로 옳은 것은? (단, '6'을 누르면 '5468', '7846' 등이 뜨고 'ㅌ'을 누르면 '전태승' 등이 뜬다)

구분	이름	번호
총무팀	이서경	0254685554
마케팅팀	김민종	0514954554
인사팀	최찬웅	0324457846
재무팀	심빈우	0319485575
영업팀	민하린	01054892464
해외사업팀	김혜서	01099843232
전산팀	진태승	01078954654

① 'ㅎ'을 누르면 4명이 뜬다.
② '32'를 누르면 2명이 뜬다.
③ '55'를 누르면 2명이 뜬다.
④ 'ㅂ'을 누르면 아무도 나오지 않는다.

53 인터넷 상의 중앙 서버에 데이터를 저장해 두고, 인터넷 기능이 있는 모든 IT 기기를 사용하여 언제 어디서든지 정보를 이용할 수 있다는 개념으로, 컴퓨팅 자원을 필요한 만큼 빌려 쓰고 사용 요금을 지불하는 방식으로 사용되는 컴퓨팅 개념을 무엇이라고 하는가?

① 모바일 컴퓨팅(Mobile Computing)
② 분산 컴퓨팅(Distributed Computing)
③ 클라우드 컴퓨팅(Cloud Computing)
④ 그리드 컴퓨팅(Grid Computing)

54 검색엔진을 사용하여 인터넷에서 조선시대의 문장가 허균의 누나가 누구인지 알아보려고 한다. 키워드 검색방법을 사용할 때 가장 적절한 검색식은? (단, 사용하려는 검색엔진은 AND 연산자로 '&', OR 연산자로 '+', NOT 연산자로 '!'을 사용한다)

① 문장가 & 허균

② 허균 & 누나

③ 허균 + 누나

④ 조선시대 ! 허균

55 다음은 스프레드시트로 작성한 워크시트이다. ㈎ ~ ㈏에 대한 설명으로 옳지 않은 것은?

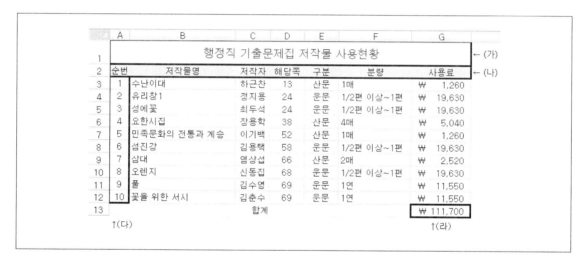

① ㈎는 '셀 병합' 기능을 이용하여 작성할 수 있다.

② ㈏는 '셀 서식'의 '채우기' 탭에서 색상을 변경할 수 있다.

③ ㈐는 A3 값을 입력 후 '자동 채우기' 기능을 사용할 수 있다.

④ ㈏의 값은 '=EVEN(G3:G12)'로 구할 수 있다.

56 다음 중 아래 시트에서 특근 일수를 구하기 위해 [B9] 셀에 입력할 함수로 옳은 것은?

	A	B	C	D	E
1	8월 특근 현황				
2	날짜	정부장	김과장	이팀장	박대리
3	8월15일		O		O
4	8월16일	O		O	
5	8월17일	O	O	O	
6	8월18일		O	O	O
7	8월19일	O		O	
8	8월20일	O			
9	특근 일수				

① =COUNTBLANK(B3:B8) ② =COUNTA(B3:B8)

③ =COUNT(B3:B8) ④ =SUM(B3:B8)

57 다음 중 책임에 대한 설명으로 옳은 것은?

① 자신보다 고객의 가치를 최우선으로 하는 서비스 개념이다.

② 법은 민주 시민으로서 기본적으로 지켜야 하는 의무이다

③ 오랜 생활습관을 통해 정립된 관습적으로 행해지는 사회계약적 생활규범이다.

④ 모든 결과는 나의 선택으로 인한 결과임을 인식하는 태도이다.

58 다음에서 설명하고 있는 공동체윤리로 적절한 것은?

민주 시민으로서 기본적으로 지켜야 하는 의무이자 생활 자세로서 법률이나 규칙을 좇아 지키는 것이다.

① 봉사 ② 책임

③ 준법 ④ 예절

59 L병원 홍보실에서는 환자 서비스를 강화하기 위하여 내부적으로 논의를 거쳐 다음과 같은 행동수칙 항목들을 정했다. 이를 검토한 원장은 항목들을 '봉사'와 '준법'의 분야로 나누어 기재할 것을 지시하였다. 다음 중 원장의 지시에 맞게 항목들을 구분한 것은?

〈의료서비스 개선을 위한 직원 행동수칙〉

1. 인간생명의 존엄성을 인식하고 박애와 봉사정신으로 환자에게 최선의 진료를 제공한다.
2. 제반 법령과 규정을 준수하며, 언제나 정직한 의료를 제공한다.
3. 환자 편익을 위해 진료절차, 진료비용 등에 대해 투명하게 설명하고 성의를 다해 안내한다.
4. 직무를 수행함에 있어서 일체의 금전이나 향응, 각종 편의를 단호히 거부한다.
5. 환자이익을 우선시하고 업무과정에서 취득한 개인정보를 제3자에게 누설하지 아니한다.
6. 특정인에게 입원 및 진료순서를 바꿔주거나 의료비 할인 등 건강 불평등을 초래하는 일체의 의료 특혜를 제공하지 아니한다.

	봉사	준법
①	1, 2, 5	3, 4, 6
②	2, 4, 5, 6	1, 3
③	1, 5, 6	2, 3, 4
④	1, 3	2, 4, 5, 6

60 다음 중 상사나 동료를 만났을 때 인사를 생략해도 되는 경우가 아닌 것은?

① 한 손에 짐을 들고 있을 경우
② 회의나 교육, 중요업무를 하고 있는 경우
③ 위험이 따르는 작업을 하는 경우
④ 상사로부터 주의를 받을 때나 결재 중인 경우

1 다음은 행정구제의 방법이다. 나머지와 성격이 다른 하나는?

① 청원   ② 민원처리
③ 입법예고   ④ 행정소송
⑤ 청문

2 근로기준법에서 사용하는 용어의 정의로 틀린 것을 모두 고르시오.

> ㉠ 근로자 : 직업의 종류와 관계없이 임금을 목적으로 사업이나 사업장에 근로를 제공하는 사람을 말한다.
> ㉡ 사용자 : 사업주 또는 사업 경영 담당자, 그 밖에 근로자에 관한 사항에 대하여 사업주를 위하여 행위하는 자를 말한다.
> ㉢ 근로 : 정신노동과 육체노동을 말한다.
> ㉣ 임금 : 사용자가 근로의 대가로 근로자에게 임금, 봉급, 그 밖에 어떠한 명칭으로든지 지급하는 모든 금품을 말한다.
> ㉤ 1주 : 휴일을 제외한 5일을 말한다.
> ㉥ 단시간근로자 : 한 달 동안의 소정근로시간이 그 사업장에서 같은 종류의 업무에 종사하는 통상 근로자의 한 달 동안의 소정근로시간에 비하여 짧은 근로자를 말한다.

① ㉢, ㉤   ② ㉡, ㉣
③ ㉠, ㉥   ④ ㉢, ㉣
⑤ ㉤, ㉥

3 헌법재판소에 대한 설명으로 옳은 것은?

① 헌법 재판소는 7인의 재판관으로 구성된다.
② 재판관의 임기는 6년으로, 연임이 가능하다.
③ 헌법재판소의 장은 국회의 동의를 얻어 국무총리가 임명한다.
④ 헌법재판소의 재판관은 모두 국회에서 선출한다.
⑤ 헌법재판소의 결정에 대해 불복할 경우 언제든 재심을 청구할 수 있다.

4 다음 중 민법상 취소사유에 해당하는 것은?

① 착오에 의한 의사표시
② 불공정한 법률행위
③ 통정 허위표시
④ 강행법규 위반
⑤ 선량한 풍속, 사회 질서 위반

5 즉결심판에 대한 설명으로 옳지 않은 것은?

① 20만 원 이하의 벌금 · 구류, 과료에 해당하는 사건이 해당한다.
② 청구는, 검사의 기소독점에 대한 예외로 관할 경찰서장이 서면으로 한다.
③ 피고인의 자백만으로는 유죄를 인정할 수 없다.
④ 피고인이 출석하지 않아도 형의 선고가 가능하다.
⑤ 즉결심판을 받은 자도 정식 재판을 청구할 수 있다.

6 다음 제시문이 공통으로 설명하고 있는 개념은?

> • "법률 없으면 범죄 없고 형벌없다."
> • 마그나카르타(대헌장)
> • 개인의 자유와 권리를 보호하기 위한 국가권력의 자기제한

① 불고불리의 원칙
② 죄형법정주의
③ 국가소추주의
④ 기소독점주의
⑤ 기소편의주의

7 다음 글의 내용 속에 나타나 있는 법의 이념을 〈보기〉에서 모두 고른 것은?

> 법은 단순한 강제 수단이 아니라 일정한 가치를 추구한다. 법은 '같은 것은 같게, 다른 것은 다르게' 취급하는 것을 중요하게 생각한다. 하지만 이런 일반적인 가치가 아무리 중요하다 하더라도 구체적, 개별적인 경우에 무엇이 정당한 것인지를 가르쳐 주지는 못하기 때문에 이것만으로는 하나의 공허한 형식에 지나지 않는다. 법의 세계에서 같은 것과 다른 것을 구별해 주는 구체적인 기준은 국가와 사회가 처해 있는 상황과 이데올로기에 따라 달라진다.

> 〈보기〉
> ㉠ 정의
> ㉡ 합목적성
> ㉢ 법적 안정성

① ㉠
② ㉡
③ ㉠, ㉢
④ ㉠, ㉡
⑤ ㉠, ㉡, ㉢

8 다음은 국회에 관한 설명이다. 잘못된 것은?

① 국회는 구성 원리에 따라 단원제, 양원제로 분류될 수 있다.

② 국회는 헌법상 입법기관, 국정 통제기관, 국민의 대표 기관 및 예산, 결산 심의 기관의 지위를 갖고 있다.

③ 국회는 의장단, 위원회제도, 특별위원회, 연석회의, 교섭단체 등으로 구성되어 있다.

④ 국회는 정기적인 회기를 두고 있지 않으며 임시회기를 통해 수시로 운영한다.

⑤ 국회는 헌법개정안이 공고되면 60일 이내에 의결을 거쳐야 한다.

9 다음은 미성년자의 법률 행위에 관한 설명이다. 잘못된 것은?

① 미성년자 측에서 거래에 대한 완전한 유효를 승인하는 행위를 추인이라고 한다.

② 미성년자가 말로 속이거나, 동의서를 만들거나, 주민증을 위조하는 경우, 이는 사술행위에 해당한다.

③ 만 18세인 자는 이혼 후에 매매 계약을 체결할 수 있다.

④ 미성년자는 원칙적으로 법정 대리인의 동의를 얻어야 한다.

⑤ 미성년자와 거래한 상대방을 보호하기 위한 방안으로 최고권, 철회권, 사술행위에 대한 취소권 배제 등이 있다.

10 공법에 대한 다음의 설명 중 옳은 것은?

① 공법상 채권의 소멸시효는 원칙적으로 10년이다.

② 조세의 과오납은 공법상 사무관리에 해당한다.

③ 일정 연령에 도달하여 선거권을 취득하는 것은 공법상 사건이다.

④ 사인과 국가 간의 공사도급계약은 공법행위에 해당한다.

⑤ 행정개입청구권은 개인적 공권에 해당한다.

11 다음 중 우리나라 행정법의 기본원리는?

> ㉠ 민주행정의 원리   ㉡ 법치행정의 원리
>
> ㉢ 복지행정의 원리   ㉣ 사법국가주의

① ㉠   ② ㉠, ㉡

③ ㉠, ㉡, ㉢   ④ ㉠, ㉡, ㉣

⑤ ㉠, ㉡, ㉢, ㉣

12 다음 중 공기업에 대한 설명으로 옳은 것은?

① 국가나 지방자치단체가 소유·지배하는 기업을 말한다.

② 자체 수입액이 총수입액의 1/3 이상이어야 한다.

③ 형태에 따라 정부부처형, 기금관리형, 공사형으로 구분 가능하다.

④ 정부 지분이 30%인 정부투자기관이 해당한다.

⑤ 정부 지분이 80%인 정부출자기관이 해당한다.

13 정치·행정 이원론에 대한 설명으로 옳지 않은 것은?

① 엽관주의로 인한 행정의 비능률을 극복하기 위해 대두되었다.

② 행정과 경영을 분리하는 것을 말한다.

③ 다른 말로 기술적 행정학이라고도 한다.

④ 과학적 관리론을 도입하였다.

⑤ 인간적 측면을 경시한다는 비판을 받았다.

14 다음은 공유지의 비극에 대한 설명이다. 옳은 것을 고르시오.

① 개인과 공공의 이익이 서로 맞을 때를 가정한 이론이다.
② 개인이 소유한 목초지를 공동으로 이용할 때 발생하는 일이다.
③ 적극적인 정부의 개입보다는 보이지 않는 손을 신뢰하는 것이 중요하다는 것을 시사한다.
④ 비용은 개인에게 집중, 편익은 전체에게 분산된다.
⑤ 각종 규제를 통해 공유지의 비극을 해결할 수 있다.

15 다음 중 시민공동생산에 대한 설명으로 가장 옳지 않은 것은?

① 시민들의 무임승차자 문제를 해결하기 위한 대안이다.
② 모든 서비스영역에 시민공동생산이 가능한 것은 아니다.
③ 관료제의 비효율성에 대한 비판적 시각을 기초로 하고 있다.
④ 재정확대를 수반하지 않으면서 지역사회가 필요로 하는 공공서비스를 확보할 수 있게 한다.
⑤ 시민공동생산에서 시민은 소비자이면서 동시에 생산자가 된다.

16 우리나라의 적극행정이 아닌 것은?

① 공공의 이익을 위해 업무를 처리하는 행위
② 통상적으로 요구되는 정도 이상의 노력으로 맡은 바 임무를 수행하는 행위
③ 변화에 선제적으로 대응하여 새로운 정책을 발굴·추진하는 행위
④ 업무 처리 후 긍정적인 결과를 도출하는 행위
⑤ 창의성과 전문성을 바탕으로 둔 행위

17 경로의존성의 예로 가장 적절하지 않은 것은?

① 쿼티식 자판

② 고착효과

③ 고효율의 기존 방식

④ 우주선 추진로켓의 폭

⑤ 매너리즘

18 다음은 행정학의 어러 이론들이디. 시대순으로 옳게 나열한 것은?

㉠ 통치기능설	㉡ 행정관리설
㉢ 신행정론	㉣ 행정행태론
㉤ 신공공관리론	㉥ 발전행정론

① ㉠ – ㉣ – ㉡ – ㉢ – ㉥ – ㉤

② ㉡ – ㉠ – ㉥ – ㉣ – ㉢ – ㉤

③ ㉠ – ㉡ – ㉥ – ㉣ – ㉤ – ㉢

④ ㉡ – ㉠ – ㉣ – ㉥ – ㉢ – ㉤

⑤ ㉠ – ㉣ – ㉥ – ㉡ – ㉤ – ㉢

19 민츠버그(Mintzberg)의 조직성장 경로모형에서 강조되는 조직구성부문과 이에 상응하는 구조의 연결로 옳지 않은 것은?

① 전략적 정점(strategic apex) – 단순구조

② 기술구조(technostructure) – 기계적 관료제 구조

③ 핵심운영(operating core) – 전문적 관료제 구조

④ 중간계선(middle line) – 사업부제 구조

⑤ 지원참모(support staff) – 고정체제

20 총체적 품질관리(TQM)에 관한 옳은 설명은?

> ㉠ 생산성 제고의 국민에 대한 대응적 책임성을 확보하기 위한 전략적 관리방식이다.
> ㉡ TQM은 상하 간의 참여적 관리를 의미하며 조직의 목표설정에서 책임의 확정, 실적 평가에 이르기
> 까지 상관과 부하의 합의로 이루어진다.
> ㉢ 공공부문의 비시장성과 비경쟁성은 TQM의 필요성 인식을 약화시킨다.
> ㉣ 조직의 환경변화에 적절히 대응하기 위해 투입 및 과정보다 결과가 중시된다.
> ㉤ 공공서비스의 품질 향상을 통한 고객만족을 목표로 하기 때문에 공무원들의 행태를 고객중심적으로
> 전환할 수 있다.

① ㉠, ㉡, ㉢
② ㉠, ㉡, ㉣
③ ㉠, ㉢, ㉤
④ ㉡, ㉢, ㉤
⑤ ㉡, ㉣, ㉤

21 아래의 ㉠~㉾ 중 미국의 행정학자인 스미스(Harold D. Smith)가 제시한 현대적 예산원칙은 모두 몇 개
인가?

> ㉠ 한정성의 원칙   ㉡ 보고의 원칙
> ㉢ 책임의 원칙   ㉣ 공개의 원칙
> ㉤ 계획의 원칙   ㉥ 단일의 원칙
> ㉦ 사전의결 원칙   ㉧ 재량의 원칙
> ㉨ 완전성의 원칙   ㉩ 시기신축성 원칙

① 3개
② 4개
③ 5개
④ 6개
⑤ 7개

22 G. Caiden의 국가발전단계별 행정기능에 속하지 않는 것은?

① 전통적 기능
② 국민형성 기능
③ 경제관리적 기능
④ 사회복지 기능
⑤ 환경변화 기능

23 다음은 피들러의 리더십 유효성 상황모형에 대한 내용이다. 괄호 안에 들어갈 말로 적절한 것을 순서대로 바르게 나열하면?

> 피들러는 중요 상황요소로서 리더와 부하간의 신뢰관계, 과업구조, 리더 지위의 권력 정도라는 3가지 요소로 보고, 이를 토대로 리더십 상황을 리더에게 유리한 상황과 불리한 상황으로 유형화하였다. 이 모델에서는 상황이 리더에게 유리하거나 불리한 경우에는 (㉠) 리더십 유형이 적합하고, 중간 정도의 상황에서는 (㉡) 리더십 유형이 적합하다고 본다.

① ㉠ 인간관계지향적, ㉡ 업무지향적
② ㉠ 인간관계지향적, ㉡ 리더지향적
③ ㉠ 업무지향적, ㉡ 리더지향적
④ ㉠ 업무지향적, ㉡ 인간관계지향적
⑤ ㉠ 리더지향적, ㉡ 업무지향적

24 다음은 공정별 배치에 관한 내용이다. 이 중 옳지 않은 것을 고르면?

① 공정별 배치는 초기의 투자비가 저렴하다.
② 운반거리도 길고, 자재의 취급에 따른 비용이 높다.
③ 작업 형태에 있어 복잡하며, 숙련성이 요구되는 방식이다.
④ 자유 경로형으로서의 신축성이 높다고 할 수 있다.
⑤ 표준품에 있어서의 대량생산 등에 가장 적합한 방식이라 할 수 있다.

25 다음 중 경제적주문량(EOQ)의 기본가정에 해당하지 않는 것은?

① 품절 및 과잉재고는 허용된다.

② 제품의 수요가 일정하고 균일하다.

③ 조달이 일시에 이루어진다.

④ 주문비와 재고유지비가 일정하다.

⑤ 재고유지비는 평균재고에 기초를 두게 된다.

26 고관여(high involvement) 상황 하에서 소비자 구매의사결정 과정 5단계가 순서대로 바르게 나열된 것은?

① 문제 인식 → 정보 탐색 → 구매 → 대안 평가 → 구매 후 행동

② 문제 인식 → 정보 탐색 → 대안 평가 → 구매 → 구매 후 행동

③ 정보 탐색 → 문제 인식 → 구매 → 대안 평가 → 구매 후 행동

④ 정보 탐색 → 문제 인식 → 구매 → 구매 후 행동 → 대안 평가

⑤ 정보 탐색 → 구매 → 문제 인식 → 대안 평가 → 구매 후 행동

27 아담스의 공정성이론에 관한 설명 중 바르지 않은 것은?

① 불공정이 지각되면 공정성을 회복하기 위해 긴장이 유발된다.

② 자신의 투입물과 타인의 산출물의 성과물을 비교한다.

③ 타 종업원과의 사회적인 비교 과정에서 동기부여가 된다.

④ 동기유발의 강도는 불균형의 정도에 따라 직접적으로 변화한다.

⑤ 브룸의 기대이론에 기초하고 있다.

28 BCG(Boston Consulting Group) 매트릭스에 대한 설명으로 옳은 것으로만 묶은 것은?

> ㉠ 시장성장률이 높다는 것은 그 시장에 속한 사업부의 매력도가 높다는 것을 의미한다.
> ㉡ 매트릭스 상에서 원의 크기는 전체 시장규모를 의미한다.
> ㉢ 유망한 신규사업에 대한 투자재원으로 활용되는 사업부는 현금젖소(Cash Cow) 사업으로 분류된다.
> ㉣ 상대적 시장점유율은 시장리더기업의 경우 항상 1.0이 넘으며 나머지 기업은 1.0이 되지 않는다.

① ㉠, ㉡   ② ㉠, ㉢
③ ㉡, ㉣   ④ ㉢, ㉣
⑤ ㉡, ㉢

29 다음 균형성과표(BSC)의 네 가지 관점이 아닌 것은?

① 사회적 관점
② 고객 관점
③ 기업 내부프로세스 관점
④ 재무적 관점
⑤ 학습과 성장 관점

30 다음 아래의 글을 읽고 밑줄 친 부분에 관한 내용으로 가장 옳지 않은 것을 고르면?

> '인정 넘치는 일할 맛 나는 공간'. 산업단지 소프트웨어 개선의 핵심 방향이다. 지식경제부의 <u>'QWL(Quality of Working Life · 근로생활의 질) 밸리 조성'</u>으로 불리는 이 사업은 한 마디로 산업단지를 일하고 배우고 즐기는 곳으로 만들자는 계획이다. 생산시설뿐 아니라 각종 복지시설과 편의시설을 넣고, 대학과 연구기관도 입주시켜 젊은이들이 일하고 싶은 곳으로 변모시키려는 활동으로 지난해부터 추진됐다. 산업단지가 대부분 만들어진 지 40년 이상 지나면서 낡고 불편한, 생산기능에만 충실한 공간이 되면서 나온 반성이다. 젊은 근로자들이 취업을 기피하면서 국가 경제의 중추인 산업단지의 활력이 떨어지고 있기 때문이다. 현재 반월시화, 남동, 구미, 익산단지 등 전국 6개 산단에서 QWL 시범사업이 진행 중이다. 복지 · 편의시설뿐 아니라 교육이나 문화예술 시설과 관련 프로그램을 확충해 젊은 근로자들이 일하고 싶어 하는 생기 넘치는 공간으로 만들어 가고 있다. QWL사업을 실시하는 한국산업단지공단은 부족한 산업단지 복지 · 편의시설 확충에 나서 보육시설을 전국 7개 산업단지에서 건설 중이다. 또 지난 6월부터 시화산단에서 출근길 6대, 퇴근길 7대의 통근버스를 운영하고 있다. 산업단지가 대부분 도심이나 주거지역에서 멀리 떨어져 있어 대중교통 수단으로 접근이 쉽지 않은 데 따른 조치다. 12월까지 시범운행 결과를 지켜본 뒤 내년부터 운행 노선을 본격 확대하기로 했다. 산업단지공단은 지난 6월 안산시 화랑유원지에서 '2012 산단가족 아트앤바자(Art&Bazaar) 축제'를 열었다. 입주기업 CEO, 근로자 및 가족, 외국인근로자, 다문화가족, 지역주민 등 3000여명이 함께 축제를 즐기고 있다. 안중헌 산단공 미래경영전략실장은 "어린이집 확충과 통근버스 투입이 시급하다. 이를 위해선 정부와 지자체의 협조가 절실하다"면서 "이 문제가 우선 해결되지 않을 경우 산업단지 노령화가 조만간 대두될 수 있다"고 말했다.

① 이는 직장과 근로 현장에서 질을 높이려는 도입하게 되는 방법이라 할 수 있다.
② 이를 실시하기 위해서는 장시간이 소요된다.
③ 많은 전문 인력 등을 필요로 한다.
④ 경영자들이 변화담당자에게 권한을 이양하는 것을 꺼리기 때문에 실시하는데 많은 어려움을 지니고 있다.
⑤ 시간 및 인력의 잉여로 인해 거의 제대로 실행되어지는 경우가 많다.

31 다음 중 집단자극제에 관련한 내용으로 가장 거리가 먼 것을 고르면?

① 업무의 요령 등을 타인에게 감추지 않는다.
② 업무배치를 함에 있어 구성원들의 불만을 감소시킨다.
③ 집단의 조화가 중요하기 때문에 구성원 서로 간 팀워크 및 협동심 등이 증대된다.
④ 집단의 노력이지만, 개개인의 노력 및 성과도 직접적으로 반영된다.
⑤ 새로 들어온 신입 직원의 경우 훈련에 상당히 적극적으로 임하게 된다.

32 다음 자본자산 가격결정모형(CAPM)에 관한 설명 중 바르지 않은 것은?

① 차입이자율과 대출이자율이 다를 경우에는 CAPM 성립이 불가능하다.

② 이질적인 예측을 하는 경우 CAPM은 성립이 가능하다.

③ 자본자산 가격결정모형은 자본시장이 균형의 상태를 이룰 시에 자본자산의 가격과 위험과의 관계를 예측하는 모형을 말한다.

④ 무위험자산을 투자대상에 포함시켜 지배원리를 만족시키는 효율적인 투자선을 찾아내는 것을 자본시장 선이라 한다.

⑤ 자본자산 가격결정이론은 세금 및 거래비용이 존재하지 않는 상황을 가정한다.

33 다음 중 재무비율분석의 특징으로 가장 옳지 않은 것은?

① 기존의 회계정보에 의존하는 특징이 있다.

② 종합적인 분석에는 어렵다는 단점이 있다.

③ 기업의 경영성과를 용이하게 알아볼 수 있다.

④ 비교의 기준이 되는 표준비율에 대한 선정이 까다롭다는 문제점이 있다.

⑤ 기업 조직의 재무 상태를 알아보기 어렵다는 문제점이 있다.

34 실업에 대한 내용으로 옳지 않은 것은?

① 경제활동참가율이란 15세 이상의 생산가능인구 중 경제활동에 참가하고 있는 인구의 비중을 말한다.

② 실업률이란 경제활동인구 중 실업자 비율을 말한다.

③ 실망노동자수가 증가하면 실업률은 올라간다.

④ 부가노동자수의 증가는 실업률 상승을 일으킨다.

⑤ 구조적 실업을 해소하려면 노동자에 대한 재교육이 필요하다.

35 순수독점기업이 4,000원의 가격으로 5만 개의 재화를 판매하고 있다. 만약 가격을 2,000원으로 인하할 경우 10만 개의 재화를 판매할 수 있다면 이때의 한계수입은?

① 0원

② 1,000원

③ 2,000원

④ 3,000원

⑤ 4,000원

36 甲이 사과에서 얻은 한계효용이 8이고, 배엥서 얻은 한계효용이 7이다. 사과의 가격이 20원일 경우 甲의 효용이 최대가 될 때 배의 가격은?

① 16.5원

② 17.5원

③ 18.5원

④ 19.5원

⑤ 20.5원

37 실질 GDP가 1,500이고 GDP 디플레이터가 110일 때, 명목 GDP는 얼마인가?

① 1,500

② 1,550

③ 1,600

④ 1,650

⑤ 1,700

38 어느 완전경쟁시장의 시장수요함수는 $P=-4Q+20$이고 한계수입은 8이라 하자. 소비자잉여는 얼마인가?(P : 가격, Q : 수량)

① 10

② 12

③ 18

④ 22

⑤ 26

39 중앙은행이 실시하는 정책 중 시중의 통화량을 늘리는 방법은?

① 재할인율을 인상한다.

② 보유외환을 외환시장에서 매각한다.

③ 민간은행에 대한 여신을 줄인다.

④ 민간은행의 법정지급준비율을 인하한다.

⑤ 중앙은행의 공개시장매도

40 다음 중 X재와 Y재의 균형소비량을 구하는 데 필요한 정보가 아닌 것은?

① X재의 가격

② Y재의 가격

③ X재와 Y재의 산출량

④ X재와 Y재의 선호도

⑤ 소비자의 소득

41 다음 중 등량곡선에 대한 설명으로 옳지 않은 것은?

① 등량곡선이 우하향하므로 한계기술대체율이 체감한다.

② 한계기술대체율이 체감하는 것은 원점에 대하여 볼록하기 때문이다.

③ 등량곡선은 서로 교차하지 않는다.

④ 등량곡선은 원점에 대하여 볼록하다.

⑤ 두 생산요소가 완전보완적이면 등량곡선은 L자 형태이다.

42 유동성 함정에 대한 설명으로 옳지 않은 것은?

① 화폐수요의 이자율 탄력성이 무한대가 되는 영역을 가리킨다.
② 화폐를 그대로 보유하는 것보다는 채권을 매입하는 것이 낫다.
③ 경제주체들은 채권가격 하락을 예상하여 채권에 대한 수요 대신 화폐에 대한 수요를 늘린다.
④ 재정지출 확대에 따른 구축효과가 발생하지 않는다.
⑤ 최저 이자율 수준에서 투기적 화폐수요곡선은 수평선이 된다.

43 다음 중 LM곡선의 이동을 가져오는 경우가 아닌 것은?

① 물가상승
② 화폐수요의 증가
③ 화폐공급의 감소
④ 정부지출의 감소
⑤ 통화량 증가

44 다음의 사례와 가장 관련 깊은 경제학 개념이 바르게 연결된 것은?

> A는 며칠 전부터 계속되는 야근으로 피곤한 B를 위해 보양식을 사주려고 한다. 인터넷을 검색한 결과 TV음식프로그램에도 소개되었고 평소 B가 좋아하는 메뉴를 판매하는 ○○음식점을 찾아내었다. A와 B는 주말을 이용해 ○○음식점을 방문하였다. 하지만 ○○음식점 앞에는 사람들이 길게 늘어서 있다. A와 B는 배는 고프지만 다른 가게로 가지 않고 자리가 날 때까지 기다리기로 했다.

① 기대효용 – 기대가치　　　　　　　② 기대효용 – 기회비용
③ 기회비용 – 한계효용　　　　　　　④ 희소성 – 한계효용
⑤ 희소성 – 기대효용

45 국민연금법에 따른 급여의 종류로 옳은 것은?

① 노령연금
② 농지연금
③ 체육연금
④ 주택연금
⑤ 직역연금

46 다음 중 사회보험과 사보험의 특징을 비교한 설명으로 옳지 않은 것은?

① 사회보험은 최저수준을 보호하나 사보험은 요구와 능력에 의해 보호수준을 결정한다.
② 사회보험은 사회적 적합성의 원리에 기초하나 사보험은 개인적 공평성의 원리에 기초한다.
③ 사회보험은 법률에 따라 강제징수가 이루어지나 사보험은 사전계약에 따라 징수가 이루어진다.
④ 사회보험은 임의적으로 가입이 이루어지나 사보험은 강제적으로 가입이 이루어진다.
⑤ 사회보험은 소득수준에 따라 보험료를 차등부과하나 사보험은 위험정도 · 급여수준에 따라 보험료를 부과한다.

47 우리나라 노인장기요양보험법령에 대한 내용으로 옳은 것은?

① 장기요양급여는 의료서비스와 연계하여 제공하기가 용이한 시설급여를 재가급여보다 우선적으로 제공하여야 한다.
② 장기요양등급은 장기요양등급판정위원회에서 판정하고, 세밀한 판정을 위해 7개 등급의 체계로 운용한다.
③ 「노인장기요양보험법」은 고령이나 노인성 질병 등의 사유로 일상생활을 혼자서 수행하기 어려운 노인 등에게 제공하는 신체활동 또는 가사활동 지원 등의 장기요양급여에 관한 사항을 규정하고 있다.
④ 노인장기요양보험의 관리운영기관은 노후생활과 밀접히 연관이 되어 있는 국민연금공단이다.
⑤ 장기요양보험료는 건강보험료와 분리하여 징수한다.

48 다음 중 공공부조와 관계있는 것을 모두 고르면?

㉠ 최저생계비	㉡ 최저임금제
㉢ 국민기초생활보장제도	㉣ 고용보험

① ㉠㉡

② ㉠㉢

③ ㉡㉢

④ ㉡㉣

⑤ ㉢㉣

49 각종 연금에 대한 설명으로 옳지 않은 것은?

① 농지연금은 신청일 기준으로부터 과거 5년 이상 영농경력 조건을 갖추어야 한다.

② 주택연금은 부부 중 한 명이 만 60세 이상이어야 신청이 가능하다.

③ 기초연금은 만 65세 이상 전체 어르신 중 가구의 소득인정액이 선정기준액 이하인 분들게 지급한다.

④ 유족연금은 가입기간에 따라 일정률의 기본연금액에 부양가족연금액을 합산하여 지급한다.

⑤ 국민연금 가입자 중 만 60세 이상으로 국민연금보험료 납입개월 수가 120개월 미만인 자가 임의계속 가입을 희망하지 않을 경우 반환일시금을 지급한다.

50 국민건강보험의 요양급여 비용에 대한 심사를 담당하고 요양급여의 적정성을 평가하기 위해 설립된 기관은?

① 급여심사원

② 진료심사평가원

③ 보건사회연구원

④ 건강보험심사평가원

⑤ 노인요양병원

제 02 회 | 실력평가 모의고사

✪ **직업기초능력평가**   (60문항/60분)

1 다음 글의 이후에 이어질 만한 내용으로 가장 거리가 먼 것은?

> 철도교통의 핵심 기능인 정거장의 위치 및 역간 거리는 노선, 열차평균속도, 수요, 운송수입 등에 가장 큰 영향을 미치는 요소로 고속화, 기존선 개량 및 신선 건설시 주요 논의의 대상이 되고 있으며, 과다한 정차역은 사업비를 증가시켜 철도투자를 저해하는 주요 요인으로 작용하고 있다.
>
> 한편, 우리나라의 평균 역간거리는 고속철도 46km, 일반철도 6.7km, 광역철도 2.1km로 이는 외국에 비해 59 ～ 84% 짧은 수준이다. 경부고속철도의 경우 천안·아산역 ～ 오송역이 28.7km, 신경주역 ～ 울산역이 29.6km 떨어져 있는 등 1990년 기본계획 수립 이후 오송, 김천·구미, 신경주, 울산역 등 다수의 역 신설로 인해 운행 속도가 저하되어 표정속도가 선진국의 78% 수준이며, 경부선을 제외한 일반철도의 경우에도 표정속도가 45 ～ 60km/h 수준으로 운행함에 따라 타 교통수단 대비 속도경쟁력이 저하된 실정이다. 또한, 추가역 신설에 따른 역간 거리 단축으로 인해 건설비 및 운영비의 대폭 증가도 불가피한 바, 경부고속철도의 경우 오송역 등 4개 역 신설로 인한 추가 건설비는 약 5,000억 원에 달한다. 운행시간도 당초 서울 ～ 부산 간 1시간 56분에서 2시간 18분으로 22분 지연되었으며, 역 추가 신설에 따른 선로분기기, 전환기, 신호기 등 시설물이 추가로 설치됨에 따라 유지보수비 증가 등 과잉 시설의 한 요인으로 작용했다. 이러한 역간 거리와 관련하여 도시철도의 경우 도시철도건설규칙에서 정거장 간 거리를 1km 이상으로 규정함으로써 표준 역간거리를 제시하고 있으나, 고속철도, 일반철도 및 광역철도의 정거장 위치와 역간 거리는 교통수요, 정거장 접근거리, 운행속도, 여객 및 화물열차 운행방법, 정거장 건설 및 운영비용, 선로용량 등 단일 차량과 단일 정차패턴이 기본인 도시철도에 비해 복잡한 변수를 내포함으로써 표준안을 제시하기가 용이하지 않았으며 관련 연구가 매우 부족한 상황이다.

① 외국인 노선별 역간 거리 비교
② 역간 거리가 철도 운행 사업자에게 미치는 영향 분석
③ 역간 거리 연장을 어렵게 하는 사회적인 요인 파악
④ 역세권 개발과 부동산 시장과의 상호 보완요인 파악

2　다음 표준 임대차계약서의 일부를 보고 추론할 수 없는 내용은 어느 것인가?

[임대차계약서 계약 조항]

제1조[보증금]

을(乙)은 상기 표시 부동산의 임대차보증금 및 차임(월세)을 다음과 같이 지불하기로 한다.

• 보증금 : 금○○원으로 한다.

• 계약금 : 금○○원은 계약 시에 지불한다.

• 중도금 : 금○○원은 20××년 ○월 ○일에 지불한다.

• 잔　금 : 금○○원은 건물명도와 동시에 지불한다.

• 차임(월세) : 금○○원은 매월 말일에 지불한다.

제4조[구조변경, 전대 등의 제한]

을(乙)은 갑(甲)의 동의 없이 상기 표시 부동산의 용도나 구조 등의 변경, 전대, 양도, 담보제공 등 임대차 목적 외에 사용할 수 없다.

제5조[계약의 해제]

을(乙)이 갑(甲)에게 중도금(중도금 약정이 없는 경우에는 잔금)을 지불하기 전까지는 본 계약을 해제할 수 있는 바, 갑(甲)이 해약할 경우에는 계약금의 2배액을 상환하며 을(乙)이 해약할 경우에는 계약금을 포기하는 것으로 한다.

제6조[원상회복의무]

을(乙)은 존속기간의 만료, 합의 해지 및 기타 해지 사유가 발생하면 즉시 원상회복하여야 한다.

---

① 중도금 약정 없이 계약이 진행될 수도 있다.

② 부동산의 용도를 변경하려면 갑(甲)의 동의가 필요하다.

③ 을(乙)은 계약금, 중도금, 보증금의 순서대로 임대보증금을 지불해야 한다.

④ 중도금 혹은 잔금을 지불하기 전까지만 계약을 해제할 수 있다.

3 다음 글의 문맥으로 보아 밑줄 친 단어의 쓰임이 올바른 것은?

우리나라의 저임금근로자가 소규모사업체 또는 자영업자에게 많이 고용되어 있기 때문에 최저임금의 급하고 과도한 인상은 많은 자영업자의 추가적인 인건비 인상을 ㉠표출할 것이다. 이것은 최저임금위원회의 심의 과정에서 지속적으로 논의된 사안이며 ㉡급박한 최저임금 인상에 대한 가장 강력한 반대 논리이기도 하다. 아마도 정부가 최저임금 결정 직후에 매우 포괄적인 자영업 지원 대책을 발표한 이유도 이것 때문으로 보인다. 정부의 대책에는 기존의 자영업 지원대책을 비롯하여 1차 분배를 개선하기 위한 장·단기적인 대책과 단기적 충격 완화를 위한 현금지원까지 포함되어 있다. 현금지원의 1차적인 목적은 자영업자 보호이지만 최저임금제도가 근로자 보호를 위한 제도이기 때문에 궁극적인 목적은 근로자의 고용 안정 도모이다. 현금지원에 고용안정자금이라는 꼬리표가 달린 이유도 이 때문일 것이다.

정부의 현금지원 발표 이후 이에 대한 비판이 쏟아졌다. 비판의 요지는 자영업자에게 최저임금 인상으로 인한 추가적인 인건비 부담을 현금으로 지원할거면 최저임금을 덜 올리고 현금지원 예산으로 근로 장려세제를 ㉢축소하면 되지 않느냐는 것이다. 그러나 이는 두 정책의 대상을 ㉣혼동하기 때문에 제기되는 주장이라고 판단된다. 최저임금은 1차 분배 단계에서 임금근로자를 보호하기 위한 제도적 틀이고 근로 장려세제는 취업의 의지가 낮은 노동자의 노동시장 참여를 유보하기 위해 고안된 사회부조(2차 분배)라는 점을 기억해야 할 것이다. 물론 현실적으로 두 정책의 적절한 조합이 필요할 것이다.

① ㉠
② ㉡
③ ㉢
④ ㉣

4 다음 ( )안에 들어갈 접속어를 순서대로 나열한 것은?

> 검찰은 10년 전 발생한 이리나 씨 살인 사건의 범인을 추적하던 중 범인이 박을수라는 것을 밝혀내었다. 하지만 박을수는 7년 전 김갑수로 개명 신청하였다. ( ) 5년 전에 일본인으로 귀화하여 대한민국 국적을 잃었고 주민등록까지 말소되었다. ( ) 검찰은 김갑수를 10년 전 살인 사건의 피의자로 기소했다. 김갑수는 성형수술로 얼굴과 신체의 모습이 달라졌을 뿐만 아니라 지문이나 홍채 등 개인 신체 정보로 활용되는 생체 조직을 다른 사람의 것으로 바꾸었다.

① 그러나, 그리고
② 예를 들어, 왜냐하면
③ 그리고, 또한
④ 또한, 하지만

5 다음 글을 순서대로 바르게 나열한 것은?

> 유명인 모델의 광고 효과를 높이기 위해서는 유명인이 자신과 잘 어울리는 한 상품의 광고에만 지속적으로 나오는 것이 좋다.
> ㈎ 여러 광고에 중복 출연하는 유명인이 많아질수록 외견상으로는 중복 출연이 광고 매출을 증대시켜 광고 산업이 활성화되는 것으로 보일 수 있다.
> ㈏ 유명인을 비롯한 광고 모델의 적절한 선정이 요구되는 이유가 여기에 있다.
> ㈐ 하지만 모델의 중복 출연으로 광고 효과가 제대로 나타나지 않으면 광고비가 과다 지출되어 결국 광고주와 소비자의 경제적인 부담으로 이어진다.
> ㈑ 이렇게 할 경우 상품의 인지도가 높아지고, 상품을 기억하기 쉬워지며, 광고 메시지에 대한 신뢰도가 제고된다.
> ㈒ 유명인의 유명세가 상품에 전이되고 소비자가 유명인이 진실하다고 믿게 되기 때문이다.

① ㈎㈏㈑㈐㈒
② ㈑㈎㈒㈏㈐
③ ㈑㈒㈎㈐㈏
④ ㈒㈑㈐㈏㈎

6   다음 글을 통해 추론할 수 있는 것은?

'핸드오버'란 이동단말기가 이동함에 따라 기존 기지국에서 이탈하여 새로운 기지국으로 넘어갈 때 통화가 끊기지 않도록 통화 신호를 새로운 기지국으로 넘겨주는 것을 말한다. 이런 핸드오버는 이동단말기, 기지국, 이동전화교환국 사이의 유무선 연결을 바탕으로 실행된다. 이동단말기가 기지국에 가까워지면 그 둘 사이의 신호가 점점 강해지는데 반해, 이동단말기와 기지국이 멀어지면 그 둘 사이의 신호는 점점 약해진다. 이 신호의 세기가 특정값 이하로 떨어지게 되면 핸드오버가 명령되어 이동단말기와 새로운 기지국 간의 통화 채널이 형성된다. 이 과정에서 이동전화교환국과 기지국 간 연결에 문제가 발생하면 핸드오버가 실패하게 된다.

핸드오버는 이동단말기와 기지국 간 통화 채널 형성 순서에 따라 '형성 전 단절 방식'과 '단절 전 형성 방식'으로 구분될 수 있다. FDMA와 TDMA에서는 형성 전 단절 방식을, CDMA에서는 단절 전 형성 방식을 사용한다. 형성 전 단절 방식은 이동단말기와 새로운 기지국 간의 통화 채널이 형성되기 전에 기존 기지국과의 통화 채널을 단절하는 것을 말한다. 이와 반대로 단절 전 형성 방식은 이동단말기와 기존 기지국 간의 통화 채널이 단절되기 전에 새로운 기지국과의 통화 채널을 형성하는 방식이다. 이런 핸드오버 방식의 차이는 각 기지국이 사용하는 주파수 간 차이에서 비롯된다. 만약 각 기지국이 다른 주파수를 사용하고 있다면, 이동단말기는 기존 기지국과의 통화 채널을 미리 단절한 뒤 새로운 기지국에 맞는 주파수를 할당 받은 후 통화 채널을 형성해야 한다. 그러나 각 기지국이 같은 주파수를 사용하고 있다면, 그런 주파수 조정이 필요 없으며 새로운 통화 채널을 형성하고 나서 기존 통화 채널을 단절할 수 있다.

① 단절 전 형성 방식의 각 기지국은 서로 다른 주파수를 사용한다.
② 형성 전 단절 방식은 단절 전 형성 방식보다 더 빨리 핸드오버를 명령할 수 있다.
③ 이동단말기와 기존 기지국 간의 통화 채널이 단절되면 핸드오버가 성공한다.
④ CDMA에서는 하나의 이동단말기가 두 기지국과 동시에 통화 채널을 형성할 수 있지만 FDMA에서는 그렇지 않다.

7 다음 제시된 글의 내용과 일치하는 것은?

사실적인 그림을 그리기 위해서는 우선 우리가 살아가는 현실을 화면에다 똑같이 옮겨 놓아야만 한다. 그런데 화면은 이차원의 평면이다. 원칙적으로 삼차원의 실제 공간을 이차원의 화면 위에 옮겨 놓기는 불가능하다. 현실을 화면에 옮기기 위해서는 어떤 장치가 필요한데, 그 장치가 바로 원근법이다.

원근법은 15세기 무렵부터 사용되기 시작하였다. 그렇다면 15세기 이전의 미술가들은 가까이 있는 것은 크게, 멀리 있는 것은 작게 그리는 방법을 몰랐다는 말인가? 꼭 그렇진 않다. 여기서의 원근법은 누구나 알고 있는 경험적인 원근법을 말하는 것이 아니다. 15세기의 원근법이란 수학적으로 계산된 공간의 재현 법칙이었다. 서기 79년 베수비우스 화산의 폭발로 매몰된 〈신비의 집〉이라는 폼페이의 벽화에서는 그리는 사람이 관찰한 결과를 토대로 앞에 있는 사람보다 뒤쪽에 멀리 있는 사람의 다리를 짧게 그리고 있다. 이는 공간감을 실감나게 표현하기 위해서 단축법을 사용한 결과이다. 단축법이란 깊이를 표현하기 위해서 멀리 있는 사물의 길이를 줄여서 표현하는 기법이다.

르네상스 미술의 최고 발명품인 원근법은 15세기 이탈리아 건축가며 조각가인 브루넬레스키에 의해 만들어졌다. 원근법을 이용하여 그림을 그린 최초의 화가는 마사치오였다. 그의 〈헌금〉이라는 작품을 보고 15세기 이탈리아의 피렌체 시민들은 깜짝 놀랐다. 그림이 너무 사실적으로 표현되었기 때문이다. 이 그림의 배경 공간은 〈신비의 집〉과 같이 밋밋하고 성격 없는 공간에서 수백 미터나 되는 깊이를 느끼게 해주었다. 원근법이 발명되고 나서야 비로소 미술가들은 현실과 똑같은 공간을 화면에 옮겨 놓을 수가 있었던 것이다.

그러나 원근법으로 그림을 그리는 일은 생각만큼 쉬운 일은 아니었다. 뒤러의 〈원근법 연습〉이라는 작품을 보면 르네상스 화가들이 어떻게 원근법을 이용하였으며 과거의 단축법과 어떻게 다른지를 알 수 있다. 화가와 모델 사이에는 격자무늬가 그려진 투명한 창이 있고 화가의 눈 밑에는 카메라의 파인더와 같은 조그만 구멍이 뚫린 기구가 놓여 있다. 화가는 한 눈을 감고 이 기구의 조그만 구멍을 통해 본 격자무늬의 창 너머에 있는 모델을 책상 위에 펼쳐 놓은 모눈종이에 옮겨 그린다. 화가는 그림이 다 끝날 때까지 눈을 움직여서는 안 되었다. 눈을 움직이면 보는 위치가 틀려져 원근법으로 맞지가 않기 때문이다. 르네상스 화가들은 뒤러와 같은 방법으로 현실 공간을 정확하게 화면에다 옮길 수가 있었다. 르네상스 화가들이 정물이나 풍경을 그리려면 어떻게 했을까? 간단하다. 정물을 그리려면 모델을 정물로 바꾸면 되고, 풍경화를 그리고 싶으면 투명한 창을 산이나 평야 쪽으로 바꾸어 놓으면 되었다.

우첼로 같은 화가는 원근법에 너무나 감동한 나머지 밤새도록 원근법을 실험했다고 한다. 그리고 15세기의 유명한 이탈리아의 건축가이며 미학자인 알베르티는 "원근법을 모르면 그림을 그리지도 말라."고 얘기할 정도였다. 실물과 똑같이 그림을 그리려 했던 르네상스 화가들에게 원근법은 무엇보다도 중요한 공간 표현의 수단이었다.

① 브루넬레스키는 단축법을 변형 · 발전시켜 원근법을 만들어냈다.
② 마사치오의 〈헌금〉은 경험적인 원근법을 이용하여 그려진 최초의 작품이다.
③ 르네상스 시대 이전의 화가들은 현실의 공간을 정확하게 재현할 수 있었다.
④ 르네상스 시대의 화가들은 사실적인 공간 표현을 위해 원근법을 중요시했다.

8 다음은 정보공개제도에 대하여 설명하고 있는 글이다. 이 글의 내용을 제대로 이해하지 못한 것은?

☞ **정보공개란?**
「정보공개제도」란 공공기관이 직무상 작성 또는 취득하여 관리하고 있는 정보를 수요자인 국민의 청구에 의하여 열람·사본·복제 등의 형태로 청구인에게 공개하거나 공공기관이 자발적으로 또는 법령 등의 규정에 의하여 의무적으로 보유하고 있는 정보를 배포 또는 공표 등의 형태로 제공하는 제도를 말한다. 전자를 「청구공개」라 한다면, 후자는 「정보제공」이라 할 수 있다.

☞ **정보공개 청구권자**
대한민국 모든 국민, 외국인(법인, 단체 포함)
- 국내에 일정한 주소를 두고 거주하는 자, 국내에 사무소를 두고 있는 법인 또는 단체
- 학술·연구를 위하여 일시적으로 체류하는 자

☞ **공개 대상 정보**
공공기관이 직무상 또는 취득하여 관리하고 있는 문서(전자문서를 포함), 도면, 사진, 필름, 테이프, 슬라이드 및 그 밖에 이에 준하는 매체 등에 기록된 사항

☞ **공개 대상 정보에 해당되지 않는 예(행정안전부 유권해석)**
- 업무 참고자료로 활용하기 위해 비공식적으로 수집한 통계자료
- 결재 또는 공람절차 완료 등 공식적 형식 요건 결여한 정보
- 관보, 신문, 잡지 등 불특정 다수인에게 판매 및 홍보를 목적으로 발간된 정보
- 합법적으로 폐기된 정보
- 보유·관리하는 정보만이 대상이므로 공공기관은 정보를 새로 작성(생성)하거나 취득하여 공개할 의무는 없음

☞ **비공개 정보(공공기관의 정보공개에 관한 법률 제9조)**
- 법령에 의해 비밀·비공개로 규정된 정보
- 국가안보·국방·통일·외교관계 등에 관한 사항으로 공개될 경우 국가의 중대한 이익을 해할 우려가 있다고 인정되는 정보
- 공개될 경우 국민의 생명·신체 및 재산의 보호에 현저한 지장을 초래할 우려가 있다고 인정되는 정보
- 진행 중인 재판에 관련된 정보와 범죄의 예방, 수사, 공소의 제기 등에 관한 사항으로서 공개될 경우 그 직무수행을 현저히 곤란하게 하거나 피고인의 공정한 재판을 받을 권리를 침해한다고 인정되는 정보
- 감사·감독·검사·시험·규제·입찰계약·기술개발·인사관리·의사결정과정 또는 내부검토과정에 있는 사항 등으로서 공개될 경우 업무의 공정한 수행이나 연구·개발에 현저한 지장을 초래한다고 인정되는 정보
- 당해 정보에 포함되어 있는 이름·주민등록번호 등 개인에 관한 사항으로서 공개될 경우 개인의 사생활의 비밀·자유를 침해할 수 있는 정보
- 법인·단체 또는 개인(이하 "법인 등"이라 한다)의 경영·영업상 비밀에 관한 사항으로서 공개될 경우 법인 등의 정당한 이익을 현저히 해할 우려가 있다고 인정되는 정보
- 공개될 경우 부동산 투기·매점매석 등으로 특정인에게 이익 또는 불이익을 줄 우려가 있다고 인정되는 정보

① 공공기관은 국민이 원하는 정보를 요청자의 요구에 맞추어 작성, 배포해 주어야 한다.

② 공공기관의 정보는 반드시 국민의 요구가 있어야만 공개하는 것은 아니다.

③ 공공의 이익에 저해가 된다고 판단되는 정보는 공개하지 않을 수 있다.

④ 공식 요건을 갖추지 않은 미완의 정보는 공개하지 않을 수 있다.

9 다음 중 글의 내용과 일치하지 않는 것은?

비트코인(Bitcoin)과 블록체인(Blockchain)은 요즘 TV나 미디어뿐만 아니라 일반인 사이에서도 한창 화제가 되고 있다. 비트코인이 이처럼 인기를 끄는 가장 큰 이유는 지난해 한 해 동안 2,000% 가까이 오른 가격에 있다. 덕분에 비트코인의 기반인 블록체인 기술의 인기도 함께 올라갔다. 다만 블록체인은 장기적인 관점에서 투자해야 할 기술이다.

블록체인 기술은 큰 파급 효과를 일으킬 잠재력을 지녔다. 2017년 초 하버드 비즈니스 리뷰는 블록체인이 "경제 및 사회 시스템을 위한 새로운 토대를 창출할 잠재력을 지녔다"고 평가했다. 세계경제포럼이 2017년 1월 발행한 보고서는 2025년에는 전 세계 GDP의 10%가 블록체인 또는 블록체인 관련 기술에 저장될 것으로 전망했다. 10년 내에 GDP 10%를 차지할 것으로 예상되는 이 기술에 대해 아직 잘 모른다면 당장 공부를 시작할 것을 권한다.

블록체인은 암호화되어 보호되는 디지털 로그 파일이며 온라인 거래를 안전하게 보호하는 역할을 한다. 1991년에 처음 개념화된 분산 퍼블릭 블록체인을 최초로 실용화한 애플리케이션이 바로 비트코인이다. 블록은 거래를 기록한 디지털 기록물이며 이 거래의 유효성을 확인하기 위해서는 블록체인 참여자들의 합의가 필요하다.

일반적으로 블록에는 가격, 행위(구매, 판매, 양도 등), 시간 스탬프와 같은 거래 데이터가 포함된다. 모든 거래(또는 일련의 거래)는 블록을 생성한다. 각 미래 블록에는 이전 블록의 암호화 해시(현재 해시는 일반적으로 SHA-256)가 포함된다. 이렇게 해서 각 거래 블록은 암호화된 방식으로 이전 블록에 결속된다.

비트코인과 같이 블록체인이 공개적으로 분산되면 각 참여자는 블록체인의 모든 거래를 확인할 수 있다. 참여자가 가진 돈이나 재산의 정도는 해당 정보가 거래 기록에 포함되지 않는 한 알 수 없지만 두 참여자 사이에 교환된 가치는 볼 수 있으며 그 유효성을 확인할 수 있다.

참여자는 누구나 위조하기가 극히 어려운(암호화 분야의 용어로 표현하자면 '간단치 않은') 암호화 증명서를 제시함으로써 특정 블록체인 계정의 소유권을 입증할 수 있다. 블록체인의 동작 원리는 각 참여자에게 서명된 콘텐츠를 생성할 수 있는 프라이빗 키가 있고, 연결된 퍼블릭 키를 사용해 다른 모든 참여자들이 손쉽게 이 프라이빗 키를 확인할 수 있다는 점에서 퍼블릭/프라이빗 키 암호화와 비슷하다.

블록체인에는 클라우드 컴퓨팅과 같이 퍼블릭, 프라이빗, 하이브리드 블록체인이 있다. 자기만의 블록체인을 만들거나 이익을 공유하는 더 큰 그룹에서 만든 다른 블록체인을 사용할 수 있으며, 비트코인과 같이 퍼블릭 글로벌 블록체인에 참여하는 것도 가능하다. 비교적 최근부터는 프라이빗 블록체인은 퍼블릭 블록체인에, 퍼블릭 블록체인은 프라이빗 블록체인에 참여할 수도 있다.

① 비트코인은 지난 한 해 동안 가격이 20배 상승했다.
② 자기만의 블록체인을 만들거나 이익을 공유하는 더 큰 그룹에서 만든 다른 블록체인을 사용할 수 있다.
③ 블록체인이 비공개적으로 분산되면 각 참여자는 블록체인의 모든 거래를 확인할 수 있다.
④ 블록체인은 암호화되어 보호되는 디지털 로그 파일이며 온라인 거래를 안전하게 보호하는 역할을 한다.

10 강연의 내용을 고려할 때 ㉠에 대한 대답으로 가장 적절한 것은?

여러분 안녕하세요. 저는 타이포그래피 디자이너 ○○○입니다. 이렇게 사내 행사에 초청받아 타이포그래피에 대해 소개하게 되어 무척 기쁩니다.

타이포그래피는 원래 인쇄술을 뜻했지만 지금은 그 영역이 확대되어 문자로 구성하는 디자인 전반을 가리킵니다. 타이포그래피에는 언어적 기능과 조형적 기능이 있는데요, 그 각각을 나누어 말씀드리겠습니다.

먼저 타이포그래피의 언어적 기능은 글자 자체가 가지고 있는 의미전달에 중점을 두는 기능을 말합니다. 의미를 정확하게 전달하기 위해서는 가독성을 높이는 일이 무엇보다 중요하지요. (화면의 '작품1'을 가리키며) 이것은 여러분들도 흔히 보셨을 텐데요, 학교 앞 도로의 바닥에 적혀 있는 '어린이 보호 구역'이라는 글자입니다. 운전자에게 주의하며 운전하라는 의미를 전달해야 하므로 이런 글자는 무엇보다도 가독성이 중요하겠지요? 그래서 이 글자들은 전체적으로 크면서도 세로로 길게 디자인하여 운전 중인 운전자에게 글자가 쉽게 인식될 수 있도록 제작한 것입니다.

이어서 타이포그래피의 조형적 기능을 살펴보겠습니다. 타이포그래피의 조형적 기능이란 글자를 재료로 삼아 구체적인 형태의 외형적 아름다움을 전달하는 기능을 말합니다. (화면의 '작품2'를 가리키며) 이 작품은 '등'이라는 글씨의 받침 글자 'ㅇ'을 전구 모양으로 만들었어요. 그리고 받침 글자를 중심으로 양쪽에 사선을 그려 넣고 사선의 위쪽을 검은색으로 처리했어요. 이렇게 하니까 마치 갓이 씌워져 있는 전등에서 나온 빛이 아래쪽을 환하게 밝히고 있는 그림처럼 보이지요. 이렇게 회화적 이미지를 첨가하면 외형적 아름다움뿐만 아니라 글자가 나타내는 의미까지 시각화하여 전달할 수 있습니다.

(화면의 '작품3'을 가리키며) 이 작품은 '으'라는 글자 위아래를 뒤집어 나란히 두 개를 나열했어요. 그러니까 꼭 사람의 눈과 눈썹을 연상시키네요. 그리고 'ㅇ' 안에 작은 동그라미를 세 개씩 그려 넣어서 눈이 반짝반짝 빛나고 있는 듯한 모습을 표현했습니다. 이것은 글자의 의미와는 무관하게 글자의 형태만을 활용하여 제작자의 신선한 발상을 전달하기 위한 작품이라고 할 수 있습니다.

지금까지 작품들을 하나씩 보여 드리며 타이포그래피를 소개해 드렸는데요, 한번 정리해 봅시다. (화면에 '작품1', '작품2', '작품3'을 한꺼번에 띄워 놓고) ㉠좀 전에 본 작품들은 타이포그래피의 어떤 기능에 중점을 둔 것일까요?

① '작품1'은 운전자가 쉽게 읽을 수 있도록 글자를 제작하였으므로 타이포그래피의 언어적 기능에 중점을 둔 것이라 할 수 있습니다.

② '작품2'는 글자가 나타내는 의미와 상관없이 글자를 작품의 재료로만 활용하고 있으므로 타이포그래피의 조형적 기능에 중점을 둔 것이라 할 수 있습니다.

③ '작품3'은 회화적 이미지를 활용하여 글자의 외형적 아름다움을 표현했으므로 타이포그래피의 언어적 기능에 중점을 둔 것이라 할 수 있습니다.

④ '작품1'과 '작품2'는 모두 글자의 색을 화려하게 사용하여 의미를 정확하게 전달하고 있으므로 타이포그래피의 언어적 기능에 중점을 둔 것이라 할 수 있습니다.

11 다음 문장들을 순서에 맞게 배열한 것을 고르시오.

> ㈎ 인물 그려내기라는 말은 인물의 생김새나 차림새 같은 겉모습을 그려내는 것만 가리키는 듯 보이기 쉽다.
>
> ㈏ 여기서 눈에 보이는 것의 대부분을 뜻하는 공간에 대해 살필 필요가 있다. 공간은 이른바 공간적 배경을 포함한, 보다 넓은 개념이다.
>
> ㈐ 하지만 인물이 이야기의 중심적 존재이고 그가 내면을 지닌 존재임을 고려하면, 인물의 특질을 제시하는 것의 범위는 매우 넓어진다. 영화, 연극 같은 공연 예술의 경우, 인물과 직접적·간접적으로 관련된 것들, 무대 위나 화면 속에 자리해 감상자의 눈에 보이는 것 거의 모두가 인물 그려내기에 이바지한다고까지 말할 수 있다.
>
> ㈑ 그것은 인물과 사건이 존재하는 곳과 그곳을 구성하는 물체들을 모두 가리킨다. 공간이라는 말이 다소 추상적이므로, 경우에 따라 그곳을 구성하는 물체들, 곧 비나 눈 같은 기후 현상, 옷, 생김새, 장신구, 가구, 거리의 자동차 등을 '공간소'라고 부를 수 있다.

① ㈎ – ㈏ – ㈐ – ㈑　　　　　② ㈎ – ㈐ – ㈏ – ㈑

③ ㈎ – ㈑ – ㈏ – ㈐　　　　　④ ㈑ – ㈏ – ㈎ – ㈐

12 다음 글의 내용과 가장 부합하는 진술은?

> 여행을 뜻하는 서구어의 옛 뜻에 고역이란 뜻이 들어 있다는 사실이 시사하듯이 여행은 금리생활자들의 관광처럼 속 편한 것만은 아니다. 그럼에도 불구하고 고생스러운 여행이 보편적인 심성에 호소하는 것은 일상의 권태로부터의 탈출과 해방의 이미지를 대동하고 있기 때문일 것이다. 술 익는 강마을의 저녁노을은 '고약한 생존의 치욕에 대한 변명'이기도 하지만 한편으로는 그 치욕으로부터의 자발적 잠정적 탈출의 계기가 되기도 한다. 그리고 그것은 결코 가볍고 소소한 일이 아니다. 직업적 나그네와는 달리 보통 사람들은 일상생활에 참여하고 잔류하면서 해방의 순간을 간접 경험하는 것이다. 인간의 여행은 술 익는 강마을의 저녁노을을 생존의 치욕을 견디게 할 수 있는 매혹으로 만들어 주기도 하는 것이다.

① 여행은 고생으로부터의 해방이다.

② 금리생활자들이 여행을 하는 것은 고약한 생존의 치욕에 대한 변명을 위해서이다.

③ 윗글에서 '보편적인 심성'이라는 말은 문맥으로 보아 여행은 고생스럽다는 생각을 가리키는 것이다.

④ 사람들은 여행에서 일시적인 해방을 맛본다.

13 다음 글에서 가장 중요한 요점은 무엇인가?

부패방지위원회

수신자 : 수신자 참조
(경유)
제목 : 20××년 부패방지평가 보고대회 개최 알림

1. 귀 기관의 무궁한 발전을 기원합니다.
2. 지난 3년간의 부패방지 성과를 돌아보고 국가청렴도 향상을 위한 정책방안을 정립하기 위하여
   20××년 부패방지평가 보고대회를 붙임(1)과 같이 개최하고자 합니다.
3. 동 보고대회의 원활한 진행을 위하여 붙임(2)의 협조사항을 20××년 1월 20일까지 행사준비팀(전
   화 : 02-000-0000, 팩스 : 02-000-0001, E-mail : 0000@0000.co.kr)로 알려주시기 바랍니다.

※ 초청장은 추후 별도 송부 예정임

붙임(1) : 20××년 부패방지평가 보고대회 기본계획 1부
   (2) : 행사준비관련 협조사항 1부. 끝.

부패방지위원회 회장
○ ○ ○

| 수신자 | 부패방지공관 | 부패방지시민모임 | 기업홍보부 | 정의실천모임 |

① 수신자의 기관에 무궁한 발전을 위하여
② 초청장의 발행 여부 확인을 위하여
③ 보고대회가 개최됨을 알리기 위하여
④ 기업홍보를 위한 스폰서를 모집하기 위하여

14 다음 글에서 추론할 수 있는 내용만을 모두 고른 것은?

'도박사의 오류'라고 불리는 것은 특정 사건과 관련 없는 사건을 관련 있는 것으로 간주했을 때 발생하는 오류이다. 예를 들어, 주사위 세 개를 동시에 던지는 게임을 생각해 보자. 첫 번째 던지기 결과는 두 번째 던지기 결과에 어떤 영향도 미치지 않으며, 이런 의미에서 두 사건은 서로 상관이 없다. 마찬가지로 10번의 던지기에서 한 번도 6의 눈이 나오지 않았다는 것은 11번째 던지기에서 6의 눈이 나온다는 것과 아무런 상관이 없다. 그럼에도 불구하고, 우리는 "10번 던질 동안 한 번도 6의 눈이 나오지 않았으니, 이번 11번째 던지기에는 6의 눈이 나올 확률이 무척 높다."라고 말하는 경우를 종종 본다. 이런 오류를 '도박사의 오류 A'라고 하자. 이 오류는 지금까지 일어난 사건을 통해 미래에 일어날 특정 사건을 예측할 때 일어난다.

하지만 반대 방향도 가능하다. 즉, 지금 일어난 특정 사건을 바탕으로 과거를 추측하는 경우에도 오류가 발생한다. 다음 사례를 생각해보자. 당신은 친구의 집을 방문했다. 친구의 방에 들어가는 순간, 친구는 주사위 세 개를 던지고 있었으며 그 결과 세 개의 주사위에서 모두 6의 눈이 나왔다. 이를 본 당신은 "방금 6의 눈이 세 개가 나온 놀라운 사건이 일어났다는 것에 비춰볼 때, 내가 오기 전에 너는 주사위 던지기를 무척 많이 했음에 틀림없다."라고 말한다. 당신은 방금 놀라운 사건이 일어났다는 것을 바탕으로 당신 친구가 과거에 주사위 던지기를 많이 했다는 것을 추론한 것이다. 하지만 이것도 오류이다. 당신이 방문을 여는 순간 친구가 던진 주사위들에서 모두 6의 눈이 나올 확률은 매우 낮다. 하지만 이 사건은 당신 친구가 과거에 주사위 던지기를 많이 했다는 것에 영향을 받은 것이 아니다. 왜냐하면 문을 열었을 때 처음으로 주사위 던지기를 했을 경우에 문제의 사건이 일어날 확률과, 문을 열기 전 오랫동안 주사위 던지기를 했을 경우에 해당 사건이 일어날 확률은 동일하기 때문이다. 이 오류는 현재에 일어난 특정 사건을 통해 과거를 추측할 때 일어난다. 이를 '도박사의 오류 B'라고 하자.

㉠ 인태가 당첨 확률이 매우 낮은 복권을 구입했다는 사실로부터 그가 구입한 그 복권은 당첨되지 않을 것이라고 추론하는 것은 도박사의 오류 A이다.

㉡ 은희가 오늘 구입한 복권에 당첨되었다는 사실로부터 그녀가 오랫동안 꽤 많은 복권을 구입했을 것이라고 추론하는 것은 도박사의 오류 B이다.

㉢ 승민이가 어제 구입한 복권에 당첨되었다는 사실로부터 그가 구입했던 그 복권의 당첨 확률이 매우 높았을 것이라고 추론하는 것은 도박사의 오류 A도 아니며 도박사의 오류 B도 아니다.

① ㉠   ② ㉡

③ ㉠, ㉢   ④ ㉡, ㉢

15 다음을 읽고, 빈칸에 들어갈 내용으로 가장 알맞은 것을 고르시오.

역사적 사실(historical fact)이란 무엇인가? 이것은 우리가 좀 더 꼼꼼히 생각해 보아야만 하는 중요한 질문이다. 상식적인 견해에 따르면, 모든 역사가들에게 똑같은, 말하자면 역사의 척추를 구성하는 어떤 기초적인 사실들이 있다. 예를 들면 헤이스팅스(Hastings) 전투가 1066년에 벌어졌다는 사실이 그런 것이다. 그러나 이 견해에는 명심해야 할 두 가지 사항이 있다. 첫째로, 역사가들이 주로 관심을 가지는 것은 그와 같은 사실들이 아니라는 점이다. 그 대전투가 1065년이나 1067년이 아니라 1066년에 벌어졌다는 것, 그리고 이스트본(Eastbourne)이나 브라이턴(Brighton)이 아니라 헤이스팅스에서 벌어졌다는 것을 아는 것은 분명히 중요하다. 역사가는 이런 것들에서 틀려서는 안 된다. 하지만 나는 이런 종류의 문제들이 제기될 때 _____ 라는 하우스먼의 말을 떠올리게 된다. 어떤 역사가를 정확하다는 이유로 칭찬하는 것은 어떤 건축가를 잘 말린 목재나 적절히 혼합된 콘크리트를 사용하여 집을 짓는다는 이유로 칭찬하는 것과 같다.

① '정확성은 의무이며 곧 미덕이다'
② '정확성은 미덕이지 의무는 아니다'
③ '정확성은 의무도 미덕도 아니다'
④ '정확성은 의무이지 미덕은 아니다'

16 다음 글의 빈칸에 들어갈 가장 알맞은 말은 어느 것인가?

은행은 불특정 다수로부터 예금을 받아 자금 수요자를 대상으로 정보생산과 모니터링을 하며 이를 바탕으로 대출을 해주는 고유의 자금중개기능을 수행한다. 이 고유 기능을 통하여 은행은 어느 나라에서나 경제적 활동과 성장을 위한 금융지원에 있어서 중심적인 역할을 담당하고 있다. 특히 글로벌 금융위기를 겪으면서 주요 선진국을 중심으로 직접금융이나 그림자 금융의 취약성이 드러남에 따라 은행이 정보생산 활동에 의하여 비대칭정보 문제를 완화하고 리스크를 흡수하거나 분산시키며 금융부문에 대한 충격을 완화한다는 점에 대한 관심이 크게 높아졌다. 또한 국내외 금융시장에서 비은행 금융회사의 업무 비중이 늘어나는 추세를 보이고 있음에도 불구하고 은행은 여전히 금융시스템에서 가장 중요한 기능을 담당하고 있는 것으로 인식되고 있으며, 은행의 자금중개기능을 통한 유동성 공급의 중요성이 부각되고 있다.

한편 은행이 외부 충격을 견뎌 내고 금융시스템의 안정 유지에 기여하면서 금융중개라는 핵심 기능을 원활히 수행하기 위해서는 (   ) 뒷받침되어야 한다. 그렇지 않으면 은행의 건전성에 대한 고객의 신뢰가 떨어져 수신기반이 취약해지고, 은행이 '고위험−고수익'을 추구하려는 유인을 갖게 되어 개별 은행 및 금융산업 전체의 리스크가 높아지며, 은행의 자금중개기능이 약화되는 등 여러 가지 부작용이 초래되기 때문이다. 결론적으로 은행이 수익성 악화로 부실해지면 금융시스템의 안정성이 저해되고 금융중개 활동이 위축되어 실물경제가 타격을 받을 수 있으므로 은행이 적정한 수익성을 유지하는 것은 개별 은행과 금융시스템은 물론 한 나라의 전체 경제 차원에서도 중요한 과제라고 할 수 있다. 이러한 관점에서 은행의 수익성은 학계는 물론 은행 경영층, 금융시장 참가자, 금융정책 및 감독 당국, 중앙은행 등의 주요 관심대상이 되는 것이다.

① 외부 충격으로부터 보호받을 수 있는 제도적 장치가
② 비은행 금융회사에 대한 엄격한 규제와 은행의 건전성이
③ 유동성 문제의 해결과 함께 건전성이
④ 건전성과 아울러 적정 수준의 수익성이

17 언어영역 3문항, 수리영역 4문항, 외국어영역 3문항, 사회탐구영역 2문항이 있다. A, B, C, D 네 사람에게 3문항씩 각각 다른 영역의 문항을 서로 중복되지 않게 나누어 풀게 하였다. 다음은 네 사람이 푼 문항을 조사한 결과 일부이다. 항상 옳은 것은?

- A는 언어영역 1문항을 풀었다.
- B는 외국어영역 1문항을 풀었다.
- C는 사회탐구영역 1문항을 풀었다.
- D는 외국어영역 1문항을 풀었다.

① A가 외국어영역 문항을 풀었다면 D는 언어영역 문항을 풀었다.
② A가 외국어영역 문항을 풀었다면 C는 언어영역 문항을 풀었다.
③ A가 외국어영역 문항을 풀었다면 B는 언어영역 문항을 풀었다.
④ A가 사회탐구영역 문항을 풀었다면 D는 언어영역 문항을 풀지 않았다.

18 갑, 을, 병, 정, 무 5명이 해외연수를 받는 순서로 가능한 경우에 해당하는 것은?

- 병과 무가 해외연수를 받는 사이에 적어도 두 사람이 해외연수를 받는다.
- 해외연수는 다섯 달 동안 매달 진행되며, 한 달에 한 사람만 받는다.
- 무가 5명 중에서 가장 먼저 해외연수를 받는 것은 아니다.
- 정이 해외연수를 받은 달은 갑이 해외연수를 받은 달과 인접하지 않는다.

① 을 – 갑 – 병 – 정 – 무
② 을 – 무 – 갑 – 정 – 병
③ 정 – 병 – 을 – 갑 – 무
④ 정 – 을 – 갑 – 병 – 무

19 A, B, C, D 네 명의 수강생이 외국어 학원에서 영어, 일본어, 중국어, 러시아어를 수강하고 있다. 다음에 제시된 내용을 모두 고려하였을 경우 항상 거짓인 것은?

> • C는 한 과목만 수강하며, 한 명도 수강하지 않는 과목은 없다.
> • 남자는 세 명, 여자는 한 명이다.
> • 러시아어는 세 사람이 함께 수강해야 하며, 남자만 수강할 수 있다.
> • 중국어는 여자만 수강할 수 있다.
> • A는 남자이며, 일본어는 반드시 수강해야 한다.
> • 남자는 모두 두 과목을 수강한다.

① 한 과목은 남자 두 명이 수강하게 된다.

② D는 반드시 두 과목을 수강하게 된다.

③ B는 일본어와 러시아어를 함께 수강하고 있지 않다.

④ B와 D는 영어를 수강하지 않는다.

20 다음 내용을 근거로 판단할 때 참말을 한 사람은 누구인가?

> A 동아리 학생 5명은 각각 B 동아리 학생들과 30회씩 가위바위보 게임을 하였다. 각 게임에서 이길 경우 5점, 비길 경우 1점, 질 경우 −1점을 받는다. 게임이 모두 끝나자 A 동아리 학생 5명은 자신들이 얻은 합산 점수를 다음과 같이 말하였다.
>
> • 갑 : 내 점수는 148점이다.
> • 을 : 내 점수는 145점이다.
> • 병 : 내 점수는 143점이다.
> • 정 : 내 점수는 140점이다.
> • 무 : 내 점수는 139점이다.
>
> 이들 중 한 명만 참말을 하고 있다.

① 갑   ② 을

③ 병   ④ 정

21 A, B, C, D, E, F가 달리기 경주를 하여 보기와 같은 결과를 얻었다. 1등부터 6등까지 순서대로 나열한 것은?

> ㉠ A는 D보다 먼저 결승점에 도착하였다.
> ㉡ E는 B보다 더 늦게 도착하였다.
> ㉢ D는 C보다 먼저 결승점에 도착하였다.
> ㉣ B는 A보다 더 늦게 도착하였다.
> ㉤ E가 F보다 더 앞서 도착하였다.
> ㉥ C보다 먼저 결승점에 들어온 사람은 두 명이다.

① A − D − C − B − E − F   ② A − D − C − E − B − F
③ F − E − B − C − D − A   ④ B − F − C − E − D − A

22 김 대리는 모스크바 현지 영업소로 출장을 갈 계획이다. 4일 오후 2시 모스크바에서 회의가 예정되어 있어 모스크바 공항에 적어도 오전 11시 이전에는 도착하고자 한다. 인천에서 모스크바까지 8시간이 걸리며, 시차는 인천이 모스크바보다 6시간이 더 빠르다. 김 대리는 인천에서 늦어도 몇 시에 출발하는 비행기를 예약하여야 하는가?

① 3일 09 : 00
② 3일 19 : 00
③ 4일 09 : 00
④ 4일 11 : 00

23 수덕, 원태, 광수는 임의의 순서로 빨간색, 파란색, 노란색 지붕을 가진 집에 나란히 이웃하여 살고, 개, 고양이, 원숭이라는 서로 다른 애완동물을 기르며, 광부 · 농부 · 의사라는 서로 다른 직업을 갖는다. 알려진 정보가 다음과 같을 때, 옳은 것은?

- 광수는 광부이다.
- 가운데 집에 사는 사람은 개를 키우지 않는다.
- 농부와 의사의 집은 서로 이웃해 있지 않다.
- 노란 지붕 집은 의사의 집과 이웃해 있다.
- 파란 지붕 집에 사는 사람은 고양이를 키운다.
- 원태는 빨간 지붕 집에 산다.

① 수덕은 빨간 지붕 집에 살지 않고, 원태는 개를 키우지 않는다.
② 노란 지붕 집에 사는 사람은 원숭이를 키우지 않는다.
③ 원태는 고양이를 키운다.
④ 수덕은 개를 키우지 않는다.

24 다음은 □□전자의 스마트폰 사용에 관한 조사 설계의 일부분이다. 본 설문조사의 목적으로 가장 적합하지 않은 것은?

---

1. 조사 목적

2. 과업 범위
① 조사 대상 : 서울과 수도권에 거주하고 있으며 최근 5년 이내에 스마트폰 변경 이력이 있고, 향후 1년 이내에 스마트폰 변경 의향이 있는 만 20~30세의 성인 남녀
② 조사 방법 : 구조화된 질문지를 이용한 온라인 조사
③ 표본 규모 : 총 1,000명

3. 조사 내용
① 시장 환경 파악 : 스마트폰 시장 동향 (사용기기 브랜드 및 가격, 기기사용 기간 등)
② 과거 스마트폰 변경 현황 파악 : 변경 횟수, 변경 사유 등
③ 향후 스마트폰 변경 잠재 수요 파악 : 변경 사유, 선호 브랜드, 변경 예산 등
④ 스마트폰 구매자를 위한 개선 사항 파악 : 스마트폰 구매자를 위한 요금할인, 사은품 제공 등 개선 사항 적용 시 스마트폰 변경 의향
⑤ 배경정보 파악 : 인구사회학적 특성 (연령, 성별, 거주 지역 등)

4. 결론 및 기대효과

---

① 스마트폰 구매자를 위한 요금할인 프로모션 시행의 근거 마련
② 평균 스마트폰 기기사용 기간 및 주요 변경 사유 파악
③ 광고 매체 선정에 참고할 자료 구축
④ 스마트폰 구매 시 사은품 제공 유무가 구입 결정에 미치는 영향 파악

25 다음은 법령 등 공포에 관한 법률의 일부이다. 제시된 자료를 참고할 때, 옳게 판단한 사람은? (단, 법령은 법률, 조약, 대통령령, 총리령, 부령을 의미한다)

제00조 이 법은 법령의 공포절차 등에 관하여 규정함을 목적으로 한다.

제00조

① 법률 공포문의 전문에는 국회의 의결을 받은 사실을 적고, 대통령이 서명한 후 대통령인을 찍고 그 공포일을 명기하여 국무총리와 관계 국무위원이 서명한다.

② 확정된 법률을 대통령이 공포하지 아니할 때에는 국회의장이 이를 공포한다. 국회의장이 공포하는 법률의 공포문 전문에는 국회의 의결을 받은 사실을 적고, 국회의장이 서명한 후 국회의장인을 찍고 그 공포일을 명기하여야 한다.

제00조 조약 공포문의 전문에는 국회의 동의 또는 국무회의의 심의를 거친 사실을 적고, 대통령이 서명한 후 대통령인을 찍고 그 공포일을 명기하여 국무총리와 관계 국무위원이 서명한다.

제00조 대통령령 공포문의 전문에는 국무회의의 심의를 거친 사실을 적고, 대통령이 서명한 후 대통령인을 찍고 그 공포일을 명기하여 국무총리와 관계 국무위원이 서명한다.

제00조

① 총리령을 공포할 때에는 그 일자를 명기하고, 국무총리가 서명한 후 총리인을 찍는다.

② 부령을 공포할 때에는 그 일자를 명기하고, 해당 부의 장관이 서명한 후 그 장관인을 찍는다.

제00조

① 법령의 공포는 관보에 게재함으로써 한다.

② 관보의 내용 및 적용 시기 등은 종이관보를 우선으로 하며, 전자관보는 부차적인 효력을 가진다.

---

① 모든 법률의 공포문 전문에는 국회의장인이 찍혀 있다.

② 핵무기비확산조약의 공포문 전문에는 총리인이 찍혀 있다.

③ 지역문화발전기본법의 공포문 전문에는 대법원장인이 찍혀 있다.

④ 대통령인이 찍혀 있는 법령의 공포문 전문에는 국무총리의 서명이 들어 있다.

26 다음에서 설명하고 있는 실업크레딧 제도를 올바르게 이해한 설명은?

실업크레딧 제도

〈지원대상〉

구직급여 수급자가 연금보험료 납부를 희망하는 경우 보험료의 75%를 지원하고 그 기간을 가입기간으로 추가 산입하는 제도

* 구직급여 수급자 – 고용보험에 가입되었던 사람이 이직 후 일정수급요건을 갖춘 경우 재취업 활동을 하는 기간에 지급하는 급여

* 실업기간에 대하여 일정요건을 갖춘 사람이 신청하는 경우에 가입기간으로 추가 산입하는 제도이므로 국민연금 제도의 가입은 별도로 확인 처리해야 함

〈제도안내〉

(1) (지원대상) 국민연금 가입자 또는 가입자였던 사람 중 18세 이상 60세 미만의 구직급여 수급자
 • 다만 재산세 과세금액이 6억 원을 초과하거나 종합소득(사업·근로소득 제외)이 1,680만 원을 초과하는 자는 지원 제외

(2) (지원방법) 인정소득 기준으로 산정한 연금보험료의 25%를 본인이 납부하는 경우에 나머지 보험료인 75%를 지원
 • 인정소득은 실직 전 3개월 평균소득의 50%로 하되 최대 70만 원을 넘지 않음

(3) (지원기간) 구직급여 수급기간으로 하되, 최대 1년(12개월)까지 지원
 • 구직급여를 지급받을 수 있는 기간은 90~240일(월로 환산 시 3~8개월)

(4) (신청 장소 및 신청기한) 전국 국민연금공단 지사 또는 고용센터
 • 고용센터에 실업신고 하는 경우 또는 실업인정신청 시 실업크레딧도 함께 신청 가능하며, 구직급여 수급인정을 받은 사람은 국민연금공단 지사에 구직급여를 지급받을 수 있는 날이 속한 달의 다음달 15일까지 신청할 수 있음

---

① 실직 중이라도 실업크레딧 제도의 혜택을 받은 사람은 자동적으로 국민연금에 가입된 것이 된다.

② 국민연금을 한 번도 거르지 않고 납부해 온 62세의 구직급여 수급자는 실업크레딧의 지원 대상이 된다.

③ 실업 중이며 조그만 자동차와 별도의 사업소득으로 약 1,800만 원의 구직급여 수급자인 A씨는 실업크레딧 지원 대상이다.

④ 인정소득 70만 원, 연금보험료는 63,000원인 구직급여 수급자가 15,750원을 납부하면 나머지 47,250원을 지원해 주는 제도이다.

27 다음은 3C 분석을 위한 도표이다. 빈칸에 들어갈 질문으로 옳지 않은 것은?

구분	내용
고객/시장(Customer)	• 우리의 현재와 미래의 고객은 누구인가? • _____ ㉠ _____ • _____ ㉡ _____ • 시장의 주 고객들의 속성과 특성은 어떠한가?
경쟁사(Competitor)	• _____ ㉢ _____ • 현재의 경쟁사들의 강점과 약점은 무엇인가? • _____ ㉣ _____
자사(Company)	• 해당 사업이 기업의 목표와 일치하는가? • 기존 사업의 마케팅과 연결되어 시너지효과를 낼 수 있는가?

① ㉠ : 새로운 경쟁사들이 시장에 진입할 가능성은 없는가?

② ㉡ : 성장 가능성이 있는 사업인가?

③ ㉢ : 고객들은 경쟁사에 대해 어떤 이미지를 가지고 있는가?

④ ㉣ : 경쟁사의 최근 수익률 동향은 어떠한가?

┃28~29┃ 다음 5개의 팀에 인터넷을 연결하기 위해 작업을 하려고 한다. 5개의 팀 사이에 인터넷을 연결하기 위한 시간이 다음과 같을 때 제시된 표를 바탕으로 물음에 답하시오(단, 가팀과 나팀이 연결되고 나팀과 다팀이 연결되면 가팀과 다팀이 연결된 것으로 간주한다).

구분	가	나	다	라	마
가	–	3	6	1	2
나	3	–	1	2	1
다	6	1	–	3	2
라	1	2	3	–	1
마	2	1	2	1	–

28 가팀과 다팀을 인터넷 연결하기 위해 필요한 최소의 시간은?

① 7시간   ② 6시간

③ 5시간   ④ 4시간

29 다팀과 마팀을 인터넷 연결하기 위해 필요한 최소의 시간은?

① 1시간   ② 2시간

③ 3시간   ④ 4시간

30 붉은 리본을 맨 상자에는 화이트 초콜릿 4개, 다크 초콜릿 2개가 들어 있고, 푸른 리본을 맨 상자에는 화이트 초콜릿 4개, 다크 초콜릿 4개가 들어 있다. 붉은 리본의 상자와 푸른 리본의 상자에서 초콜릿을 한 개씩 꺼낼 때 하나는 화이트 초콜릿이고, 다른 하나는 다크 초콜릿일 확률은?

① $\dfrac{1}{2}$ ② $\dfrac{1}{3}$

③ $\dfrac{1}{4}$ ④ $\dfrac{1}{5}$

31 지현이는 펜과 연필 그리고 지우개를 모두 합해서 40개 가지고 있다. 연필의 개수는 펜의 개수보다 5개 많고, 지우개의 개수는 연필의 개수보다 3개 많을 때, 각각의 개수는?

	펜	연필	지우개
①	3	8	29
②	5	10	25
③	7	12	21
④	9	14	17

32 2025년 11월 4일 화요일은 둘이 만난 지 100일이 되는 날이다. 이 둘이 처음 만난 날은 무슨 요일이었는가? (단, 처음 만난 날을 만난 지 1일이라고 한다)

① 월요일
② 화요일
③ 수요일
④ 목요일

33 어느 인기 그룹의 공연을 준비하고 있는 기획사는 다음과 같은 조건으로 총 1,500장의 티켓을 판매하려고 한다. 티켓 1,500장을 모두 판매한 금액이 6,000만 원이 되도록 하기 위해 판매해야 할 S석 티켓의 수를 구하면?

> ㈎ 티켓의 종류는 R석, S석, A석 세 가지이다.
> ㈏ R석, S석, A석 티켓의 가격은 각각 10만 원, 5만 원, 2만 원이고, A석 티켓의 수는 R석과 S석 티켓의 수의 합과 같다.

① 450장
② 600장
③ 750장
④ 900장

34 오후 1시 36분에 사무실을 나와 분속 70m의 일정한 속도로 서울역까지 걸어가서 20분간 내일 부산 출장을 위한 승차권 예매를 한 뒤, 다시 분속 50m의 일정한 속도로 걸어서 사무실에 돌아와 시계를 보니 2시 32분이었다. 이때 걸은 거리는 모두 얼마인가?

① 1,050m
② 1,500m
③ 1,900m
④ 2,100m

| 35～36 | 다음은 어느 기업의 해외 수출 상담실적에 관한 자료이다. 물음에 답하시오.

(단위 : 건)

구분	2023년	2024년	2025년
칠레	265	271	362
타이완	358	369	394
인도	503	548	566
호주	633	661	689
영국	481	496	518
미국	962	985	1,186
중국	897	968	1,098

35 이 회사의 대 칠레 수출 상담실적의 2025년 증감률은? (단, 소수 둘째자리에서 반올림하시오.)

① 33.2% ② 33.4%

③ 33.6% ④ 33.8%

36 2024년 이 회사의 아시아 국가 수출 상담실적은 아메리카(남·북 모두 포함) 국가의 몇 배인가? (단, 소수 둘째자리에서 반올림하시오.)

① 1.1배 ② 1.3배

③ 1.5배 ④ 1.7배

37 다음에 주어진 표는 우리나라의 자원의 수입 의존도와 공업의 입지 유형에 대한 것을 나타낸 것이다. 이를 통해 우리나라 공업에 대하여 추측한 것으로 옳은 것을 고르시오.

〈표1〉 우리나라의 자원의 수입 의존도

자원	비율(%)	자원	비율(%)
천연고무	100	원유	100
역청탄	100	원면	100
알루미늄	98	원강	100
철광석	90	양모	90
구리	90	원피	85

〈표2〉 공업의 입지 유형

원료 지향형	제조 과정에서 원료의 중량·부피가 감소하는 공업, 원료가 부패하기 쉬운 공업
시장 지향형	제조 과정에서 제품의 무게와 부피가 증가하는 공업, 제품이 변질·파손되기 쉬운 공업, 소비자와의 잦은 접촉이 필요한 공업
노동비 지향형	풍부하고 저렴한 노동력이 필요한 공업
동력 지향형	많은 양의 동력을 필요로 하는 공업

① 우리나라는 공업화로 인해 환경오염이 가속화 되고 있다.
② 〈표1〉에서 주어진 수입하는 자원들은 바닷가 지역을 중심으로 하여 가공업이 중심을 이루고 있다.
③ 원료 지향형의 공업이 발달하였다.
④ 공업의 성장속도가 점차 빨라지고 있다.

38 다음 표는 A지역의 유형별 토지면적 현황을 나타낸 것이다. 이를 바탕으로 설명한 내용으로 옳은 것은?

(단위 : m^2)

연도 \ 토지유형	삼림	초지	습지	나지	경작지	훼손지	전체면적
2021	539,691	820,680	22,516	898,566	480,645	1	2,762,099
2022	997,114	553,499	204	677,654	555,334	1	2,783,806
2023	1,119,360	187,479	94,199	797,075	487,767	1	2,685,881
2024	1,596,409	680,760	20,678	182,424	378,634	4,825	2,862,730
2025	1,668,011	692,018	50,316	50,086	311,086	129,581	2,901,098

① A지역의 전체 면적은 2021년에 약 2.76km^{2}였으나 이후 지속적으로 증가하여 2025년에는 약 2.90km^{2}로 되었다.

② 삼림 면적은 2021년에 A지역 전체 면적의 25% 미만에서 2025년에는 55% 이상으로 증가하여 토지유형 중 증가율이 가장 높았다.

③ 삼림 면적은 2023년에서 2024년 사이에 가장 큰 폭을 증가하였다.

④ 2021년 나지 면적은 전체 면적의 30% 이상을 차지하였으나 지속적으로 감소하여 2025년에는 5% 이하에 불과하였다.

39 L그룹은 직원들의 인문학 역량 향상을 위하여 독서 캠페인을 진행하고 있다. 다음 〈표〉는 인사팀 사원 6명의 지난달 독서 현황을 보여주는 자료이다. 이 자료를 바탕으로 할 때, 〈보기〉의 설명 가운데 옳지 않은 것을 모두 고르면?

〈표〉 인사팀 사원별 독서 현황

구분 \ 사원	준호	영우	나현	준걸	주연	태호
성별	남	남	여	남	여	남
독서량(권)	0	2	6	4	8	10

〈보기〉

㉠ 인사팀 사원들의 평균 독서량은 5권이다.

㉡ 남자 사원인 동시에 독서량이 5권 이상인 사원수는 남자 사원수의 50% 이상이다.

㉢ 독서량이 2권 이상인 사원 가운데 남자 사원의 비율은 인사팀에서 여자 사원 비율의 2배이다.

㉣ 여자 사원이거나 독서량이 7권 이상인 사원수는 전체 인사팀 사원수의 50% 이상이다.

① ㉠, ㉡   ② ㉠, ㉢

③ ㉡, ㉢   ④ ㉡, ㉣

40 다음은 '갑'지역의 친환경농산물 인증심사에 대한 자료이다. 2025년부터 인증심사원 1인당 연간 심사할 수 있는 농가수가 상근직은 400호, 비상근직은 250호를 넘지 못하도록 규정이 바뀐다고 할 때, 〈조건〉을 근거로 예측한 내용 중 옳지 않은 것은?

'갑'지역의 인증기관별 인증현황(2024년)

(단위 : 호, 명)

인증기관	심사 농가수	승인 농가수	인증심사원		
			상근	비상근	합
A	2,540	542	4	2	6
B	2,120	704	2	3	5
C	1,570	370	4	3	7
D	1,878	840	1	2	3
계	8,108	2,456	11	10	21

※ 1) 인증심사원은 인증기관 간 이동이 불가능하고 추가고용을 제외한 인원변동은 없음.
2) 각 인증기관은 추가 고용 시 최소인원만 고용함.

〈조건〉

• 인증기관의 수입은 인증수수료가 전부이고, 비용은 인증심사원의 인건비가 전부라고 가정한다.
• 인증수수료 : 승인농가 1호당 10만 원
• 인증심사원의 인건비는 상근직 연 1,800만 원, 비상근직 연 1,200만 원이다.
• 인증기관별 심사 농가수, 승인 농가수, 인증심사원 인건비, 인증수수료는 2024년과 2025년에 동일하다.

---

① 2024년에 인증기관 B의 수수료 수입은 인증심사원 인건비 보다 적다.

② 2025년 인증기관 A가 추가로 고용해야 하는 인증심사원은 최소 2명이다.

③ 인증기관 D가 2025년에 추가로 고용해야 하는 인증심사원을 모두 상근으로 충당한다면 적자이다.

④ 만약 정부가 '갑'지역에 2024년 추가로 필요한 인증심사원을 모두 상근으로 고용하게 하고 추가로 고용되는 상근 심사원 1인당 보조금을 연 600만 원씩 지급한다면 보조금 액수는 연간 5,000만 원 이상이다.

41 다음은 세계 HDD/SSD 시장 및 중국 내 생산 비중 추이를 나타낸 것이다. 다음 중 옳지 않은 것은?

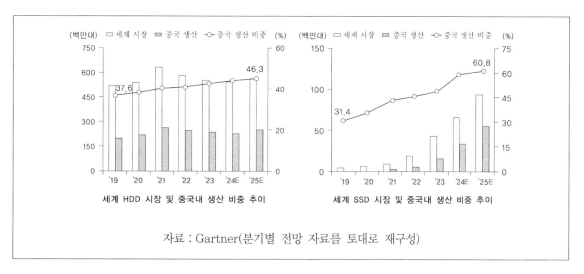

자료 : Gartner(분기별 전망 자료를 토대로 재구성)

① HDD의 중국 내 생산 비중은 꾸준히 증가해 왔다.

② SSD의 경우 중국 내 생산 비중은 2019년 약 31%에서 2025년 약 60%로 HDD를 추월하였다.

③ 세계 HDD 시장의 중국 생산은 꾸준히 증가해 왔다.

④ SSD의 중국 내 생산 비중은 꾸준히 증가해 왔다.

42 다음은 지역별 어음부도율과 지역·업종별 부도 법인 수를 나타낸 것이다. 다음 표를 분석한 내용으로 옳은 것은?

[표1] 지역별 어음부도율

(전자결제 조정 후, 단위 : %)

구분	2024년			
	1월	2월	3월	4월
전국	0.02	0.02	0.02	0.01
서울	0.01	0.01	0.01	0.01
지방	0.05	0.03	0.06	0.03

[표2] 지역·업종별 부도 법인 수

(단위 : 개)

구분	2024년			
	1월	2월	3월	4월
제조업	43	34	37	37
건설업	26	36	27	11
서비스업	48	54	36	39
기타	13	4	3	7
소계	130	128	103	94

※ 기타는 농림어업, 광업, 전기·가스·수도 등

> ㉠ 지방의 경기가 서울의 경기보다 더 **빠르게** 회복세를 보인다.
> ㉡ 제조업이 부도업체 전체에 차지하는 비율이 1월보다 4월이 높다.
> ㉢ 어음부도율이 낮아지는 현상은 국내 경기가 전월보다 회복세를 보이고 있다는 것으로 볼 수 있다.

① ㉠, ㉡   ② ㉠, ㉢
③ ㉡, ㉢   ④ ㉠, ㉡, ㉢

43 다음은 조직문화의 구성 요소를 나타낸 7S 모형이다. ⓐ와 ⓑ에 들어갈 요소를 옳게 짝지은 것은?

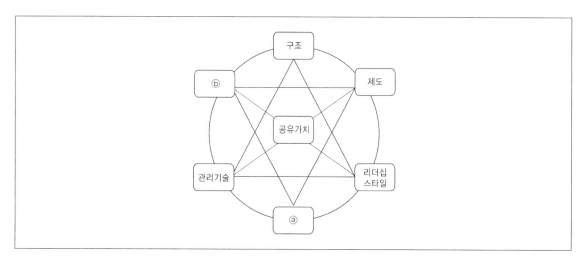

	ⓐ	ⓑ
①	구성원	전략
②	구성원	만족도
③	용이성	단절성
④	전략	응답성

44 다음 중 비공식조직의 순기능이 아닌 것은?

① 조직 구성원들은 비공식 집단을 통하여 조직에 대한 귀속감과 자기 신분에 대한 안정감을 느끼게 되어 조직에서 오는 소외감을 감소시켜 준다.

② 비공식집단은 구성원 간에 업무에 관한 지식이나 경험을 서로 나누어 갖고, 또 상호간의 밀접한 협조를 가능하게 함으로써 공식조직이 요구하는 능률적인 업무수행을 촉진시킨다.

③ 비공식집단이 활성화 되어 있는 조직일수록 구성원은 조직에 대한 귀속감과 자기 직무에 대한 만족감을 느껴 사기가 향상될 수 있다.

④ 비공식집단은 조직 내의 어떤 구성원이 비공식집단의 세력을 배경으로 하거나 정실적인 접촉을 통하여 개인적 이익을 도모하는데 이용될 가능성이 있다.

▮45~46▮ 다음 결재규정을 보고 주어진 상황에 알맞게 작성된 양식을 고르시오.

〈결재규정〉

- 결재를 받으려면 업무에 대해서는 최고결재권자(대표이사)를 포함한 이하 직책자의 결재를 받아야 한다.
- '전결'이라 함은 회사의 경영활동이나 관리활동을 수행함에 있어 의사결정이나 판단을 요하는 일에 대하여 최고결재권자의 결재를 생략하고, 자신의 책임 하에 최종적으로 의사결정이나 판단을 하는 행위를 말한다.
- 전결사항에 대해서도 위임 받은 자를 포함한 이하 직책자의 결재를 받아야 한다.
- 표시내용 : 결재를 올리는 자는 최고결재권자로부터 전결사항을 위임 받은 자가 있는 경우 결재란에 전결이라고 표시하고 최종 결재권자에 위임 받은 자를 표시한다. 다만, 결재가 불필요한 직책자의 결재란은 상황 대각선으로 표시한다.
- 최고결재권자의 결재사항 및 최고결재권자로부터 위임된 전결사항은 다음의 표에 따른다.

구분	내용	금액기준	결재서류	팀장	본부장	대표이사
접대비	거래처 식대, 조사비 등	20만 원 이하	접대비지출품의서 지출결의서	● ■		
		30만 원 이하			● ■	
		30만 원 초과				● ■
교통비	국내 출장비	30만 원 이하	출장계획서 출장비신청서	● ■		
		50만 원 이하		●	■	
		50만 원 초과		●		■
	해외 출장비			●		■
소모품비	사무용품		지출결의서	■		
	문서, 전산소모품					■
	기타 소모품	20만 원 이하		■		
		30만 원 이하			■	
		30만 원 초과				■
교육 훈련비	사내외 교육		기안서 지출결의서	●		■
법인카드	법인카드 사용	50만 원 이하	법인카드신청서	■		
		100만 원 이하			■	
		100만 원 초과				■

- ● : 기안서, 출장계획서, 접대비지출품의서
- ■ : 지출결의서, 세금계산서, 발행요청서, 각종 신청서

45 영상 촬영팀 사원 Q씨는 외부 교육업체로부터 1회에 20만 원씩 총 5회에 걸쳐 진행하는 〈디지털 영상 복원 기술〉 강의를 수강하기로 하였다. Q씨가 작성해야 할 결재 방식으로 옳은 것은?

①

기안서			
결재 담당	팀장	본부장	최종 결재
Q			전결

②

지출결의서			
결재 담당	팀장	본부장	최종 결재
Q	전결		대표이사

③

기안서			
결재 담당	팀장	본부장	최종 결재
Q	전결		팀장

④

지출결의서			
결재 담당	팀장	본부장	최종 결재
Q			전결

46 편집부 사원 S는 회의에 사용될 인쇄물을 준비하던 도중 잉크 카트리지가 떨어진 것을 확인하였다. 그래서 급하게 개당 가격이 150,000원인 토너 2개를 법인카드로 구매하려고 한다. 이때 S가 작성할 결재 방식으로 옳은 것은?

①

지출결의서			
결재	담당	팀장	본부장	최종 결재

결재	담당	팀장	본부장	최종 결재
	S			전결

②

법인카드신청서			

결재	담당	팀장	본부장	최종 결재
	S	전결	/	팀장

③

지출결의서			

결재	담당	팀장	본부장	최종 결재
	S	전결	전결	본부장

④

법인카드신청서			

결재	담당	팀장	본부장	최종 결재
	S			대표이사

47 B사의 다음 조직구조를 참고하여, 경영진의 아래와 같은 지시사항을 반영한 새로운 조직구조를 구상할 경우, 이에 대한 올바른 설명이 아닌 것은?

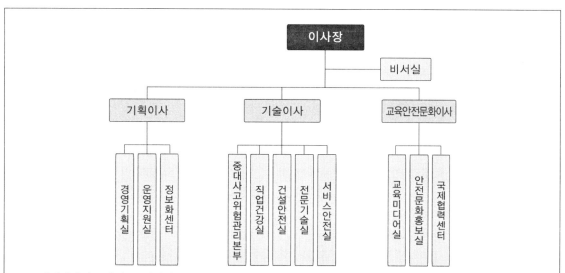

　"인사팀장님, 이번 조직개편에서는 조직 구조를 좀 바꾸는 게 어떨까 합니다. 기술이사 산하에는 기술 관련 조직만 놔두고 직원들 작업상의 안전과 건강을 담당하는 나머지 조직은 모두 관리이사를 신설하여 그 산하조직으로 이동하는 것이 더 효율적인 방법일 것 같군요. 아, 중대사고위험관리본부는 이사장 직속 기구로 편제해야 할 것 같고요."

① 모두 4명의 이사가 생기게 된다.
② 기술이사 산하에는 2실이 있게 된다.
③ 중대사고위험관리본부장은 업무상 이사를 서치시 않고 이사상에게 직접 보고를 하게 된다.
④ 관리이사 산하에는 3실이 있게 된다.

48 다음은 P사의 경력평정에 관한 규정의 일부이다. 다음 중 규정을 올바르게 이해하지 못한 설명은 어느 것인가?

제15조(평정기준)

직원의 경력평정은 회사의 근무경력으로 평정한다.

제16조(경력평정 방법)

① 평정기준일 현재 근무경력이 6개월 이상인 직원에 대하여 별첨 서식에 의거 기본경력과 초과경력으로 구분하여 평정한다.

② 경력평정은 당해 직급에 한하되 기본경력과 초과경력으로 구분하여 평정한다.

③ 기본경력은 3년으로 하고, 초과경력은 기본경력을 초과한 경력으로 한다.

④ 당해 직급에 해당하는 휴직, 직위해제, 정직기간은 경력기간에 산입하지 아니한다.

⑤ 경력은 1개월 단위로 평정하되, 15일 이상은 1개월로 계산하고, 15일 미만은 산입하지 아니한다.

제17조(경력평정 점수)

평가에 의한 경력평정 총점은 30점으로 하며, 다음 각 호의 기준으로 평정한다.

① 기본경력은 월 0.5점씩 가산하여 총 18점을 만점으로 한다.

② 초과경력은 월 0.4점씩 가산하여 총 12점을 만점으로 한다.

제18조(가산점)

① 가산점은 5점을 만점으로 한다.

• 정부포상 및 자체 포상 등(대통령 이상 3점, 총리 2점, 장관 및 시장 1점, 사장 1점, 기타 0.5점)

• 회사가 장려하는 분야에 자격증을 취득한 자(자격증의 범위와 가점은 사장이 정하여 고시한다)

② 가산점은 당해 직급에 적용한다.

---

① 과장 직책인 자는 대리 시기의 경력을 인정받을 수 없다.

② 휴직과 가산점 등의 요인 없이 해당 직급에서 4년간 근무한 직원은 경력평정 점수 23점이 될 수 없다.

③ 대리 직급으로 2년간 근무한 자가 국무총리 상을 수상한 경우, 경력평정 점수는 14점이다.

④ 대리 직급 시 휴직 1개월을 하였으며 사장 포상을 받은 자가 과장 근무 1년을 마친 경우, 경력평정 점수는 6.5점이다.

49 다음 설명을 읽고 아래 환경 분석 결과에 대응하는 가장 적절한 전략을 고르시오.

SWOT 분석은 내부환경요인과 외부환경요인의 2개의 축으로 구성되어 있다. 내부환경요인은 자사 내부의 환경을 분석하는 것으로 분석은 다시 자사의 강점과 약점으로 분석된다. 외부환경요인은 자사 외부의 환경을 분석하는 것으로 분석은 다시 기회와 위협으로 구분된다. 내부환경요인과 외부환경요인에 대한 분석이 끝난 후에 매트릭스가 겹치는 SO, WO, ST, WT에 해당되는 최종 분석을 실시하게 된다. 내부의 강점과 약점을, 외부의 기회와 위협을 대응시켜 기업의 목표를 달성하려는 SWOT 분석에 의한 발전전략의 특성은 다음과 같다.

- SO전략 : 외부 환경의 기회를 활용하기 위해 강점을 사용하는 전략 선택
- ST전략 : 외부 환경의 위협을 회피하기 위해 강점을 사용하는 전략 선택
- WO전략 : 자신의 약점을 극복함으로써 외부 환경의 기회를 활용하는 전략 선택
- WT전략 : 외부 환경의 위협을 회피하고 자신의 약점을 최소화하는 전략 선택

강점(Strength)	• 핵심 정비기술 보유 • 고객과의 우호적인 관계 구축
약점(Weakness)	• 품질관리 시스템 미흡 • 관행적 사고 및 경쟁 기피
기회(Opportunity)	• 고품질 정비서비스 요구 확대 • 해외시장 사업 기회 지속 발생
위협(Threat)	• 정비시장 경쟁 심화 • 미래 선도 산업 변화 전망 • 차별화된 고객서비스 요구 지속 확대

내부환경 외부환경	강점(Strength)	약점(Weakness)
기회(Opportunity)	① 교육을 통한 조직문화 체질 개선 대책 마련	② 산업 변화에 부응하는 정비기술력 개발
위협(Threat)	③ 직원들의 관행적 사고 개선을 통해 고객과의 신뢰체제 유지 및 확대	④ 품질관리 강화를 통한 고객서비스 만족도 제고

50 아래 워크시트에서 매출액[B3 : B9]을 이용하여 매출 구간별 빈도수를 [F3 : F6] 영역에 계산하고자 한다. 다음 중 이를 위한 배열수식으로 옳은 것은?

	A	B	C	D	E	F
1						
2		매출액		매출구간		빈도수
3		75		0	50	1
4		93		51	100	2
5		130		101	200	3
6		32		201	300	1
7		123				
8		257				
9		169				

① {=PERCENTILE(B3:B9, E3:E6)}

② {=PERCENTILE(E3:E6, B3:B9)}

③ {=FREQUENCY(B3:B9, E3:E6)}

④ {=FREQUENCY(E3:E6, B3:B9)}

51 다음 중 아래 워크시트에서 참고표를 참고하여 55,000원에 해당하는 할인율을 [C6]셀에 구하고자 할 때의 적절한 함수식은?

	A	B	C	D	E	F
1		<참고표>				
2		금액	30,000	50,000	80,000	150,000
3		할인율	3%	7%	10%	15%
4						
5		금액	55,000			
6		할인율	7%			

① =LOOKUP(C5,C2:F2,C3:F3)

② =HLOOKUP(C5,B2:F3,1)

③ =VLOOKUP(C5,C2:F3,1)

④ =VLOOKUP(C5,B2:F3,2)

52 다음은 오디오데이터에 대한 설명이다. (가), (나)에 들어갈 용어를 바르게 짝지은 것은?

(가)	– 아날로그 형태의 소리를 디지털 형태로 변형하는 샘플링 과정을 통하여 작성된 데이터 – 실제 소리가 저장되어 재생이 쉽지만, 용량이 큼 – 파일의 크기 계산 : 샘플링 주기×샘플링 크기×시간×재생방식(모노=1, 스테레오=2)
MIDI	– 전자악기 간의 디지털 신호에 의한 통신이나 컴퓨터와 전자악기 간의 통신 규약 – 음성이나 효과음의 저장은 불가능하고, 연주 정보만 저장되므로 크기가 작음 – 시퀀싱 작업을 통해 작성되며, 16개 이상의 악기 동시 연주 가능
(나)	– 고음질 오디오 압축의 표준 형식 – MPEG-1의 압축 방식을 이용하여, 음반 CD 수준의 음질을 유지하면서 1/12 정도까지 압축

	(가)	(나)
①	WAVE	AVI
②	WAVE	MP3
③	MP3	WAVE
④	MP3	AVI

| 53~55 | 다음은 우리나라에 수입되는 물품의 코드이다. 다음 코드 목록을 보고 이어지는 질문에 답하시오.

예시〉 상품코드
2024년 3월 남미 칠레에서 생산되어 31번째로 수입된 농수산식품류 파프리카 코드 2403-2E-03007-00031

<u>2403</u> – <u>2E</u> – <u>03007</u> – <u>00031</u>

생산연월	생산지역				상품종류				순서
		지역코드		고유번호		분류코드		고유번호	
• 2402 2024년 2월 • 2408 2024년 8월 • 2502 2025년 2월		1	유럽	A 프랑스		01	가공 식품류	001 소시지	00001부터 시 작하여 수입된 물품 순서대로 5자리의 번호 가 매겨짐
				B 영국				002 맥주	
				C 이탈리아				003 치즈	
				D 독일		02	육류	004 돼지고기	
		2	남미	E 칠레				005 소고기	
				F 볼리비아				006 닭고기	
		3	동아시아	G 일본		03	농수산 식품류	007 파프리카	
				H 중국				008 바나나	
		4	동남 아시아	I 말레이시아				009 양파	
				J 필리핀				010 할라피뇨	
				K 태국				011 후추	
				L 캄보디아				012 파슬리	
		5	아프리카	M 이집트		04	공산품류	013 의류	
				N 남아공				014 장갑	
		6	오세 아니아	O 뉴질랜드				015 목도리	
				P 오스트레일리아				016 가방	
		7	중동 아시아	Q 이란				017 모자	
				H 터키				018 신발	

53 다음 중 2024년 5월 유럽 독일에서 생산되어 64번째로 수입된 가공식품류 소시지의 코드로 맞는 것은?

① 24051A0100100034　　　　　② 24051D0200500064

③ 24054K0100200064　　　　　④ 24051D0100100064

54 다음 중 아시아 대륙에서 생산되지 않은 상품의 코드를 고르면?

① 24017Q0401800078

② 24054J0300800023

③ 2253G0401300041

④ 25035M0401400097

55 상품코드 25034L0301100001에 대한 설명으로 옳지 않은 것은 무엇인가?

① 첫 번째로 수입된 상품이다.

② 동남아시아에서 수입된 후추이다.

③ 2025년 6월 수입되었다.

④ 농수산식품류에 속한다.

56 인터넷 기술을 기업 내 정보 시스템에 적용한 것으로 전자우편 시스템, 전자결재 시스템 등을 인터넷 환경으로 통합하여 사용하는 것을 무엇이라고 하는가?

① 인트라넷

② 엑스트라넷

③ 원격 접속

④ 그룹웨어

57 다음에서 설명하고 있는 사회적 부조화 현상으로 적절한 것은?

> 문화변동 과정에서 물질 문화는 발명과 발견, 전파의 과정을 통하여 쉽게 발전하는 반면 비물질 문화는 제도, 관념, 의식, 가치관 등을 포함하기 때문에 빠르게 발전하지 못한다. 이 때문에 물질 문화의 변동이 앞서나가고 비물질 문화의 변동이 상대적으로 지체되는 현상이 발생한다. 즉, 물질 문화와 비물질 문화 간의 변동속도 차이로 나타나는 부조화현상이라고 할 수 있다.

① 아노미현상

② 문화지체현상

③ 코쿠닝현상

④ 사회촉진현상

58 다음 빈칸에 들어갈 의미로 적절한 것은?

직업인에게 봉사란 자신보다 고객의 가치를 최우선으로 하는 서비스 개념으로, 봉사(SERVICE)는 다음의 7가지 의미를 가진다.

- S(Smile&Speed) : 서비스는 미소와 함께 신속하게 하는 것
- E(Emotion) : 서비스는 감동을 주는 것
- R(Respect) : 서비스는 고객을 존중하는 것
- V(Value) : _____
- I(Image) : 서비스는 고객에게 좋은 이미지를 심어 주는 것
- C(Courtesy) : 서비스는 예의를 갖추고 정중하게 하는 것
- E(Excellence) : 서비스는 고객에게 탁월하게 제공되어져야 하는 것

---

① 서비스는 의무와 책임을 가지는 것

② 서비스는 가치를 제공하는 것

③ 서비스는 객관성이 보장되는 것

④ 서비스는 편리함을 제공하는 것

59 다음 중 근면의 종류가 다른 하나는 무엇인가?

① 회사에서 진급시험을 위해 외국어를 열심히 공부한다.

② 영업사원이 자신의 성과를 위하여 열심히 노력한다.

③ 상사의 명령에 의해 매일매일 잔업을 한다.

④ 석사학위를 받기 위해 퇴근 후 야간에 대학을 다닌다.

60 다음 사례를 보고 두 사람의 가장 큰 차이점이 무엇인지 정확하게 파악한 것은?

◇◇자동차회사에 근무하는 영업사원 두 명이 있다. 바로 L씨와 K씨이다. L씨는 차를 한 번 고객에게 팔고 나면 그 고객에게 전화가 오더라도 자신에게 금전적 이익이 생기는 일 외에는 바쁘다는 핑계를 대며 연락을 거부한다. 또한 자신의 이익을 위해 약간의 가격을 올려 회사 몰래 자신의 이득을 취하기도 한다. 그러나 K씨는 한 번 고객은 영원한 고객이라는 신념으로 예전 고객이 전화를 걸어 차에 이상이 있다고 해도 바로 달려가 조치를 취해준다. 또한 고객의 사소한 연락에도 반기며 매번 상세하게 답변을 해주고, 심지어는 수많은 고객들의 생일도 잊지 않고 챙긴다. 그리고 한 번도 회사규정에 따른 가격 이상으로 판매를 해 본 적도 없다. 처음 입사하고 세 달 동안은 판매를 많이 한 L씨가 실적이 우수하였으나 2년이 지난 지금은 압도적으로 K씨가 실적왕의 자리를 고수하고 있다.

---

① 붙임성의 유무   ② 성실성의 유무
③ 자립성의 유무   ④ 윤리성의 유무

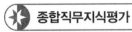 **종합직무지식평가**   (50문항/50분)

1 다음과 같은 행동을 하는 사람을 법으로 처벌해야 한다는 주장이 있다. 이 주장에 가장 가까운 것은?

> • 도움을 요청 받고도 불이 난 이웃에 물을 운반하는 것을 거절하는 경우
> • 길에 넘어져 정신을 잃은 노인을 보고도 못 본 척 그냥 지나가는 경우
> • 위험한 도로에서 노는 아이를 보고도 안전한 곳으로 데려다 놓지 않는 경우

① 법은 법이고 도덕은 도덕이다.

② 도덕적 의무를 법으로 강제해야 한다.

③ 계약은 반드시 지켜져야 한다.

④ 모든 일을 법으로 해결하려고 해서는 안 된다.

⑤ 사회가 있는 곳에 법이 있다.

2 다음 자료를 통해 추론할 수 있는 법 이론은?

> 법무부는 미결수(未決囚) 사복 착용과 관련하여 인권 보장 차원에서 재판이나 청문회 출석을 위해 교도소 외부로 나갈 때 사복을 입도록 할 방침이라며, 사복 반입에 따른 자해 등 사고 가능성과 옷장 시설 등 비용 문제를 검토한 뒤, 이르면 금년 상반기 중 시범 실시에 들어가 올해 안에 전면 확대 실시할 것이라고 밝혔다.

① 적법 절차의 원리   ② 형벌 불소급의 원칙

③ 일사부재리의 원칙   ④ 무죄 추정의 원칙

⑤ 증거재판주의

3 법률행위의 목적이 부당할 경우 효과가 배제될 수 있다. 어떤 경우인지 모두 고르시오.

> ㉠ 실현 불가능한 행위
> ㉡ 반사회적 행위
> ㉢ 불공정 행위
> ㉣ 이윤 취득 행위

① ㉠, ㉡, ㉢
② ㉠, ㉢, ㉣
③ ㉡, ㉢, ㉣
④ ㉠, ㉡, ㉣
⑤ ㉠, ㉡, ㉢, ㉣

4 형사소송법에 대한 다음의 설명 중 옳지 않은 것은?

① 형사소송법은 성문법이다.
② 약식명령도 형사소송법의 규율대상이 된다.
③ 국가의 형벌권을 구체화하기 위한 절차법이다.
④ 평균적 정의를 지도이념으로 한다.
⑤ 소급효금지의 원칙이 적용된다.

5 다음에서 설명하고 있는 원리는 무엇인가?

"행정작용은 적극적으로 국민의 인간다운 생활을 보장해야 한다."

① 복지행정의 원리
② 사법국가주의
③ 민주행정의 원리
④ 법치행정의 원리
⑤ 지방분권주의

6 헌법에 규정된 근로기본권에 관한 설명 중 옳지 않은 것은?

① 모든 국민은 근로의 권리를 가진다.
② 연소자의 근로는 특별한 보호를 받는다.
③ 여자의 근로는 고용·임금 및 근로조건에 있어서 특별한 보호를 받는다.
④ 국가유공자, 상이군경 및 전몰군경의 유가족은 법률이 정하는 바에 의하여 우선적으로 근로의 기회를 부여받는다.
⑤ 근로자는 근로조건의 향상을 위하여 자주적인 단결권, 단체교섭권, 단체행동권을 가진다.

7 행정심판과 행정소송에 관한 설명 중 잘못된 것은?

	구분	행정심판	행정소송
①	판정기관	행정심판위원회	법원
②	대상	위법행위	위법행위, 부당행위
③	심리방법	서면심리, 구두변론 병행	원칙적으로 구두변론
④	적용법률	행정심판법	행정소송법
⑤	종류	취소심판, 무효 등 확인심판 등	무효 등 확인소송, 선거무효소송 등

8 다음 중 소비자보호에 대한 의무가 있는 기관은?

> ㉠ 정부　　　　　　　　　　㉡ 지방자치단체
> ㉢ 기업　　　　　　　　　　㉣ 한국소비자원

① ㉠, ㉢

② ㉡, ㉣

③ ㉠, ㉡, ㉢

④ ㉡, ㉢, ㉣

⑤ ㉠, ㉡, ㉢, ㉣

9 다음의 빈칸에 들어갈 알맞은 말을 순서대로 나열한 것을 고르시오.

> ㈎ 국회의 정기회는 법률이 정하는 바에 의하여 매년 (　)회 집회된다.
> ㈏ 국회의 임시회는 대통령 또는 국회재적의원 (　) 이상의 요구에 의하여 집회된다.
> ㈐ 정기회의 회기는 (　)을, 임시회의 회기는 (　)을 초과할 수 없다.

① 2, 1/4, 100일, 45일

② 2, 1/3, 180일, 30일

③ 1, 1/4, 100일, 30일

④ 1, 1/3, 180일, 45일

④ 1, 1/4, 100일, 45일

10 체포나 구속을 당하는 자에게 체포나 구속의 이유와 변호인의 조력을 받을 권리가 있음을 고지해야 한다는 절차상의 원칙을 이르는 말은?

① 금반언 원칙

② 현명주의 원칙

③ 미란다 원칙

④ 신의성실 원칙

⑤ 일사부재리의 원칙

11 다음 설명과 가장 관련이 깊은 행정법의 기본 원리는?

> • 사회가 전문화되고 복잡해짐에 따라 행정이 관료 집단의 인간적인 능력만으로는 행해지기 어려워졌다.
> • 오늘날 행정법은 '행정 규제적 기능'에서 '행정 유도적 기능'을 수행하고 있다.
> • 행정권은 자의적으로 행사되어서는 안 된다.
> • 행정법은 정당성을 가지도록 제정되어야 하고, 공정하게 집행되어야 한다.

① 민주행정의 원리   ② 법치행정의 원리

③ 복지행정의 원리   ④ 사법국가주의

⑤ 지방분권주의

12 전통적 행정과정과 현대적 행정과정을 비교한 표이다. 다음의 설명 중 옳지 않은 것은?

	구분	전통적 행정과정	현대적 행정과정
①	시대	근대입법국가	현대행정국가
②	정치와 행정	정치·행정 일원론	정치·행정 이원론
③	인간관	자율적 동기부여 경시	자율적 동기부여에 의한 동작화
④	환경관	폐쇄체제론	개방체제론
⑤	행정과정	기획, 조직화, 실시, 통제	목표설정, 정책결정, 기획, 조직화, 동기부여. 통제·평가, 환류·시정조치

13 전문가 집단으로부터 우수한 식견을 모으고 반응을 체계적으로 도출하여 분석·종합하는 기획기법은?

① 시계열분석
② 인과분석
③ 델파이기법
④ 회귀분석법
⑤ 기획의 그레샴 법칙

14 막스 베버(Max Weber)의 관료제 이론에 관한 설명으로 옳지 않은 것은?

① 직무의 수행은 전문성이 낮은 일반행정가에 적합하게 구성되어 있어 다방면의 훈련을 필요로 한다.
② 인간적 또는 비공식적 요인의 중요성을 간과하였다.
③ 지배유형을 전통적 지배, 카리스마적 지배, 합법적 지배의 3가지로 나누었다.
④ 직위의 권한과 관할범위는 법규에 의하여 규정된다.
⑤ 관료제는 법적 권위에 기초한 조직형태로, 관료는 법 규정에 있는 대로 명령에 복종한다.

15 엽관주의와 실적주의의 발전 과정에 대한 설명 중 적절하지 않은 것은?

① 엽관주의는 정당이념의 철저한 실현이 가능하다.
② 직업공무원제는 직위분류제와 계급제를 지향한다.
③ 실적주의는 인사행정의 비인간화 · 소외현상이 야기된다.
④ 실적주의는 인사권자의 개인적 신임이나 친분관계를 기준으로 한다.
⑤ 엽관주의는 관료기구와 국민의 동질성을 확보하기 위한 수단으로 발전했다.

16 예산결정이론에 대한 설명 중 틀린 것은?

① 점증주의에서 예산은 보수적, 정치적, 단편적이며 품목 중심으로 편성된다.
② 계획예산제도, 영기준예산제도 등은 합리주의와 관계가 깊은 예산제도이다.
③ 점증주의는 현상유지적 결정에 치우칠 수 있다.
④ 점증주의는 선형적 과정을 중시한다.
⑤ 총체주의는 합리적 분석을 통해 비효율적인 예산 배분을 지양한다.

17 지방자치의 특징으로 볼 수 없는 것은?

① 대화행정
② 복지행정
③ 자치행정
④ 종합행정
⑤ 광역행정

18 신중앙집권화 · 신지방분권화에 대한 설명으로 옳은 것은?

① 신중앙집권화의 관점은 지방자치의 가치와 역사적 공헌을 비판하는 입장을 대표한다.

② 정보통신기술발전은 지방분산화를 통한 분권화의 요인으로 작동할 뿐 신중앙집권화와는 무관하다.

③ 신중앙집권화는 권력은 집중하나 지식과 기술은 분산함으로써 지방자치의 민주화와 능률화의 조화를 추구한다.

④ 도시와 농촌 사이의 경제적 · 사회적 불균형 해소가 신지방분권의 주요 촉진요인으로 작용한다.

⑤ 자본과 노동의 세계화는 지역경제의 중요성을 부각시키며 신지방분권화의 동인이 된다.

19 다음 중 소규모 자치행정 구역을 지지하는 논리로 맞는 것을 모두 고르면?

> ㉠ 티부(Tiebout) 모형을 지지하는 공공선택이론가들의 관점
> ㉡ 새뮤얼슨(Samuelson)의 공공재 공급 이론
> ㉢ 지역격차의 완화에 공헌
> ㉣ 주민과 지방정부 간의 소통 · 접촉 기회 증대

① ㉠, ㉡
② ㉡, ㉢
③ ㉠, ㉢
④ ㉠, ㉣
⑤ ㉡, ㉣

20 다음은 정책평가를 위한 사회실험이다. 이 중 진실험에 대한 내용은?

> ㉠ 내적 타당도는 낮으나, 실행가능성이나 외적 타당도는 높다.
> ㉡ 통제집단과 실험집단의 구분 없이 정책처리를 하는 실험이다.
> ㉢ 실험집단과 통제집단의 동질성을 확보하여 행하는 실험이다.
> ㉣ 모방효과, 비용, 실행가능성의 문제를 안고 있다.
> ㉤ 외적 타당도 및 실행가능성은 높으나 내적 타당도는 낮은 편이다.

① ㉠㉤   ② ㉢㉣
③ ㉡㉤   ④ ㉠㉣
⑤ ㉢㉤

21 다음은 실적주의에 관련한 내용이다. 이에 관한 내용으로 바르지 않은 것을 고르면?

① 대표성의 강화
② 집권화
③ 대응성 및 책임성의 저해
④ 소극화
⑤ 보신주의

22 다음 중 행정개혁의 특징으로 가장 옳지 않은 것은?

① 개방성   ② 경제성
③ 목표지향성   ④ 변화지향성
⑤ 지속적 · 계획적인 변화

23 리더십 이론에 관한 설명 중 바르지 않은 것은?

① 서번트 리더십은 타인을 위한 봉사에 초점을 두고, 구성원과 소비자의 커뮤니티를 우선으로 그들의 니즈를 만족시키기 위해 헌신하는 유형의 리더십이다.

② 슈퍼 리더십은 부하들이 자기자신을 리드할 수 있는 역량과 기술을 갖도록 하는 것을 리더의 역할로 규정하고 있다.

③ 변혁적 리더십은 구성원들로 하여금 리더에 대한 신뢰를 갖게 하는 카리스마와 조직변화의 필요성을 인지하고 변화를 끌어 낼 수 있는 새로운 비전을 제시할 수 있는 능력이 요구되는 리더십이다.

④ 거래적 리더십은 규칙을 따르는 의무에 관계되어 있으므로 거래적 리더들은 변화를 촉진하기보다 조직의 안정을 유지하는 것을 중시한다.

⑤ 상황부합 이론에 의하면, 상황이 아주 좋거나 나쁠 때는 관계지향 리더가 효과적인 반면, 보통 상황에서는 과제지향 리더가 효과적이다.

24 매슬로우의 욕구이론단계의 각 단계별 설명 중 옳지 않은 것은?

① 생리적 욕구 : 의식주와 같이 인간에게 있어서 가장 기본적이고 저차원적인 욕구

② 안전 욕구 : 복리후생제도 등 신체적 안전, 심리적 안정을 위한 욕구

③ 소속감 욕구 : 타인으로부터의 인정 등 사회적 인간으로서의 욕구

④ 존경의 욕구 : 자신의 존중, 타인의 존경을 필요로 하는 자신감, 권력욕 등의 욕구

⑤ 자아실현의 욕구 : 자기 본래의 모습 또는 삶의 의미를 찾는 등 자기완성에 대한 욕구

25 하우스와 에반스(House & Evans)의 경로-목표 리더십이론에 대한 설명으로 옳지 않은 것은?

① 효과적 리더십의 유형은 상황변수에 따라 달라질 수 있음을 제시하였다.

② 지시적 리더십은 부하들의 역할 모호성이 높은 상황에서 필요한 리더십 유형이다.

③ 성취지향적 리더십은 부하가 과업을 어렵게 느끼거나 자신감이 결여되었을 때 불안감을 감소시킴으로서 부하의 노력 수준을 높일 수 있게 한다.

④ 참여적 리더십은 부하들이 구조화되지 않은 과업을 수행할 때 필요한 리더십 유형이다.

⑤ 경로-목표 리더십이론은 리더의 역할이 부하들 개인이나 조직의 목표를 달성하는데 대한 동기를 부여하는 것이다.

26 다음 마이클 포터의 본원적 경쟁전략 관한 설명에 해당하는 것은?

> 소비자들이 가치가 있다고 판단하는 요소를 제품 및 서비스 등에 반영해서 경쟁사의 제품과 차별화한 후 소비자들의 충성도를 확보하고, 이를 통해 가격 프리미엄 또는 매출증대를 꾀하고자 하는 전략

① 원가우위전략
② 집중화전략
③ 기술고도화전략
④ 차별화전략
⑤ 전문화전략

27 다음 교육훈련 중 OJT(On The Job Training)에 관한 내용으로 가장 거리가 먼 것은?

① 각 종업원의 습득 및 능력에 맞춰 훈련할 수 있다.
② 낮은 비용으로 훈련이 가능하다.
③ 일과 훈련에 따른 심적 부담이 증가된다.
④ 다수의 구성원들을 훈련시키는 데 있어 상당히 효과적인 방법이다.
⑤ 훈련이 추상적이 아닌 실제적이다.

28 다음의 사례들이 공통적으로 시사하는 바와 가장 관련성이 높은 것을 고르면?

> ㉠ 면도기 본체는 저렴하게 팔고 면도날은 비싸게 파는 경우
> ㉡ 레이저프린터나 잉크젯프린터를 저렴하게 팔면서 카트리지나 튜너는 비싸게 판매하는 경우
> ㉢ 비싼 정수기는 설치비만 받고 설치해주면서 필터교체를 매달 2만원에 약정하는 경우
> ㉣ 휴대폰은 공짜로 제공하고 통화요금으로 수익을 올리는 경우

① 해당 기업이 제공하는 여러 개의 제품 및 서비스 등을 하나로 묶어 하나의 가격으로 판매하는 전략이다.
② 기본 사용료 및 추가 사용료 등의 수수료를 결부하여 정하는 가격방식이다.
③ 좋은 품질 및 서비스를 잘 결합하여 소비자들에게 적정가격으로 제공하는 가격전략이다.
④ 타 사의 가격에 맞춰 가격인하를 하기보다는 부가적 특성 및 서비스의 추가로 제품의 제공물을 차별화함으로써 더 비싼 가격을 정당화하는 방식이다.
⑤ 본 제품에 대해서는 저렴한 가격을 책정하고 이윤을 줄이면서 해당 제품의 시장점유율을 늘리고 그 후에 종속제품의 부속품에 대해 이윤을 추구하는 가격전략이다.

29 다음 내용을 읽고 괄호 안에 들어갈 말을 순서대로 바르게 나열한 것은?

임금관리 3요소	내용	분류 (대상)
임금수준	(㉠)	생계비 수준, 사회적 임금수준, 동종업계 임금수준 감안
임금체계	(㉡)	연공급, 직능급, 성과급, 직무급
임금형태	(㉢)	시간제, 일급제, 월급제, 연봉제

① ㉠ 적정성, ㉡ 합리성, ㉢ 공정성
② ㉠ 합리성, ㉡ 공정성, ㉢ 적정성
③ ㉠ 적정성, ㉡ 공정성, ㉢ 합리성
④ ㉠ 합리성, ㉡ 적정성, ㉢ 공정성
⑤ ㉠ 공정성, ㉡ 합리성, ㉢ 적정성

30 다음은 구성원들의 조직행위에 있어 수행해야 하는 직무와 관련한 내용들이다. 내용을 읽고 괄호 안에 들어갈 말을 순서대로 바르게 짝지어진 것은?

> (㉠)은/는 수행되어야 할 과업에 초점을 두며, 이는 직무분석의 결과를 토대로 직무수행과 관련된 과업 그리고 직무행동을 일정한 양식에 기술한 문서를 의미하고, (㉡)은/는 인적요건에 초점을 두며, 이는 직무분석의 결과를 토대로 직무수행에 필요로 하는 작업자들의 적성이나 기능 또는 지식, 능력 등을 일정한 양식에 기록한 문서를 의미한다.

① ㉠ 직무평가서, ㉡ 직무명세서
② ㉠ 직무명세서, ㉡ 직무평가서
③ ㉠ 직무명세서, ㉡ 직무기술서
④ ㉠ 직무기술서, ㉡ 직무명세서
⑤ ㉠ 직무기술서, ㉡ 직무평가서

31 다음 중 마케팅 전략 수립 과정에서 상품의 특성 및 경쟁상품과의 관계, 자사의 기업 이미지 등 각종 요소를 평가·분석하여 그 상품을 시장에 있어서 특정한 위치에 설정하는 것은 어느 것인가?

① 브랜딩
② 마케팅믹스
③ 시장세분화
④ 포지셔닝
⑤ 표적시장 선정

32 마이어스(C. Myers)의 자본조달순서이론(pecking order theory)에 따를 경우, 기업이 가장 선호하는 투자자금 조달방식은?

① 회사채
② 내부유보자금(유보이익)
③ 우선주
④ 보통주
⑤ 부채

33 다음은 CAPM의 가정에 대한 설명이다. 이 중 바르지 않은 것을 고르면?

① 전체 투자자들은 자본자산에 관련한 의사결정에 필요로 하는 변수 등에 대해 동질적인 예측을 하고 있다.

② 전체 투자자들은 무위험이자율로 항상 자유롭게 투자자금에 대한 차입 및 대출 등이 가능하다.

③ 자본시장은 완전시장으로 전체 투자자들은 가격수용자이다.

④ 전체 투자자들은 마코위츠의 이론과 같이 자본자산의 기대수익률 및 표준편차에 따라 투자를 결정한다.

⑤ 자본시장은 불균형상태이다.

34 다음 중 기회비용에 대한 설명으로 옳은 것은?

① 기회비용은 화폐 단위로 측정할 수 없다.

② 기회비용은 항상 음(−)이다.

③ 기회비용은 경제학에서 일반적으로 사용되는 비용개념과는 별개의 것이다.

④ 하나의 행위를 할 때의 기회비용은 그로 인해 포기된 행위 중 최선의 가치로 측정된다.

⑤ 기회비용에는 암묵적비용이 포함되지 않는다.

35 지니계수에 대한 설명 중 적절하지 못한 것은?

① 지니계수는 전체가구의 소득불평등도를 나타내는 대표적인 지표이다.

② 소득 불평등을 나타내는 지표로는 지니계수 외에도 10분위 분배율이 있다.

③ 지니계수는 0에서 1사이의 비율을 가지며, 0에 가까울수록 불평등도가 높은 상태를 나타낸다.

④ 지니계수는 전 계층의 소득 분배 상태를 하나의 숫자로 나타낸다.

⑤ 지니계수는 특정 소득 계층의 소득 분배 상태를 나타내지 못한다는 한계를 가진다.

36 다음과 같이 X재와 Y재의 두 가지 재화만 생산하는 국민경제에서 비교연도의 GDP는 기준연도에 비하여 어떻게 변화하는가?

재화	기준연도		비교연도	
	수량	시장가격	수량	시장가격
X	3	20	5	20
Y	4	25	3	20

① 10% 상승
② 10% 하락
③ 30% 상승
④ 30% 하락
⑤ 변동없음

37 다음 중 솔로우의 성장모형에 대한 설명으로 옳지 않은 것은?

① 생산에 있어서 노동과 자본 간 자유로운 대체성을 가진다.
② 인구증가율은 외생적으로 결정된다.
③ 다른 조건이 동일하다면 1인당 소득수준이 낮은 국가일수록 성장률이 빠르다.
④ 소비재와 자본재 두 가지 재화가 있다.
⑤ 생산되는 요소대체가 가능한 1차 동차 생산함수를 가정하고 있다.

38 다음 설명과 관련이 깊은 것은?

> A국은 1930년대 자기 나라 영해에서 막대한 양의 천연가스를 발견하게 되었다. 이 천연가스의 발견은 특정 생산요소의 부존량이 증가하는 것으로 생각할 수 있다. 이에 따라 이 천연가스를 개발하기 위해 다른 산업으로부터 노동과 자본 등 다른 생산요소가 이동하기 시작하였다. 그 결과 천연가스를 집약적으로 사용하는 광업부문의 생산과 고용은 증대한 반면, 천연가스를 집약적으로 사용하지 않는 여타 부문 예컨대 공업부문의 생산과 고용은 줄어들기 시작하였다.

① 립진스키 정리
② 스톨퍼-사무엘슨 정리
③ 헥셔-올린 정리
④ 레온티에프 역설
⑤ 요소가격균등화정리

39 다음 중 오퍼곡선과 가장 거리가 먼 것은?

① 수입하고자 하는 양

② 국제수지조정

③ 국내의 후생극대화

④ 균형교역조건

⑤ 수출하고자 하는 양

40 리카도의 비교생산비이론의 주요 전제가 아닌 것은?

① 국가 간 생산요소의 이동은 없다.

② 생산물시장은 경쟁적이다.

③ 동일 상품의 생산에 필요한 노동투입량은 국가에 따른 차이가 없다.

④ 생산가능곡선은 직선이다.

⑤ 노동만이 유일한 생산요소이고 노동은 균질적이다.

41 수입품의 개수 · 용적 · 면적 · 중량 등의 일정한 단위수량을 과세표준으로 하여 부과하는 관세는?

① 수출관세

② 종량관세

③ 특혜관세

④ 재정관세

⑤ 보호관세

42 독점적 경쟁시장과 과점시장의 공통적인 특징의 연결은?

> ㉠ 비가격경쟁
> ㉡ 기업 간의 상호의존성
> ㉢ 가격선도자의 존재
> ㉣ 비경쟁행위

① ㉠, ㉡　　　　　　　　　　　　② ㉠, ㉢

③ ㉠, ㉣　　　　　　　　　　　　④ ㉡, ㉢

⑤ ㉡, ㉣

43 경제활동에 있어서는 합리적인 선택과 결정이 항상 필요하다. 그렇다면 다음의 내용과 관련하여 중요한 판단기준 두 가지를 고른다면?

> • 인간의 욕망은 무한한데 자원은 희소하므로 항상 선택의 문제에 직면한다.
> • 누구를 위하여 생산할 것인가의 문제에는 공공복리와 사회정의의 실현을 함께 고려해야 한다.

① 효율성과 형평성　　　　　　　　② 타당성과 실효성

③ 안정성과 능률성　　　　　　　　④ 희소성과 사회성

⑤ 타당성과 사회성

44 가격이 상승한 소비재의 수요가 오히려 증가하는 경제현상을 의미하는 용어로서 과시적인 소비행동과 관련된 용어는?

① 베블렌효과　　　　　　　　　　② 마샬효과

③ 외부효과　　　　　　　　　　　④ 톱니효과

⑤ 톱니효과

45 사회보험의 특징 중 옳지 않은 것은?

① 사회보험은 노동능력의 상실에 대비한 산업재해보험 · 건강보험과 노동기회의 상실에 대비한 연금보험 · 실업보험으로 크게 구분할 수 있다.

② 사회보험은 개인보험처럼 자유의사에 의해서 가입하는 것은 아니다.

③ 사회보험은 보험료도 개인 · 기업 · 국가가 서로 분담하는 것이 원칙이다.

④ 사회보험의 보험료 부과방식은 위험정도 · 급여수준에 따라 나눠진다.

⑤ 국민연금제도는 1988년 1월부터 시행되었다.

46 공공부조의 기본원리에 대한 설명으로 옳은 것은?

① 생존보장의 원리 : 공공부조의 보호수준은 최저한의 생활이 유지되도록 하여야 한다는 원리

② 국가책임의 원리 : 국가는 모든 국민의 건강하고 문화적인 생활을 보호하여야 하며, 역으로 국민의 입장에서 생존권을 보호받을 수 있는 권리를 보장하는 원리

③ 무차별 평등의 원리 : 공공부조 수급의 법적 기준에 해당하는 사람이면 빈곤의 원인이나 신앙, 성별 등에 상관없이 누구든지 평등하게 보호받아야 한다는 원리

④ 보충성의 원리 : 보호대상자 스스로가 자신의 생활을 책임질 수 있도록 한다는 원리

⑤ 최저생활 보호의 원리 : 생계에 관련된 가장 기본적인 수준을 유지할 수 있도록 한다는 원리

47 사회보장의 기능과 형평성에 대한 설명으로 옳지 않은 것은?

① 사회보장제도는 소득의 재분배를 통한 국민의 생존권의 실현과 최저생활 확보를 전제로 한다.

② 소득재분배의 형태는 수직적, 수평적, 세대 간 재분배의 세 가지로 구분할 수 있다.

③ 수직적 재분배는 소득이 높은 계층으로부터 낮은 계층으로 재분배되는 것으로 분배의 형평성을 지향한다.

④ 공적연금제도는 수평적 재분배의 대표적 예라고 할 수 있다.

⑤ 사회보장제도 중 공공부조는 보험료를 부담할 능력이 없는 빈곤자에게 국가가 모든 비용을 부담하는 것이다.

48 고용보험법상 취업촉진수당에 해당하지 않는 것은?

① 조기재취업 수당

② 직업능력개발 수당

③ 광역 구직활동비

④ 이주비

⑤ 구직급여

49 연금제도의 특성으로 옳은 것을 모두 고르면?

㉠ 단기성		㉡ 안정성	
㉢ 공공성		㉣ 자율성	
㉤ 수익성		㉥ 전문성	

① ㉠㉡㉢㉥   ② ㉠㉢㉤㉥

③ ㉡㉢㉤㉥   ④ ㉡㉢㉣㉥

⑤ ㉢㉣㉤㉥

50 국민연금공단의 업무가 아닌 것은?

① 연금보험료의 부과

② 급여의 결정 및 지급

③ 국민연금기금 운용 전문인력 양성

④ 국민연금에 관한 국제협력

⑤ 심사기준 및 평가기준의 개발

직업기초능력평가 (60문항/60분)

1 다음 글을 읽고 ㉠㉡에 대해 바르게 이해한 내용으로 적절하지 않은 것은?

소비자는 구매할 제품을 선택하기 위해 자신의 평가 기준에 따라 그 제품의 여러 브랜드 대안들을 비교·평가하게 된다. 이를 대안 평가라 하는데, 그 방식에는 크게 보완적 방식과 비보완적 방식이 있다. 〈표〉는 소비자가 호텔을 선택하기 위해 몇 개의 브랜드 대안을 비교·평가하는 상황을 가정해 본 것으로, 호텔을 선택하는 평가 기준의 항목과 그것의 순위, 중요도, 평가 점수를 보여주고 있다.

평가 기준			평가 점수			
항목	순위	중요도	A	B	C	D
위치	1	50%	4	6	6	5
가격	2	30%	5	4	6	7
서비스	3	20%	5	3	1	3

(점수가 클수록 만족도가 높음.)

〈표〉 브랜드에 대한 기준별 평가 점수

㉠ 보완적 방식은 브랜드의 어떤 약점이 다른 강점에 의해 보완될 수 있다는 전제 하에 여러 브랜드의 다양한 측면들을 고려하는 방식으로, 브랜드 대안이 적을 때나 고가의 제품을 구매할 때 많이 쓰인다. 각 브랜드의 기준별 평가 점수에 각 기준의 중요도를 곱하여 합산한 뒤 가장 점수가 큰 대안을 선택한다. 예를 들어 〈표〉에서 A는 $(4 \times 0.5) + (5 \times 0.3) + (5 \times 0.2)=4.5$이고 같은 방식으로 B는 4.8, C는 5, D는 5.2이므로 D가 최종 선택될 것이다. 반면, ㉡ 비보완적 방식은 어떤 브랜드의 약점이 다른 장점에 의해 상쇄될 수 없다는 전제 하에 대안을 결정하는 방식으로, 브랜드 대안이 많을 때나 저가의 제품을 구매할 때 많이 쓰인다. 비보완적 방식은 다시 사전편집, 순차적 제거, 결합, 분리 방식으로 구분된다.

첫째, 사전편집 방식은 1순위 기준에서 가장 우수한 대안을 선택하는 것이다. 만일 1순위 기준에서 두 개 이상의 브랜드가 동점이라면 2순위 기준에서 다시 우수한 브랜드를 선택하면 된다. 〈표〉에서 본다면, 1순위 기준인 '위치'에서 B와 C가 동점이므로 2순위 기준인 '가격'에서 C를 선택하는 식이다. 둘째, 순차적 제거 방식은 1순위 기준에서부터 순차적으로, 어느 수준 이상이면 구매하겠다는 허용 수준을 설정하고 이와 비교하여 마지막까지 남은 브랜드 대안을 선택하는 방식이다.

예를 들어 〈표〉에서 1순위 기준인 '위치'의 허용 수준이 5라면 이 수준에 미달되는 A가 일단 제외되고, 2순위인 '가격'의 허용 수준이 6이라면 B가 다시 제외되고, 3순위인 '서비스'의 허용 수준이 2라면 다시 C가 제외됨으로써 결국 D가 선택될 것이다. 셋째, 결합 방식은 각 기준별로 허용 수준을 결정한 다음 기준별 브랜드 평가 점수가 어느 한 기준에서라도 허용 수준에 미달하면 이를 제외하는 방식이다. 〈표〉에서 평가 기준별 허용 수준을 각 4라고 가정한다면 허용 수준에 미달되는 속성이 하나도 없는 A가 선택될 것이다. 넷째, 분리 방식은 평가 기준별 허용 수준을 잡은 뒤 어느 한 기준에서라도 이를 만족시키는 브랜드를 선택하는 방식이다. 〈표〉에서 평가 기준별 허용 수준을 7로 잡는다면 가격 면에서 7 이상인 D만 선택될 것이다.

이와 같이 소비자는 상황에 따라 적절한 대안 평가 방식을 사용함으로써 구매할 제품을 합리적으로 선택할 수 있다. 또한 마케터는 소비자들의 대안 평가 방식을 파악함으로써 자사 제품의 효과적인 마케팅 전략을 세울 수 있다.

① ㉠은 브랜드 대안이 적을 때에 주로 사용된다.
② ㉠은 고가의 제품을 구매하는 상황에 주로 사용된다.
③ ㉡은 평가 기준 항목을 모두 사용하지 않고도 브랜드를 선택할 수 있는 경우가 있다.
④ ㉡은 하나의 평가 기준으로 브랜드 간의 평가 점수를 비교하는 방식이다.

2 다음의 제시된 사례를 읽고 가장 큰 문제점을 바르게 설명한 것은?

> 김 팀장은 깐깐하고 꼼꼼한 업무 스타일과 결제성향으로 인하여 부하 직원들이 업무적으로 스트레스를 많이 받는 타입이다. 그러나 엄하고 꼼꼼한 상사 밑에서 일 잘하는 직원이 양산되듯, 김 팀장에게서 힘들게 일을 배운 직원들은 업무적으로 안정적인 궤도에 빨리 오른다. 꼼꼼하고 세심한 업무처리 때문에 신뢰를 가지고 있으나 지나치게 깐깐한 결제성향으로 인하여 밑에 있는 부하직원들은 스트레스가 날로 쌓여가고 있다. 하지만 김 팀장과는 의견교환이 되지 않고, 불만이 팀 외부로 새어 나가는 일도 많았으며, 그로 인해 '김 팀장 때문에 일 못하겠다.'며 사표를 던진 직원도 많았다. 회사의 입장에서 보면 유독 김 팀장 밑에 근무하면서 사표를 내는 직원들이 많아지니 김 팀장의 리더십과 의사소통능력에 대해 의문을 가지기 시작하였다. 그러던 중 올해 김 팀장 밑에서 근무하던 직원들 중 3명이 무더기로 사표를 던지고 해당 팀이 휘청거리게 되자 팀장이 교체되고 또한 직원들도 교체되어 팀이 공중분해가 되고 말았다.

① 리더의 카리스마 리더십 부재
② 부하직원들의 애사심 부재
③ 리더와 부하 간의 의사소통 부재
④ 팀원들의 업무능력의 부족

3 다음 ( )안에 들어갈 접속어를 순서대로 나열한 것은?

> 고대 그리스의 원자론자 데모크리토스는 자연의 모든 변화를 원자들의 운동으로 설명했다. 모든 자연현상의 근거는, 원자들, 빈 공간 속에서의 원자들의 움직임, 그리고 그에 따른 원자들의 배열과 조합의 변화라는 것이다.
> ( ) 데카르트에 따르면 연장, 즉 퍼져있음이 공간의 본성을 구성한다. 그런데 연장은 물질만이 가지는 속성이기 때문에 물질 없는 연장은 불가능하다. ( ) 아무 물질도 없는 빈 공간이란 원리적으로 불가능하다. 데카르트에게 운동은 물속에서 헤엄치는 물고기의 움직임과 같다. 꽉 찬 물질 속에서 물질이 자리바꿈을 하는 것이다.

① 한편, 다시 말해
② 그런데, 또한
③ 하지만, 그러나
④ 왜냐하면, 다시 말해

4 다음 글의 서술 방식에 대한 설명으로 옳지 않은 것은?

글로벌 광고란 특정 국가의 제품이나 서비스의 광고주가 자국 외의 외국에 거주하는 소비자들을 대상으로 하는 광고를 말한다. 브랜드의 국적이 갈수록 무의미해지고 문화권에 따라 차이가 나는 상황에서, 소비자의 문화적 차이는 글로벌 소비자 행동에 막대한 영향을 미친다고 할 수 있다. 또한 점차 지구촌 시대가 열리면서 글로벌 광고의 중요성은 더 커지고 있다. 비교문화연구자 드 무이는 "글로벌한 제품은 있을 수 있지만 완벽히 글로벌한 인간은 있을 수 없다"고 말하기도 했다. 오랫동안 글로벌 광고 전문가들은 광고에서 감성 소구 방법이 이성 소구에 비해 세계인에게 보편적으로 받아들여진다고 생각해 왔지만 특정 문화권의 감정을 다른 문화권에 적용하면 동일한 효과를 얻기 어렵다는 사실이 속속 밝혀지고 있다. 일찍이 홉스테드는 문화권에 따른 문화적 가치관의 다섯 가지 차원을 제시했는데 권력 거리, 개인주의-집단주의, 남성성-여성성, 불확실성의 회피, 장기지향성이 그것이다. 그리고 이 다섯 가지 차원은 국가 간 비교 문화의 맥락에서 글로벌 광고 전략을 전개할 때 반드시 고려해야 하는 기본 전제가 된다.

그렇다면 글로벌 광고의 표현 기법에는 어떤 것들이 있을까? 글로벌 광고의 보편적 표현 기법은 크게 공개 기법, 진열 기법, 연상전이 기법, 수업 기법, 드라마 기법, 오락 기법, 상상 기법, 특수효과 기법 등 여덟 가지로 나눌 수 있다.

① 용어의 정의를 통해 논지에 대한 독자의 이해를 돕고 있다.
② 기존의 주장을 반박하는 방식으로 논지를 펼치고 있다.
③ 의문문을 사용함으로써 독자들로 하여금 호기심을 유발시키고 있다.
④ 전문가의 말을 인용함으로써 글의 신뢰성을 높이고 있다.

5 다음 글을 순서대로 바르게 배열한 것은?

㉠ 적응의 과정은 북쪽의 문헌이나 신문을 본다든지 텔레비전, 라디오를 시청함으로써 이루어질 수 있는 극복의 원초적 단계이다.

㉡ 이질성의 극복을 위해서는 이질화의 원인을 밝히고 이를 바탕으로 해서 그것을 극복하는 단계로 나아가야 한다. 극복의 문제도 단계를 밟아야 한다. 일차적으로는 적응의 과정이 필요하다.

㉢ 남북의 언어가 이질화되었다고 하지만 사실은 그 분화의 연대가 아직 반세기에도 미치지 않았고 맞춤법과 같은 표기법은 원래 하나의 뿌리에서 갈라진 만큼 우리의 노력 여하에 따라서는 동질성의 회복이 생각 밖으로 쉬워질 수 있다.

㉣ 문제는 어휘의 이질화를 어떻게 극복할 것인가에 귀착된다. 우리가 먼저 밟아야 할 절차는 이질성과 동질성을 확인하는 일이다.

---

① ㉡ – ㉠ – ㉢ – ㉣
② ㉡ – ㉢ – ㉣ – ㉠
③ ㉢ – ㉣ – ㉡ – ㉠
④ ㉣ – ㉡ – ㉢ – ㉠

6 다음 대화에서 Daniel이 점심 이후에 Hein에게 가져다 달라고 부탁한 것은?

Daniel : I think I'll have to be in Chicago in November.

Hein : Are you going to attend the US marketing conference to be held on November 15?

Daniel : Yes. And I would like to visit some of our customers there, too.

Hein : Shall I make a reservation for your flight now?

Daniel : Yes, please reserve a seat for me on Korean Air on November 5.

Hein : Certainly. I'll call the travel agency and check the flight schedule asap.

Daniel : Thank you. Also, please reserve a room at the Plaza Hotel from November 5 to 16. And would you please bring me the quarterly sales report after lunch? I have to make some presentation material for the conference.

Hein : Alright. I'll make a list of customers whom you are supposed to meet in Chicago.

---

① Sales report
② Material for the conference
③ Flight schedule
④ List of customers

7 다음 글을 통해 알 수 없는 내용은?

> 희생제의란 신 혹은 초자연적 존재에게 제물을 바침으로써 인간 사회에서 발생하는 중요한 문제를 해결하려는 목적으로 이루어지는 의례를 의미한다. 이 제의에서는 제물이 가장 주요한 구성요소인데, 이때 제물은 제사를 올리는 인간들과 제사를 받는 대상 사이의 유대 관계를 맺게 해주어 상호 소통할 수 있도록 매개하는 역할을 수행한다.
>
> 희생제의의 제물, 즉 희생제물의 대명사로 우리는 '희생양'을 떠올린다. 이는 희생제물이 대게 동물일 것이라고 추정하게 하지만, 희생제물에는 인간도 포함된다. 인간 집단은 안위를 위협하는 심각한 위기 상황을 맞게 되면, 이를 극복하고 사회 안정을 회복하기 위해 처녀나 어린아이를 제물로 바쳤다. 이러한 사실은 인신공희(人身供犧) 설화를 통해 찾아볼 수 있다. 이러한 설화에서 인간들은 신이나 괴수에게 처녀나 어린아이를 희생제물로 바쳤다.
>
> 희생제의는 원시사회의 산물로 머문 것이 아니라 아주 오랫동안 동서양을 막론하고 여러 문화권에서 지속적으로 행해져 왔다. 이에 희생제의의 기원이나 형식을 밝히기 위한 종교현상학적 연구들이 시도되어 왔다. 그리고 인류학적 연구에서는 희생제의에 나타난 인간과 문화의 본질에 대한 탐색이 있어 왔다. 인류학적 관점의 대표적인 학자인 지라르는 「폭력과 성스러움」, 「희생양」 등을 통해 인간 사회의 특징, 사회 갈등과 그 해소 등의 문제를 '희생제의'와 '희생양'으로 설명했다.
>
> 인간은 끊임없이 타인과 경쟁하고 갈등하는 존재이다. 이러한 인간들 간의 갈등은 공동체 내에서 무차별적이면서도 심각한 갈등 양상으로 치닫게 되고 극도의 사회적 긴장 관계를 유발한다. 이때 다수의 사회 구성원들은 사회 갈등을 희생양에게 전이시켜 사회 갈등을 해소하고 안정을 되찾고자 하였다는 것이 지라르 논의의 핵심이다.
>
> 희생제의에서 희생제물로서 처녀나 어린아이가 선택되는 경우가 한국뿐 아니라 많은 나라에서도 발견된다. 처녀와 어린아이에게는 인간 사회의 세속적이고 부정적인 속성이 깃들지 않았다는 관념이 오래 전부터 지배적이었기 때문이다. 그러나 지라르는 근본적으로 이들이 희생제물로 선택된 이유를, 사회를 주도하는 주체인 성인 남성들이 스스로 일으킨 문제를 자신들이 해결하지 않고 사회적 역할 차원에서 자신들과 대척점에 있는 타자인 이들을 희생양으로 삼았기 때문인 것으로 설명하였다.

① 종교현상학적 연구는 인간 사회의 특성과 사회 갈등 형성 및 해소를 희생제의와 희생양의 관계를 통해 설명한다.

② 지라르에 의하면 다수의 사회 구성원들은 사회 갈등을 희생양에게 전이시킴으로써 사회 안정을 이루고자 하였다.

③ 희생제물을 통해 위기를 극복하고 사회의 안정을 회복하고자 한 의례 행위는 동양에 국한된 것이 아니다.

④ 지라르에 따르면 희생제물인 처녀나 어린아이들은 성인 남성들과 대척점에 있는 존재이다.

8   다음 글을 비판하는 내용으로 적절하지 못한 것은?

> 사이버공간은 관계의 네트워크이다. 사이버공간은 광섬유와 통신위성 등에 의해 서로 연결된 컴퓨터들의 물리적인 네트워크로 구성되어 있다. 그러나 사이버공간이 물리적인 연결만으로 이루어지는 것은 아니다. 사이버공간을 구성하는 많은 관계들은 오직 소프트웨어를 통해서만 실현되는 순전히 논리적인 연결이기 때문이다. 양쪽 차원 모두에서 사이버공간의 본질은 관계적이다.
>
> 인간 공동체 역시 관계의 네트워크에 위해 결정된다. 가족끼리의 혈연적인 네트워크, 친구들 간의 사교적인 네트워크, 직장 동료들 간의 직업적인 네트워크 등과 같이 인간 공동체는 여러 관계들에 의해 중첩적으로 연결되어 있다.
>
> 사이버공간과 마찬가지로 인간의 네트워크도 물리적인 요소와 소프트웨어적 요소를 모두 가지고 있다. 예컨대 건강관리 네트워크는 병원 건물들의 물리적인 집합으로 구성되어 있지만, 동시에 환자를 추천해주는 전문가와 의사들 간의 비물질적인 네트워크에 크게 의존한다.
>
> 사이버공간을 유지하려면 네트워크 간의 믿을 만한 연결을 유지하는 것이 결정적으로 중요하다. 다시 말해, 사이버공간 전체의 힘은 다양한 접속점들 간의 연결을 얼마나 잘 유지하느냐에 달려 있다. 이것은 인간 공동체의 힘 역시 접속점 즉 개인과 개인, 다양한 집단과 집단 간의 견고한 관계 유지에 달려 있다는 점을 보여준다. 사이버공간과 마찬가지로 인간의 사회 공간도 공동체를 구성하는 네트워크의 힘과 신뢰도에 결정적으로 의존한다.

① 사이버공간의 익명성이 인간 공동체에 위협이 될 수도 있음을 지적한다.
② 유의미한 비교를 하기에는 양자 간의 차이가 너무 크다는 것을 보여준다.
③ 네트워크의 개념이 양자의 비교 근거가 될 만큼 명확하지 않다는 것을 보여준다.
④ 사이버공간과 인간 공동체 간에 있다고 주장된 유사성이 실제로는 없음을 보여준다.

9 다음 글을 읽고 추론할 수 없는 내용은?

우리나라의 고분, 즉 무덤은 크게 나누어 세 가지 요소로 구성되어 있다. 첫째는 목관(木棺), 옹관(甕棺)과 같이 시신을 넣어두는 용기이다. 둘째는 이들 용기를 수용하는 내부 시설로 광(壙), 곽(槨), 실(室) 등이 있다. 셋째는 매장시설을 감싸는 외부 시설로 이에는 무덤에서 지상에 성토한, 즉 흙을 쌓아 올린 부분에 해당하는 분구(墳丘)와 분구 주위를 둘러 성토된 부분을 보호하는 호석(護石) 등이 있다.

일반적으로 고고학계에서는 무덤에 대해 '묘(墓)-분(墳)-총(塚)'의 발전단계를 상정한다. 이러한 구분은 성토의 정도를 기준으로 삼은 것이다. 매장시설이 지하에 설치되고 성토하지 않은 무덤을 묘라고 한다. 묘는 또 목관묘와 같이 매장시설, 즉 용기를 가리킬 때도 사용된다. 분은 지상에 분명하게 성토한 무덤을 가리킨다. 이 중 성토를 높게 하여 뚜렷하게 구분되는 대형 분구를 가리켜 총이라고 한다.

고분 연구에서는 지금까지 설명한 매장시설 이외에도 함께 묻힌 피장자(被葬者)와 부장품이 그 대상이 된다. 부장품에는 일상품, 위세품, 신분표상품이 있다. 일상품은 일상생활에 필요한 물품들로 생산 및 생활도구 등이 이에 해당한다. 위세품은 정치, 사회적 관계를 표현하기 위해 사용된 물품이다. 당사자 사이에만 거래되어 일반인이 입수하기 어려운 물건으로 피장자가 착장(着裝)하여 위세를 드러내던 것을 착장형 위세품이라고 한다. 생산도구나 무기 및 마구 등은 일상품이기도 하지만 물자의 장악이나 군사력을 상징하는 부장품이기도 하다. 이것들은 피장자의 신분이나 지위를 상징하는 물건으로 일상품적 위세품이라고 한다. 이러한 위세품 중에 6세기 중엽 삼국의 국가체제 및 신분질서가 정비되어 관등(官等)이 체계화된 이후 사용된 물품을 신분표상품이라고 한다.

① 묘에는 분구와 호석이 발견되지 않는다.

② 묘는 무덤의 구성요소뿐 아니라 무덤 발전단계를 가리킬 때에도 사용되는 말이다.

③ 피장자의 정치, 사회적 신분 관계를 표현하기 위해 장식한 칼을 사용하였다면 이는 위세품에 해당한다.

④ 생산도구가 물자의 장악이나 군사력을 상징하는 부장품에 사용되었다면, 이는 위세품이지 일상품은 아니다.

10 다음 글을 읽고 이 글을 뒷받침할 수 있는 주장으로 가장 적합한 것은?

> X선 사진을 통해 폐질환 진단법을 배우고 있는 의과대학 학생을 생각해 보자. 그는 암실에서 환자의 가슴을 찍은 X선 사진을 보면서, 이 사진의 특징을 설명하는 방사선 전문의의 강의를 듣고 있다. 그 학생은 가슴을 찍은 X선 사진에서 늑골뿐만 아니라 그 밑에 있는 폐, 늑골의 음영, 그리고 그것들 사이에 있는 아주 작은 반점들을 볼 수 있다. 하지만 처음부터 그럴 수 있었던 것은 아니다. 첫 강의에서는 X선 사진에 대한 전문의의 설명을 전혀 이해하지 못했다. 그가 가리키는 부분이 무엇인지, 희미한 반점이 과연 특정질환의 흔적인지 전혀 알 수가 없었다. 전문의가 상상력을 동원해 어떤 가상적 이야기를 꾸며내는 것처럼 느껴졌을 뿐이다. 그러나 몇 주 동안 이론을 배우고 실습을 하면서 지금은 생각이 달라졌다. 그는 문제의 X선 사진에서 이제는 늑골 뿐 아니라 폐와 관련된 생리적인 변화, 흉터나 만성질환의 병리학적 변화, 급성질환의 증세와 같은 다양한 현상들까지도 자세하게 경험하고 알 수 있게 될 것이다. 그는 전문가로서 새로운 세계에 들어선 것이고, 그 사진의 명확한 의미를 지금은 대부분 해석할 수 있게 되었다. 이론과 실습을 통해 새로운 세계를 볼 수 있게 된 것이다.

① 관찰은 배경지식에 의존한다.
② 과학에서의 관찰은 오류가 있을 수 있다.
③ 과학 장비의 도움으로 관찰 가능한 영역은 확대된다.
④ 관찰정보는 기본적으로 시각에 맺혀지는 상에 의해 결정된다.

11 다음에 설명된 '자연적'의 의미를 바르게 적용한 것은?

> 미덕은 자연적인 것이고 악덕은 자연적이지 않은 것이라는 주장보다 더 비철학적인 것은 없다. 자연이라는 단어가 다의적이기 때문이다. '자연적'이라는 말의 첫 번째 의미는 '기적적'인 것의 반대로서, 이런 의미에서는 미덕과 악덕 둘 다 자연적이다. 자연법칙에 위배되는 현상인 기적을 제외한 세상의 모든 사건이 자연적이다. 둘째로, '자연적'인 것은 '흔하고 일상적'인 것을 의미하기도 한다. 이런 의미에서 미덕은 아마도 가장 '비자연적'일 것이다. 적어도 흔하지 않다는 의미에서의 영웅적인 덕행은 짐승 같은 야만성만큼이나 자연적이지 못할 것이다. 세 번째 의미로서, '자연적'은 '인위적'에 반대된다. 행위라는 것 자체가 특정 계획과 의도를 지니고 수행되는 것이라는 점에서, 미덕과 악덕은 둘 다 인위적인 것이라 할 수 있다. 그러므로 '자연적이다', '비자연적이다'라는 잣대로 미덕과 악덕의 경계를 그을 수 없다.

① 수재민을 돕는 것은 첫 번째와 세 번째 의미에서 자연적이다.
② 논개의 살신성인적 행위는 두 번째와 세 번째 의미에서 자연적이지 않다.
③ 내가 산 로또 복권이 당첨되는 일은 첫 번째와 두 번째 의미에서 자연적이지 않다.
④ 벼락을 두 번이나 맞고도 살아남은 사건은 첫 번째와 두 번째 의미에서 자연적이다.

12 다음을 읽고, 빈칸에 들어갈 내용으로 가장 알맞은 것을 고르시오.

슬로비치 모델은 과학기술 보도의 사회적인 증폭 양상에 보다 주목하는 이론이다. 이 모델은 언론의 과학기술 보도가 어떻게 사회적인 증폭 역할을 수행하게 되는지, 그리고 그 효과가 사회적으로 어떤 식으로 확대 재생산될 수 있는지를 보여 준다. 특정 과학기술 사건이 발생하면 뉴스 보도로 이어진다. 이때 언론의 집중 보도는 수용자 개개인의 위험 인지를 증폭시키며, 이로부터 수용자인 대중이 위험의 크기와 위험 관리의 적절성에 대하여 판단하는 정보 해석 단계로 넘어간다. 이 단계에서 이미 증폭된 위험 인지는 보도된 위험 사건에 대한 해석에 영향을 미쳐 _____. 이로 말미암은 부정적 영향은 그 위험 사건에 대한 인식에서부터 유관기관, 업체, 관련 과학기술 자체에 대한 인식에까지 미치게 되며, 또한 관련 기업의 매출 감소, 소송의 발생, 법적 규제의 강화 등의 다양한 사회적 파장을 일으키게 된다.

① 보도 대상에 대한 신뢰 훼손과 부정적 이미지 강화로 이어진다.

② 대중들로 하여금 잘못된 선택을 하게 한다.

③ 대중들의 선택에 모든 책임을 부여한다.

④ 언론에 대한 대중들의 신뢰가 무너지게 된다.

13 다음 글을 통해 추론할 수 있는 내용으로 가장 적절한 것은?

> 카발리는 윌슨이 모계 유전자인 mtDNA 연구를 통해 발표한 인류 진화 가설을 설득력 있게 확인시켜 줄 수 있는 실험을 제안했다. 만약 mtDNA와는 서로 다른 독립적인 유전자 가계도를 통해서도 같은 결론에 도달할 수 있다면 윌슨의 인류 진화에 대한 가설을 강화할 수 있다는 것이다.
>
> 이에 언더힐은 Y염색체를 인류 진화 연구에 이용하였다. 그가 Y염색체를 연구에 이용한 이유가 있다. 그것은 Y염색체가 하나씩 존재하는 특성이 있어 재조합을 일으키지 않고, 그 점은 연구 진행을 수월하게 하기 때문이다. 그는 Y염색체를 사용한 부계 연구를 통해 윌슨이 밝힌 연구결과와 매우 유사한 결과를 도출했다. 언더힐의 가계도도 윌슨의 가계도와 마찬가지로 아프리카 지역의 인류 원조 조상에 뿌리를 두고 갈라져 나오는 수형도였다. 또 그 수형도는 인류학자들이 상상한 장엄한 떡갈나무가 아니라 윌슨이 분석해 놓은 약 15만 년밖에 안 된 키 작은 나무와 매우 유사하였다.
>
> 별개의 독립적인 연구로 얻은 두 자료가 인류의 과거를 똑같은 모습으로 그려낸다면 그것은 대단한 설득력을 지닌다. mtDNA와 같은 하나의 영역만이 연구된 상태에서는 그 결과가 시사적이기는 해도 결정적이지는 않다. 그 결과의 양상은 단지 DNA의 특정 영역에 일어난 특수한 역사만을 반영하는 것일 수도 있기 때문이다. 하지만 언더힐을 Y염색체에서 유사한 양상을 발견함으로써 그 불완전성은 크게 줄어들었다. 15만 년 전에 아마도 전염병이나 기후 변화로 인해 유전자 다양성이 급격하게 줄어드는 현상이 일어났을 것이다.

① 윌슨의 mtDNA 연구결과는 인류 진화 가설에 대한 결정적인 증거였다.
② 부계 유전자 연구와 모계 유전자 연구를 통해 얻은 각각의 인류 진화 수형도는 매우 비슷하다.
③ 윌슨과 언더힐의 연구결과는 현대 인류 조상의 기원에 대한 인류학자들의 견해를 뒷받침한다.
④ 언더힐은 우리가 갖고 있는 Y염색체 연구를 통해 인류가 아프리카에서 유래했다는 것을 부정했다.

▎14~15▎ 다음 글을 읽고 물음에 답하시오.

정보 사회라고 하는 오늘날, 우리는 실제적 필요와 지식 정보의 획득을 위해서 독서하는 경우가 많다. 일정한 목적의식이나 문제의식을 안고 달려드는 독서일수록 사실은 능률적인 것이다. 르네상스적인 만능의 인물이었던 괴테는 그림에 열중하기도 했다. 그는 그림의 대상이 되는 집이나 새를 더 관찰하기 위해서 그리는 것이라고, 의아해 하는 주위 사람에게 대답했다고 전해진다. 그림을 그리겠다는 목적의식을 가지고 집이나 꽃을 관찰하면 분명하고 세밀하게 그 대상이 떠오를 것이다. 마찬가지로 일정한 주제 의식이나 문제의식을 가지고 독서를 할 때, 보다 창조적이고 주체적인 독서 행위가 성립될 것이다.

오늘날 기술 정보 사회의 시민이 취득해야 할 상식과 정보는 무량하게 많다. 간단한 읽기, 쓰기와 셈하기 능력만 갖추고 있으면 얼마 전까지만 하더라도 문맹(文盲)상태를 벗어날 수 있었다. 오늘날 사정은 이미 동일하지 않다. 자동차 운전이나 컴퓨터 조작이 바야흐로 새 시대의 '문맹'탈피 조건으로 부상하고 있다. 현대인 앞에는 그만큼 구비해야 할 기본적 조건과 자질이 수없이 기다리고 있다.

사회가 복잡해짐에 따라 신경과 시간을 바쳐야 할 세목도 증가하게 마련이다. 그러나 어느 시인이 얘기한 대로 인간 정신이 마련해 낸 가장 위대한 세계는 언어로 된 책의 마법 세계이다. 그 세계 속에서 현명한 주민이 되기 위해서는 무엇보다도 자기 삶의 방향에 맞게 시간을 잘 활용해야 할 것이다.

14 윗글의 핵심내용으로 가장 적절한 것은?

① 현대인이 구비해야 할 조건
② 현대인이 다루어야 할 지식
③ 문맹상태를 벗어나기 위한 노력
④ 주제의식이나 문제의식을 가진 독서

15 윗글의 내용과 일치하는 것은?

① 과거에는 간단한 읽기, 쓰기와 셈하기 능력만으로 문맹상태를 벗어날 수 있었다.
② 사회가 복잡해져도 신경과 시간을 바쳐야 할 세목은 일정하다.
③ 오늘날 기술 정보의 발달로 시민이 취득해야 할 상식과 정보는 적어졌다.
④ 실제적 필요와 지식 정보의 획득을 위해서 독서하는 것이 중요하다.

16 다음 글에 나타난 '플로티노스'의 견해와 일치하는 것은?

> 여기에 대리석 두 개가 있다고 가정해 보자. 하나는 거칠게 깎아낸 그대로이며, 다른 하나는 조각술에 의해 석상으로 만들어져 있다. 플로티노스에 따르면 석상이 아름다운 이유는, 그것이 돌이기 때문이 아니라 조각술을 통해 거기에 부여된 '형상' 때문이다. 형상은 그 자체만으로는 질서가 없는 질료에 질서를 부여하고, 그것을 하나로 통합하는 원리이다.
>
> 형상은 돌이라는 질료가 원래 소유하고 있던 것이 아니며, 돌이 찾아오기 전부터 돌을 깎는 장인의 안에 존재하던 것이다. 장인 속에 있는 이 형상을 플로티노스는 '내적 형상'이라 부른다. 내적 형상은 장인에 의해 돌에 옮겨지고, 이로써 돌은 아름다운 석상이 된다. 그러나 내적 형상이 곧 물체에 옮겨진 형상과 동일한 것은 아니다. 플로티노스는 내적 형상이 '돌이 조각술에 굴복하는 정도'에 응해서 석상 속에 내재하게 된다고 보았다.
>
> 그렇다면 우리가 어떤 석상을 '아름답다'고 느낄 때는 어떠한 일이 일어날까? 플로티노스는 우리가 물체 속의 형상을 인지하고, 이로부터 질료와 같은 부수적 성질을 버린 후 내적 형상으로 다시 환원할 때, 이 물체를 '아름답다'고 간주한다고 보았다. 즉, 내적 형상은 장인에 의해 '물체 속의 형상'으로 구현되고, 감상자는 물체 속의 형상으로부터 내적 형상을 복원함으로써 아름다움을 느끼는 것이다.

① 장인의 조각술은 질료에 내재되어 있던 '형상'이 밖으로 표출되도록 도와주는 역할을 한다.

② 물체에 옮겨진 '형상'은 '내적 형상'과 동일할 수 없으므로 질료 자체의 질서와 아름다움에 주목해야 한다.

③ 동일한 '내적 형상'도 '돌이 조각술에 굴복하는 정도'에 따라 서로 다른 '형상'의 조각상으로 나타날 수 있다.

④ 자연 그대로의 돌덩어리라 할지라도 감상자가 돌덩어리의 '내적 형상'을 복원해 낸다면 '아름답다'고 느낄 수 있다.

17 우리 학교 교내 마라톤 코스에 대한 다음 명제 중 세 개는 참이고 나머지 하나는 거짓이다. 이때 항상 옳은 것은?

> Ⅰ. 우리 학교 교내 마라톤 코스는 5km이다.
> Ⅱ. 우리 학교 교내 마라톤 코스는 6km이다.
> Ⅲ. 우리 학교 교내 마라톤 코스는 7km가 아니다.
> Ⅳ. 우리 학교 교내 마라톤 코스는 8km가 아니다.

① Ⅰ은 참이다.　　　　　　　　② Ⅰ은 거짓이다.

③ Ⅱ은 참이다.　　　　　　　　④ Ⅲ은 참이다.

18 서초고 체육 대회에서 찬수, 민경, 석진, 린 네 명이 달리기를 하였는데 네 사람의 성은 가나다라 순으로 "강", "김", "박", "이"이다. 다음을 보고 성과 이름이 맞게 연결된 것을 고르면?

> - 강 양은 "내가 넘어지지만 않았어도…"라며 아쉬워했다.
> - 석진이는 성이 "이"인 사람보다 빠르지만, 민경이 보다는 늦다.
> - 자기 딸이 1등을 했다고 아버지 "김"씨는 매우 기뻐했다.
> - 찬수는 꼴찌가 아니다.
> - 민경이와 린이만 여자이다.

① 이찬수, 김민경, 박석진, 강린　　　② 김찬수, 이민경, 강석진, 박린

③ 박찬수, 강민경, 이석진, 김린　　　④ 김찬수, 박민경, 강석진, 이린

19 다음 주어진 내용을 모두 고려하였을 때 A, B, C, D, E를 몸무게가 무거운 사람부터 나열하였을 때 C는 몇 번째에 해당하는가?

> 　　A, B, C, D, E가 신체검사를 한 결과는 다음과 같다.
> - D는 E보다 키도 크고 몸무게도 많이 나간다.
> - A는 E보다 키는 크지만 몸무게는 적게 나간다.
> - C의 키는 E보다 작으며, A의 몸무게가 가장 적게 나가는 것은 아니다.
> - B는 A보다 몸무게가 많이 나간다.

① 두 번째　　　　　　　　　　② 세 번째

③ 네 번째　　　　　　　　　　④ 다섯 번째

20 홍보팀에서는 신입사원 6명(A, B, C, D, E, F)을 선배 직원 3명(갑, 을, 병)이 각각 2명씩 맡아 문서작성 및 결재 요령에 대하여 1주일 간 교육을 실시하고 있다. 다음 조건을 만족할 때, 신입사원과 교육을 담당한 선배 직원의 연결에 대한 설명이 올바른 것은?

- B와 F는 같은 조이다.
- 갑은 A에게 문서작성 요령을 가르쳐 주었다.
- 을은 C와 F에게 문서작성 및 결재 요령에 대하여 가르쳐 주지 않았다.

---

① 병은 A를 교육한다.
② D는 을에게 교육을 받지 않는다.
③ C는 갑에게 교육을 받는다.
④ 을은 C를 교육한다.

21 S씨는 자신의 재산을 운용하기 위해 자산에 대한 설계를 받고 싶어 한다. S씨는 자산 설계사 A ~ E를 만나 조언을 들었다. 그런데 이들 자산 설계사들은 주 투자처에 대해서 모두 조금씩 다르게 추천을 해주었다. 해외펀드, 해외부동산, 펀드, 채권, 부동산이 그것들이다. 다음을 따를 때, A와 E가 추천한 항목은?

- S씨는 A와 D와 펀드를 추천한 사람과 같이 식사를 한 적이 있다.
- 부동산을 추천한 사람은 A와 C를 개인적으로 알고 있다.
- 채권을 추천한 사람은 B와 C를 싫어한다.
- A와 E는 해외부동산을 추천한 사람과 같은 대학에 다녔었다.
- 해외펀드를 추천한 사람과 부동산을 추천한 사람은 B와 같이 한 회사에서 근무한 적이 있다.
- C와 D는 해외부동산을 추천한 사람과 펀드를 추천한 사람을 비난한 적이 있다.

---

① 펀드, 해외펀드　　　　　　　　② 채권, 펀드
③ 부동산, 펀드　　　　　　　　　④ 채권, 부동산

22 다음 〈조건〉을 통해 a, b에 대해 바르게 설명한 것은?

> a. 목걸이가 없는 사람은 팔찌도 없다.
> b. 귀걸이가 없는 사람은 항상 팔찌는 있고, 반지는 없다.

> <조건>
> ㉠ 목걸이가 있는 사람은 팔찌도 있다.
> ㉡ 팔찌가 없는 사람은 귀걸이가 있다.
> ㉢ 귀걸이가 없는 사람은 반지가 없다.

① a만 항상 옳다.
② b만 항상 옳다.
③ a와 b 모두 옳다.
④ a와 b 모두 그르다.

23 다음 주어진 조건이 모두 참일 때 항상 옳은 것은?

> • 비가 오면 우산을 챙긴다.
> • 눈이 오면 도서관에 간다.
> • 내일 강수 확률은 40%이다.
> • 기온이 영하이면 눈이 오고, 영상이면 비가 온다.
> • 내일 기온이 영하일 확률은 80%이다.

① 내일 우산을 챙길 확률은 8%이다.
② 내일 우산을 챙길 확률은 12%이다.
③ 내일 우산을 챙길 확률은 20%이다.
④ 내일 도서관에 갈 확률은 70%이다.

24 다음은 세계 최대 규모의 종합·패션·의류기업인 I사의 대표 의류 브랜드의 SWOT분석이다. 다음 보기의 설명 중 옳지 않은 것은?

강점(STRENGH)	약점(WEAKNESS)
• 디자인과 생산과정의 수직 계열화 • 제품의 빠른 회전율 • 세련된 디자인과 저렴한 생산 비용	• 디자인에 대비되는 다소 낮은 품질 • 광고를 하지 않는 전략으로 인한 낮은 인지도
기회(OPPORTUNITY)	위협(THREAT)
• SPA 브랜드 의류 시장 성장 • 진출 가능한 다수의 국가	• 후발 경쟁 브랜드의 등장 • 목표 세그먼트에 위협이 되는 경제 침체

① SO 전략 – 경쟁이 치열한 지역보다는 빠른 생산력을 이용하여 신흥시장을 개척하여 점유율을 높힌다.

② ST 전략 – 시장에서 높은 점유율을 유지하기 위하여 광고비에 투자한다.

③ WO 전략 – 신흥 시장에서의 광고비 지출을 늘린다.

④ WT 전략 – 경제침체로 인한 소비가 줄어들기 때문에 디자인 비용을 낮춘다.

25 다음은 폐기물관리법의 일부이다. 제시된 내용을 참고할 때 옳은 것은?

제00조 이 법에서 말하는 폐기물이란 쓰레기, 연소재, 폐유, 폐알칼리 및 동물의 사체 등으로 사람의 생활이나 사업활동에 필요하지 않게 된 물질을 말한다.

제00조

① 도지사는 관할 구역의 폐기물을 적정하게 처리하기 위하여 환경부장관이 정하는 지침에 따라 10년 마다 '폐기물 처리에 관한 기본계획'(이하 '기본계획'이라 한다)을 세워 환경부장관의 승인을 받아야 한다. 승인사항을 변경하려 할 때에도 또한 같다. 이 경우 환경부장관은 기본계획을 승인하거나 변경승인하려면 관계 중앙행정기관의 장과 협의하여야 한다.

② 시장·군수·구청장은 10년마다 관할 구역의 기본계획을 세워 도지사에게 제출하여야 한다.

③ 제1항과 제2항에 따른 기본계획에는 다음 각 호의 사항이 포함되어야 한다.

    1. 관할 구역의 지리적 환경 등에 관한 개황

    2. 폐기물의 종류별 발생량과 장래의 발생 예상량

    3. 폐기물의 처리 현황과 향후 처리 계획

    4. 폐기물의 감량화와 재활용 등 자원화에 관한 사항

    5. 폐기물처리시설의 설치 현황과 향후 설치 계획

    6. 폐기물 처리의 개선에 관한 사항

    7. 재원의 확보계획

제00조

① 환경부장관은 국가 폐기물을 적정하게 관리하기 위하여 전조 제1항에 따른 기본계획을 기초로 '국가 폐기물관리 종합계획'(이하 '종합계획'이라 한다)을 10년마다 세워야 한다.

② 환경부장관은 종합계획을 세운 날부터 5년이 지나면 그 타당성을 재검토하여 변경할 수 있다.

---

① 재원의 확보계획은 기본계획에 포함되지 않아도 된다.

② A도 도지사가 제출한 기본계획을 승인하려면, 환경부장관은 관계 중앙행정기관의 장과 협의를 거쳐야 한다.

③ 환경부장관은 국가 폐기물을 적정하게 관리하기 위하여 10년마다 기본계획을 수립하여야 한다.

④ B군 군수는 5년마다 종합계획을 세워 환경부장관에게 제출하여야 한다.

26 연중 가장 무더운 8월의 어느 날 우진이는 여자친구, 두 명의 조카들과 함께 서울고속버스터미널에서 출발하여 부산고속버스터미널까지 가는 왕복 프리미엄 고속버스로 휴가를 떠나려고 한다. 이 때 아래에 나타난 자료 및 조건을 토대로 우진이와 여자친구, 조카들의 프리미엄 고속버스의 비용을 구하면?

〈주어진 조건〉

• 조카 1(남 : 만 3세)
• 조카 2(여 : 만 6세)
• 서울에서 부산으로 가는 동안(하행선) 조카 1은 우진이의 무릎에 앉아서 가며, 반대로 부산에서 서울로 올라올 시(상행선)에는 좌석을 지정해서 간다.

〈자료〉

1. 서울−부산 간 프리미엄 고속버스 운임요금은 37,000원이다.
2. 만 4세 미만은 어른 요금의 75%를 할인 받는다.
3. 만 4~6세 사이는 어른 요금의 50%를 할인 받는다.
4. 만 4세 미만의 경우에는 승차권을 따로 구매하지 않고 해당 보호자와 함께 동승이 가능하다.

---

① 162,798원   ② 178,543원
③ 194,250원   ④ 205,840원

| 27~28 | 인사팀에 근무하는 S는 20××년도에 새롭게 변경된 사내 복지 제도에 따라 경조사 지원 내역을 정리하는 업무를 담당하고 있다. 다음을 바탕으로 물음에 답하시오.

□ 20××년도 변경된 사내 복지 제도

종류	주요 내용
주택 지원	• 사택 지원(가~사 총 7동 175가구) 최소 1년 최장 3년 • 지원 대상 – 입사 3년 차 이하 1인 가구 사원 중 무주택자(가~다동 지원) – 입사 4년 차 이상 본인 포함 가구원이 3인 이상인 사원 중 무주택자(라~사동 지원)
경조사 지원	• 본인/가족 결혼, 회갑 등 각종 경조사 시 • 경조금, 화환 및 경조휴가 제공
학자금 지원	• 대학생 자녀의 학자금 지원
기타	• 상병 휴가, 휴직, 4대 보험 지원

□ 20××년도 1/4분기 지원 내역

이름	부서	직위	내역	변경 전	변경 후	금액(천원)
A	인사팀	부장	자녀 대학진학	지원 불가	지원 가능	2,000
B	총무팀	차장	장인상	변경 내역 없음		100
C	연구1팀	차장	병가	실비 지급	추가 금액 지원	50(실비 제외)
D	홍보팀	사원	사택 제공(가-102)	변경 내역 없음		–
E	연구2팀	대리	결혼	변경 내역 없음		100
F	영업1팀	차장	모친상	변경 내역 없음		100
G	인사팀	사원	사택 제공(바-305)	변경 내역 없음		–
H	보안팀	대리	부친 회갑	변경 내역 없음		100
I	기획팀	차장	결혼	변경 내역 없음		100
J	영업2팀	과장	생일	상품권	기프트 카드	50
K	전략팀	사원	생일	상품권	기프트 카드	50

27 당신은 S가 정리해 온 20××년도 1/4분기 지원 내역을 확인하였다. 다음 중 잘못 구분된 사원은?

지원 구분	이름
주택 지원	D, G
경조사 지원	B, E, H, I, J, K
학자금 지원	A
기타	F, C

① B   ② D

③ F   ④ H

28 S는 20××년도 1/4분기 지원 내역 중 변경 사례를 참고하여 새로운 사내 복지 제도를 정리해 추가로 공시하려 한다. 다음 중 S가 정리한 내용으로 옳지 않은 것은?

① 복지 제도 변경 전후 모두 생일에 현금을 지급하지 않습니다.
② 복지 제도 변경 후 대학생 자녀에 대한 학자금을 지원해드립니다.
③ 변경 전과 달리 미혼 사원의 경우 입주 가능한 사택동 제한이 없어집니다.
④ 변경 전과 같이 경조사 지원금은 직위와 관계없이 동일한 금액으로 지원됩니다.

29 에너지 신산업에 대한 다음과 같은 정의를 참고할 때, 다음 중 에너지 신산업 분야의 사업으로 보기에 가장 적절하지 않은 것은 어느 것인가?

> 2015년 12월, 세계 195개국은 프랑스 파리에서 UN 기후변화협약을 체결, 파리기후변화협약에 따른 신기후체제의 출범으로 온실가스 감축은 선택이 아닌 의무가 되었으며, 이에 맞춰 친환경 에너지시스템인 에너지 신산업이 대두되었다. 에너지 신산업은 기후변화 대응, 미래 에너지 개발, 에너지 안보, 수요 관리 등 에너지 분야의 주요 현안을 효과적으로 해결하기 위한 '문제 해결형 산업'이다. 에너지 신산업 정책으로는 전력 수요관리, 에너지관리 통합서비스, 독립형 마이크로그리드, 태양광 렌탈, 전기 차 서비스 및 유료충전, 화력발전 온배수열 활용, 친환경에너지타운, 스마트그리드 확산사업 등이 있다.

① 에너지 프로슈머 시장의 적극 확대를 위한 기반 산업 보강

② 전기차 확대보급을 실시하기 위하여 전기차 충전소 미비 지역에 충전소 보급 사업

③ 신개념 건축물에 대한 관심도 제고를 위한 고효율 제로에너지 빌딩 확대 사업

④ 분산형 전원으로 에너지 자립 도시 건립을 위한 디젤 발전기 추가 보급 사업

30 어느 가게에서 개업 30주년을 맞이하여 가방은 30% 할인하고, 모자는 15% 할인하여 판매하기로 하였다. 할인하기 전 가방과 모자의 판매 가격의 합은 58,000원이고, 할인한 후 가방과 모자의 판매 가격의 합은 43,000원일 때, 할인하기 전 가방의 판매 가격은?

① 25,000원   ② 28,000원

③ 30,000원   ④ 42,000원

31 유자시럽 24g과 물 176g을 잘 섞은 유자차에서 150g을 떠낸 후 몇 g의 물을 더 넣어야 8%의 유자차가 되는가?

① 20g   ② 25g

③ 30g   ④ 35g

32 같은 일을 A 혼자하면 12일, B 혼자하면 20일이 걸린다고 한다. A가 4일 동안 이 일을 하고 나서, A와 B가 함께 나머지 일을 모두 마치려면 며칠이 걸리겠는가?

① 2일   ② 3일

③ 4일   ④ 5일

33 2개의 주사위를 동시에 던질 때, 주사위에 나타난 숫자의 합이 7이 될 확률과 두 주사위가 같은 수가 나올 확률의 합은?

① $\dfrac{1}{12}$

② $\dfrac{1}{3}$

③ $\dfrac{1}{7}$

④ $\dfrac{1}{9}$

34 4명의 동업자 A, B, C, D가 하루 매출액을 나누었다. 가장 먼저 A는 10만 원과 나머지의 $\dfrac{1}{5}$을 먼저 받고, 다음에 B가 20만 원과 그 나머지의 $\dfrac{1}{5}$, 그 이후에 C가 30만 원과 그 나머지의 $\dfrac{1}{5}$, D는 마지막으로 남은 돈을 모두 받았다. A, B, C D 네 사람이 받은 액수가 모두 같았다면, 하루 매출액의 총액은 얼마인가?

① 100만 원

② 120만 원

③ 140만 원

④ 160만 원

35 반대 방향으로 A, B 두 사람이 3.6km/h로 달리는데 기차가 지나갔다. A를 지나치는데 24초, B를 지나치는데 20초가 걸렸을 때 기차의 길이는?

① 120m

② 180m

③ 240m

④ 300m

36 다음은 국내 온실가스 배출현황을 나타낸 표이다. 2024년 폐기물로 인한 온실가스 배출량은? (단, 총배출량 = 에너지 + 산업공정 + 농업 + 폐기물)

(단위 : 백만 톤 CO_2 eq.)

구분	2019년	2020년	2021년	2022년	2023년	2024년	2025년
에너지	467.5	473.9	494.4	508.8	515.1	568.9	597.9
산업공정	64.5	63.8	60.8	60.6	57.8	62.6	63.4
농업	22.0	21.8	21.8	21.8	22.1	22.1	22.0
폐기물	15.4	15.8	14.4	14.3	14.1	x	14.4
LULUCF	−36.3	−36.8	−40.1	−42.7	−43.6	−43.7	−43.0
순배출량	533.2	538.4	551.3	562.7	565.6	624.0	654.7
총배출량	569.4	575.3	591.4	605.5	609.1	667.6	697.7

① 14.0

② 14.1

③ 14.2

④ 14.3

▌37~38 ▌ 아래의 표는 20××년 교통사고로 인하여 발생한 사망자 수에 대한 자료이다. 다음 물음에 답하시오.

지역	성별	사망자 수(명)	십만 명 당 사망자 수(명)
서울	남	20,955	424.1
	여	16,941	330.2
대전	남	6,501	505.2
	여	5,095	423.0
대구	남	3,249	452.1
	여	2,904	390.2
광주	남	2,167	385.1
	여	1,948	352.5
부산	남	11,025	599.5
	여	8,387	470.2
전국	남	125,654	492.6
	여	115,450	421.8

37 다음 중 위 표에 대한 내용으로 옳지 않은 것은?

① 위의 표에서 남자의 십만 명 당 사망자 수가 많은 순서는 부산, 대전, 대구, 서울, 광주이다.
② 위의 표에서 여자의 십만 명 당 사망자 수가 가장 많은 곳은 서울이다.
③ 위의 표에서 남자의 사망자 수가 가장 적은 곳은 광주이다.
④ 십만 명 당 사망자 수가 가장 많은 지역은 부산 이다.

38 위 표를 이용하여 20××년의 서울시의 인구를 추정하면? (단, 천의 자리에서 반올림 한다.)

① 9,620,000명
② 9,810,000명
③ 10,070,000명
④ 10,320,000명

39 다음 〈표〉는 ○○공사의 사업별 투자액 및 투자전망에 대한 자료이다. 이에 대한 설명으로 옳은 것을 고르시오.

〈○○공사 사업별 투자액 및 투자전망〉

(단위 : 억 원)

연도 부서	2023	2024	2025	2030(예상)	2040(예상)
운송정보부	10.9	13.1	14.5	22.0	40.5
연구혁신처	21.0	24.0	27.7	41.4	83.2
전기운용부	5.6	6.5	7.3	9.9	18.2
휴먼안전센터	2.4	2.8	3.2	4.8	9.9
전체	39.9	46.4	52.7	78.1	151.8

① 2024년 증가율이 가장 큰 부서는 연구혁신처이다.

② 2030년 전체 위 부서의 사업별 투자액 및 투자전망에서 '운송정보부' 유형이 차지하는 비중은 30% 이하일 것으로 전망된다.

③ 2030~2040년 동안 '휴먼안전센터'의 투자전망은 매년 30% 이상 증가할 것으로 전망된다.

④ 2023년 대비 2040년 사업별 투자액 및 투자전망에서 증가율이 가장 높을 것으로 전망되는 시설유형은 '연구혁신처'이다.

40 다음 표는 A, B 두 목격자의 도주자 성별에 대한 판정의 정확성을 정리한 것이다. 아래의 기술 중 옳은 것을 모두 고르면?

〈표 1〉 A 목격자

실제성별 \ A의 결정	여자	남자	합
여자	35	15	50
남자	25	25	50
합	60	40	100

〈표 2〉 B 목격자

실제성별 \ B의 결정	여자	남자	합
여자	20	30	50
남자	5	45	50
합	25	75	100

> ㉠ 전체 판정성공률은 B가 A보다 높다.
> ㉡ 실제 도주자가 여성일 때 판정성공률은 B가 A보다 높다.
> ㉢ 실제 도주자가 남성일 때 판정성공률은 B가 A보다 높다.
> ㉣ A, B 모두 여성 도주자에 대한 판정성공률이 남성 도주자에 대한 판정성공률보다 높다.

① ㉠

② ㉠, ㉡

③ ㉠, ㉢

④ ㉠, ㉡, ㉢

41 다음 표는 우리나라 부패인식지수(CPI)연도별 변동 추이에 대한 표이다. 다음 중 옳지 않은 것은?

구분		2019	2020	2021	2022	2023	2024	2025
CPI	점수	4.5	5.0	5.1	5.1	5.6	5.5	5.4
	조사대상국	146	159	163	180	180	180	178
	순위	47	40	42	43	40	39	39
	백분율	32.3	25.2	25.8	23.9	22.2	21.6	21.9
OECD	회원국	30	30	30	30	30	30	30
	순위	24	22	23	25	22	22	22

※ 0~10점 : 점수가 높을수록 청렴

① CPI를 확인해 볼 때, 우리나라는 다른 해에 비해 2023년도에 가장 청렴하다고 볼 수 있다.

② CPI 순위는 2024년에 처음으로 30위권에 진입했다.

③ 청렴도가 가장 낮은 해와 2025년도의 청렴도 점수의 차이는 0.9점이다.

④ OECD 순위는 2019년부터 현재까지 상위권이라 볼 수 있다.

42 다음은 공급원별 골재채취 현황(구성비)에 대한 표이다. 이에 대한 해석으로 옳지 않은 것은?

구분	2020	2021	2022	2023	2024	2025
하천골재	16.6	19.8	21.3	14.8	17.0	9.9
바다골재	25.7	20.1	17.6	25.6	25.0	31.1
산림골재	48.8	53.1	54.5	52.5	52.0	53.4
육상골재	8.9	7.0	6.6	7.1	6.0	5.6
합계	100.0	100.0	100.0	100.0	100.0	100.0

① 하천골재가 차지하는 비중은 2022년에 가장 높고, 2025년에 가장 낮다.

② 다른 골재에 비해 산림골재가 차지하는 비중이 가장 높다.

③ 2022년 산림골재가 차지하는 비중은 2020년 육상골재가 차지하는 비중의 8배 이상이다.

④ 2024년과 비교했을 때, 바다골재는 2025년에 차지하는 비중이 6.1% 증가했다.

43 조직변화에 대한 설명이다. 옳지 않은 것은?

① 조직의 변화는 환경의 변화를 인지하는 데에서 시작된다.

② 기존의 조직구조나 경영방식 하에서 환경변화에 따라 제품이나 기술을 변화시키는 것이다.

③ 조직의 목적과 일치시키기 위해 문화를 변화시키기도 한다.

④ 조직변화는 제품과 서비스, 전략, 구조, 기술 문화 등에서 이루어질 수 있다.

44 다음은 A기업의 조직도이다. 각 부서의 업무로 옳지 않은 것은?

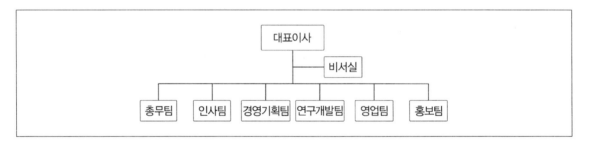

① 총무팀 : 소모품의 구입과 관리, 사무실 임차 및 관리, 차량 및 통신시설의 운영

② 인사팀 : 회계제도의 유지 및 관리, 재무상태 및 경영실적 보고, 결산 관련 업무

③ 영업팀 : 판매 계획, 시장조사, 광고, 선전, 계약, 재고 조절

④ 기획팀 : 경영계획 및 전략 수립, 전사기획업무 종합 및 조정

45 다음 밑줄 친 용어의 '의사결정적 역할'에 해당하는 것은?

> 경영자란 기업 경영에 관하여 최고의 의사결정을 내리고, 경영활동의 전체적 수행을 지휘·감독하는 사람이나 또는 기관을 말한다.

① 대외 협상   ② 기업을 대표
③ 외부환경 모니터   ④ 기업의 상징

46 다음 중 조직에서 업무가 배정되는 방법에 대한 설명으로 옳지 않은 것은?

① 조직의 업무는 조직 전체의 목적을 달성하기 위해 배분된다.
② 업무를 배정하면 조직을 가로로 구분하게 된다.
③ 직위는 조직의 업무체계 중 하나의 업무가 차지하는 위치이다.
④ 업무를 배정할 때에는 일의 동일성, 유사성, 관련성에 따라 이루어진다.

47 다음은 각 지역에 사무소를 운영하고 있는 A사의 임직원 행동강령의 일부이다. 다음 중 내용에 부합하지 않는 설명은?

제5조 【이해관계 직무의 회피】

① 임직원은 자신이 수행하는 직무가 다음 각 호의 어느 하나에 해당하는 경우에는 그 직무의 회피 여부 등에 관하여 지역관할 행동강령책임관과 상담한 후 처리하여야 한다. 다만, 사무소장이 공정한 직무수행에 영향을 받지 아니한다고 판단하여 정하는 단순 민원 업무의 경우에는 그러하지 아니한다.
  1. 자신, 자신의 직계 존속·비속, 배우자 및 배우자의 직계 존속·비속의 금전적 이해와 직접적인 관련이 있는 경우
  2. 4촌 이내의 친족이 직무관련자인 경우
  3. 자신이 2년 이내에 재직하였던 단체 또는 그 단체의 대리인이 직무관련자이거나 혈연, 학연, 지연, 종교 등으로 지속적인 친분관계에 있어 공정한 직무수행이 어렵다고 판단되는 자가 직무관련자인 경우
  4. 그 밖에 지역관할 행동강령책임관이 공정한 직무수행이 어려운 관계에 있다고 정한 자가 직무관련자인 경우
② 제1항에 따라 상담요청을 받은 지역관할 행동강령책임관은 해당 임직원이 그 직무를 계속 수행하는 것이 적절하지 아니하다고 판단되면 본사 행동강령책임관에게 보고하여야 한다. 다만, 지역관할 행동강령책임관이 그 권한의 범위에서 그 임직원의 직무를 일시적으로 재배정할 수 있는 경우에는 그 직무를 재배정하고 본사 행동강령책임관에게 보고하지 아니할 수 있다.
③ 제2항에 따라 보고를 받은 본사 행동강령책임관은 직무가 공정하게 처리될 수 있도록 인력을 재배치하는 등 필요한 조치를 하여야 한다.

제6조 【특혜의 배제】
임직원은 직무를 수행함에 있어 지연·혈연·학연·종교 등을 이유로 특정인에게 특혜를 주거나 특정인을 차별하여서는 아니 된다.

제6조의2 【직무관련자와의 사적인 접촉 제한】
① 임직원은 소관업무와 관련하여 우월적 지위에 있는 경우 그 상대방인 직무관련자(직무관련자인 퇴직자를 포함한다)와 당해 직무 개시 시점부터 종결 시점까지 사적인 접촉을 하여서는 아니 된다. 다만, 부득이한 사유로 접촉할 경우에는 사전에 소속 사무소장에게 보고(부재 시 등 사후 보고)하여야 하고, 이 경우에도 내부 정보 누설 등의 행위를 하여서는 아니 된다.
② 제1항의 "사적인 접촉"이란 다음 각 호의 어느 하나에 해당하는 것을 말한다.
  1. 직무관련자와 사적으로 여행을 함께하는 경우
  2. 직무관련자와 함께 사행성 오락(마작, 화투, 카드 등)을 하는 경우
③ 제1항의 "부득이한 사유"는 다음 각 호의 어느 하나에 해당하는 경우를 말한다.(제2항 제2호 제외)
  1. 직무관련자인 친족과 가족 모임을 함께하는 경우
  2. 동창회 등 친목단체에 직무관련자가 있어 부득이하게 함께하는 경우
  3. 사업추진을 위한 협의 등을 사유로 계열사 임직원과 함께하는 경우
  4. 사전에 직무관련자가 참석한 사실을 알지 못한 상태에서 그가 참석한 행사 등에서 접촉한 경우

① 이해관계 직무를 회피하기 위해 임직원의 업무가 재배정된 경우 이것이 반드시 본사 행동강령책임관에게 보고되는 것은 아니다.

② 임직원이 직무 관련 우월적 지위에 있는 경우, 소속 사무소장에게 보고하지 않는(사후 보고 제외) 직무 상대방과의 '사적인 접촉'은 어떠한 경우에도 허용되지 않는다.

③ 지역관할 행동강령책임관은 공정한 직무수행이 가능한 직무관련자인지의 여부를 본인의 판단으로 결정할 수 없다.

④ 직무관련성이 있는 대학 동창이 포함된 동창회에서 여행을 가게 될 경우 사무소장에게 보고 후 참여할 수 있다.

48 조직구조의 유형과 그 특징에 대한 설명으로 옳지 않은 것은?

① 조직구조는 의사결정 권한의 집중 정도, 명령계통, 최고경영자의 통제, 규칙과 규제의 정도 등에 따라 기계적 조직과 유기적 조직으로 구분할 수 있다.

② 기계적 조직은 구성원들의 업무가 분명하게 정의되고 많은 규칙과 규제들이 있으며, 상하간 의사소통이 공식적인 경로를 통해 이루어진다.

③ 유기적 조직은 의사결정권한이 조직의 하부구성원들에게 많이 위임되어 있으며 업무 또한 고정되지 않고 공유 가능한 조직이다.

④ 유기적 조직은 비공식적인 상호의사소통이 원활히 이루어지며, 규제나 통제의 정도가 높아 엄격한 위계질서가 존재한다.

49 다음 중 조직변화의 유형에 대한 설명으로 옳지 않은 것은?

① 조직변화는 서비스, 제품, 전략, 구조, 기술, 문화 등에서 이루어질 수 있다.

② 기존 제품이나 서비스의 문제점을 인식하고 고객의 요구에 부응하기 위한 변화를 제품·서비스 변화라 한다.

③ 새로운 기술이 도입되는 것으로 신기술이 발명되었을 때나 생산성을 높이기 위해 이루어지는 것을 전략변화라 한다.

④ 문화변화는 구성원들의 사고방식이나 가치체계를 변화시키는 것을 말한다.

50 다음 중 아래 워크시트에서 수식 '=SUM($B$2:C2)'이 입력된 [D2]셀을 [D4]셀에 복사하여 붙여 넣었을 때의 결과 값은?

	A	B	C	D	E	F
				fx	=SUM($B$2:C2)	
1						
2		5	10	15		
3		7	14			
4		9	18			
5						

① 15   ② 27
③ 42   ④ 63

51 아래 그림을 참고할 때, 할인율을 변경하여 '판매가격'의 목표값을 150,000으로 변경하려고 한다면 [목표값 찾기] 대화 상자의 '수식 셀'에 입력할 값으로 적절한 것은?

① B4   ② C4
③ B2   ④ D4

52 다음 중 Windows의 특징으로 옳지 않은 것은?

① 짧은 파일이름만 지원한다.

② GUI(Graphic User Interface) 환경을 제공한다.

③ P&P를 지원하여 주변장치 인식이 용이하다.

④ OLE(개체 연결 및 포함) 기능을 지원한다.

53 다음 중 아래와 같은 자료를 '기록(초)' 필드를 이용하여 최길동의 순위를 계산하고자 할 때 C3에 들어갈 함수식으로 올바른 것은?

	A	B	C
1	이름	기록(초)	순위
2	김길동	53	3
3	최길동	59	4
4	박길동	51	1
5	이길동	52	2
6			

① =RANK(B3,$B$2:$B$5,1)

② =RANK(B3,$B$2.$B$5,0)

③ =RANK(B3,$B$2:B5,1)

④ =RANK(B3,B2:$B$5,0)

54 다음에 설명하는 소프트웨어는?

> 전자 계산표 또는 표 계산 프로그램으로 문서를 작성하고 편집하는 기능 이외에 수치나 공식을 입력하여 그 값을 계산하고 결과를 차트로 표시할 수 있는 기능을 가지고 있다.

① 워드프로세서

② 스프레드시트

③ 프레젠테이션

④ 데이터베이스

55 다음 중 부분합 실행 결과에 대한 설명으로 옳지 않은 것은?

	A	B	C
1	이름	분기	매출
2	강호동	상반기	3,302,000
3	강호동	하반기	3,062,850
4	강호동 요약		6,364,850
5	박명수	상반기	1,565,100
6	박명수	하반기	2,691,100
7	박명수 요약		4,256,200
8	유재석	상반기	3,138,950
9	유재석	하반기	1,948,500
10	유재석 요약		5,087,450
11	총합계		15,708,500

① 상반기와 하반기를 기준으로 항목이 그룹화 되었다.

② 매출에 대하여 합계 함수가 사용되었다.

③ 데이터 아래에 요약 표시가 선택되었다.

④ 부분합 윤곽 기호 지우기가 실행되었다.

56 인사팀에서는 다음과 같이 직급별 신체조건을 파악해 운동지수를 알아보았다. 다음 자료를 참고할 때, 수식 '=DAVERAGE(A4:E10,"체중",A1:C2)'의 결과값으로 알맞은 것은?

	A	B	C	D	E
1	직급	키	키		
2	대리	>170	<180		
3					
4	직급	키	나이	체중	운동지수
5	대리	174	30	72	132
6	대리	178	29	64	149
7	과장	168	33	75	138
8	사원	180	25	80	125
9	대리	168	39	82	127
10	사원	182	27	74	139

① 29.5

② 140.5

③ 74.5

④ 68

57 다음의 상황에서 당신이 가장 우선적으로 해야 할 대답으로 적절한 것은?

A기업은 프랜차이즈 시스템을 대형사업와 소형사업에 도입하여 최근 1년간 전라북도 지역에 지속적으로 투자하고 있다. 대형사업의 경우 매출이 매 분기마다 신장하며 성장세를 이루고 있지만 소형사업은 1분기에만 매출이 소폭 증가하고 이후로는 하락세를 타고 있다. 마땅한 대안을 찾지 못한 영업 부장은 당신에게 2018년도 소형사업 매출액을 조작하여 보고하라는 지시를 하였다.

① 다른 경쟁력 있는 사업을 창출해야 합니다.

② 공과 사를 명확히 하여 처리해야 합니다.

③ 본사에 사실을 알려 도움을 청해야 합니다.

④ 매출액을 조작하는 것은 엄연히 불법입니다.

58 다음 중 부패에 대한 내용으로 적절하지 않은 것은 무엇인가?

① 관료제 내부 부패에 대해서는 내부고발자의 역할이 중요하다.

② 부패로 인한 불신의 증가는 막대한 사회적 비용의 증대로 이어질 수 있다.

③ 부패는 개인적 일탈과 더불어 사회적 산물로 급격한 근대화 과정에서 더욱 증가하였다.

④ 행정절차의 단순성이 부패를 발생시키기 쉬우므로 절차를 까다롭게 하는 것이 필요하다.

59 다음 중 윤리적 인간에 대한 설명으로 볼 수 없는 것은?

① 윤리적 인간은 공동의 이익을 추구하고 도덕적 가치 신념을 기반으로 형성된다.

② 인간은 사회적 동물이므로 다른 사람을 배려하면서 행동하는 사람은 윤리적 인간으로 볼 수 있다.

③ 눈에 보이는 육신의 안락보다 삶의 가치와 도덕적 신념을 존중하는 사람이다.

④ 공동의 이익보다는 자신의 이익을 우선으로 행동하는 사람이다.

60 직장인의 인간관계 유형에 대한 설명 중 그 기준이 다른 하나는?

① 직장동료들과의 인간관계를 중시하며 이를 삶의 중요한 인간관계 영역으로 생각한다.

② 소속된 조직에 대한 소속감과 만족도가 높으며, 직장 내 업무에 대한 흥미도 높다.

③ 직장동료들과의 친밀도와 만족도가 낮으며, 직장의 분위기에 적응을 잘 못한다.

④ 직장동료와 개인적인 대화나 고민, 취미 등을 함께 공유하기도 한다.

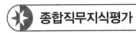

1 아래의 표는 법과 도덕의 구별에 대한 표이다. 옳지 않은 것은?

구분		법(法)	도덕(道德)
목적		㉠ 정의 실현(정의사회 구현)	선(착하고 바른 삶)의 실현
규율대상		㉡ 내면적 양심과 동기 고려	인간의 외면적 행위
성격	㉢ 강제성, 타율성		비강제성, 자율성
	㉣ 양면성(권리와 의무로 구성)		일면성(의무 중심으로 구성)
	㉤ 위반 시 처벌		위반 시 비난

① ㉠   ② ㉡

③ ㉢   ④ ㉣

⑤ ㉤

2 다음은 '국민참여재판'에 관한 설명이다. 잘못된 것은?

① 배심원 자격은 사회적 위치를 가진 만 19세 이상의 성인으로 규정하고 있다.

② 배심제와 참심제를 바탕으로 마련된 제도이다.

③ 우리나라에서는 2008년 1월부터 형사재판 참여에 관한 법률이 제정되어 시행되고 있다.

④ 피고인이 원하지 않을 경우나 법원이 배제결정을 할 경우에는 하지 않는다.

⑤ 배심원들의 유·무죄에 대한 평결은 법적 구속력이 없다.

3 각 제도에 대한 설명 중 틀린 것은?

① 동시사망은 2인 이상 동일 위난 사망 시 동시에 사망한 것으로 추정하는 것으로 민법에서 규정하고 있다.

② 인정사망은 사망의 개연성에 따라 관공서의 사망보고와 등록부에 기재하는 것이다.

③ 실종선고는 부재자의 생사 불명 상태의 지속에 따라 사망으로 간주하는 것이다.

④ 동시사망은 반대 사실을 들어 번복이 가능하다.

⑤ 인정사망과 실종선고는 법원의 취소절차 없이는 번복이 불가하다

4 관세법이 개정되어 2024년 9월 3일 공포되었다. 개정법률 부칙에는 "이 법은 공포 후 3월이 경과한 날로부터 시행한다."고 규정하고 있다. 이 개정 법률의 시행시점으로 옳은 것은?

① 2025년 12월 2일 오전 0시

② 2025년 12월 3일 오전 0시

③ 2025년 12월 4일 오전 0시

④ 2025년 12월 5일 오전 0시

⑤ 2025년 12월 6일 오전 0시

5 다음 중 부당노동행위에 속하는 것은?

ㄱ 불이익대우   ㄴ 황견계약

ㄷ 단체교섭거부   ㄹ 파업
---

① ㄱ, ㄴ

② ㄴ, ㄷ

③ ㄱ, ㄴ, ㄷ

④ ㄱ, ㄷ, ㄹ

⑤ ㄱ, ㄴ, ㄷ, ㄹ

6 다음 〈보기〉 중 반의사불벌죄에 해당하는 것을 모두 고르면?

〈보기〉

ㄱ 외국사절 폭행죄   ㄴ 외국국기 모독죄

ㄷ 단순·존속 모욕죄   ㄹ 사자명예훼손죄

ㅁ 출판물 등에 관한 명예훼손죄   ㅂ 친족 간 권리행사방해죄
---

① ㄱㄹㅂ   ② ㄱㄴㅁ

③ ㄴㄷㅂ   ④ ㄷㄹㅁ

7 우리나라 형법에는 범죄성립요건 중 하나인 위법성을 조각하는 사유를 규정하고 있다. 다음 중 형법에 명시되어 있는 위법성 조각사유가 아닌 것은?

① 정당방위   ② 긴급피난

③ 자구행위   ④ 과실상해

⑤ 정당행위

8 다음에 제시된 (가)와 (나)의 기본권을 바르게 연결한 것은?

(가)	(나)
• 야경국가 사상이 배경 • 소극적 권리 • 국가로부터의 자유	• 복지 국가에서 강조 • 적극적 권리 • 국가에 의한 자유

	(가)	(나)
①	자유권	사회권
②	자유권	참정권
③	참정권	사회권
④	사회권	청구권
⑤	사회권	참정권

9 다음은 '회사'에 관한 설명이다. 올바른 것을 고르시오.

> ㉠ 회사는 영업 활동에 의해 이익을 추구하는데 이를 영리성이라고 한다.
> ㉡ 복수인의 공동 목적을 위한 결합체로서의 특징을 법인성이라고 한다.
> ㉢ 무한책임사원만으로 구성되는 회사는 합명회사이다.
> ㉣ 무한책임사원과 유한책임사원으로 구성된 회사를 합자회사라고 한다.

① ㉠, ㉡, ㉢   ② ㉠, ㉡, ㉣

③ ㉠, ㉢, ㉣   ④ ㉡, ㉢, ㉣

⑤ ㉠, ㉡, ㉢, ㉣

10 다음은 사회보장기본법의 내용이다. 올바른 것을 고르시오.

㉠	사회보험	국민건강보험법, 산업재해보상보험법, 고용보험법, 국민연금법 등
㉡	공공부조	생활유지 능력이 없는 사람들의 최저생활을 보장하는 제도
㉢	사회서비스	국가가 기업에 위탁해서 복지시설 서비스를 운영하는 제도
㉣	복지제도	보건, 주거, 교육, 고용 분야의 각종 복지제도

① ㉠, ㉡, ㉢　　　　　　　　　② ㉡, ㉢, ㉣
③ ㉠, ㉢, ㉣　　　　　　　　　④ ㉠, ㉡, ㉣
⑤ ㉠, ㉡, ㉢, ㉣

11 다음 중 행정절차법이 규정하고 있지 않은 것은?

① 행정집행절차
② 신고절차
③ 행정상 입법예고
④ 행정예고절차
⑤ 행정지도절차

12 시장실패와 정부실패에 대한 설명으로 적절하지 않은 것은?

① 시장실패는 시장기구를 통해 자원배분의 효율성을 달성할 수 없는 경우를 의미한다.
② 비배제성과 비경합성을 가진 공공재의 존재는 시장실패의 주요 원인 중 하나이다.
③ 정부실패는 시장실패에 대응하는 개념으로 행정서비스의 비효율성을 야기한다.
④ X 비효율성으로 인해 시장실패가 야기되어 정부의 시장개입 정당성이 강화된다.
⑤ 시장실패를 교정하기 위한 정부 역할은 공적 공급, 공적 유도, 정부 규제 등이다.

13 살라몬(L. M. Salamon)이 제시한 정책수단의 유형에서 직접적 수단으로만 묶은 것은?

　　㉠ 조세지출　　　　　　　　　　　㉡ 경제적 규제
　　㉢ 정부소비　　　　　　　　　　　㉣ 사회적 규제
　　㉤ 공기업　　　　　　　　　　　　㉥ 보조금

---

① ㉠, ㉡, ㉢　　　　　　　　　　　② ㉠, ㉣, ㉥
③ ㉡, ㉢, ㉤　　　　　　　　　　　④ ㉢, ㉣, ㉥
⑤ ㉣, ㉤, ㉥

14 동기이론에 대한 각각의 설명 중 옳지 않은 것은?

① 브룸(Vroom)의 기대이론 – 개인은 투입한 노력 대비 결과의 비율을 준거 인물의 그것과 비교하여 불균형이 발생했을 때 이를 조정하려 한다.

② 앨더퍼(Alderfer)의 ERG 이론 – 개인의 욕구 동기는 생존욕구, 관계욕구, 성장욕구 세 단계로 구분된다.

③ 맥클랜드(McClelland)의 성취동기이론 – 개인의 욕구는 성취욕구, 친교욕구, 권력욕구로 구분되며, 성취욕구의 중요성을 강조한다.

④ 허즈버그(Herzverg)의 2요인 이론 – 개인은 서로 별개인 만족과 불만족의 감정을 가지는데, 위생요인은 개인의 불만족을 방지해주는 요인이며, 동기요인은 개인의 만족을 제고하는 요인이다.

⑤ 맥그리거(McGregor)의 X · Y 이론 – 상반되는 인간본질에 대한 가정을 중심으로 하는 이론으로, X이론은 조직구성원에 대한 전통적 관리전략을 제시하는 이론, Y이론은 개인목표와 조직목표의 통합을 추구하는 새로운 이론으로 본다.

15 다음의 상황에서 A가 택할 수 있는 가장 적합한 탄력 근무 방식끼리 묶인 것은?

> 공무원 A는 주5일 대중교통으로 출퇴근한다. 질병으로 인해 재택근무를 하고 싶으나 그가 맡은 업무는 정형적이면서도 보안을 유지해야 하는 특성이 있어 집에서 일할 수 없고 반드시 주5일 출근을 해야만 한다. 그래서 대중교통 이용 시 사람들과의 접촉만이라도 최소화하려고 한다.

① 재량근무제, 원격근무제

② 시차출퇴근제, 근무시간선택제

③ 시간선택제 전환근무, 재량근무제

④ 시차출퇴근제, 원격근무제

⑤ 원격근무제, 근무시간선택제

16 행정책임성의 유형에 관한 다음 표의 ㉠~㉣에 들어갈 말로 적당한 것을 바르게 나열한 것은?

구분		통제의 원천	
		내부적인 통제원천	외부적인 통제원천
통제 정도	높은 통제수준	㉠	㉡
	낮은 통제수준	㉢	㉣

	㉠	㉡	㉢	㉣
①	전문가적 책임성	법적 책임성	관료적 책임성	정치적 책임성
②	전문가적 책임성	관료적 책임성	법적 책임성	정치적 책임성
③	관료적 책임성	전문가적 책임성	정치적 책임성	법적 책임성
④	관료적 책임성	법적 책임성	전문가적 책임성	정치적 책임성
⑤	법적 책임성	관료적 책임성	정치적 책임성	전문가적 책임성

17 롤스(J. Rawls)의 사회 정의의 원리와 거리가 먼 것은?

① 원초상태(original position) 하에서 합의되는 일련의 법칙이 곧 사회정의의 원칙으로서 계약 당사자들의 사회협동체를 규제하게 된다.

② 정의의 제1원리는 기본적 자유의 평등원리로서, 모든 사람은 다른 사람의 유사한 자유와 상충되지 않는 한도 내에서 최대한의 기본적 자유에의 평등한 권리를 인정하는 것이다.

③ 정의의 제2원리 중 하나인 차등 원리(difference principle)는 가장 불우한 사람들의 편익을 최대화해야 한다는 원리이다.

④ 정의의 제1원리가 제2원리에 우선하고, 제2원리 중에서는 차등원리가 기회균등의 원리에 우선되어야 한다.

⑤ 현저한 불평등 위에서는 사회의 총체적 효용 극대화를 추구하는 공리주의가 정당화될 수 없다고 본다.

18 다음 중 사회적 기업의 유형에 대한 설명으로 옳지 않은 것은?

① 일자리제공형 – 조직의 주된 목적이 취약계층에게 일자리를 제공하는 것이다.

② 사회서비스제공형 – 조직의 주된 목적이 취약계층에게 사회서비스를 제공하는 것이다.

③ 지역사회공헌형 – 조직의 주된 목적이 지역사회에 공헌하는 것이다.

④ 혼합형 – 사회적 목적의 실현 여부를 계량화하여 판단하기 곤란한 경우 사용한다.

⑤ 사회적 기업의 유형으로는 일자리제공형, 사회서비스제공형, 지역사회공헌형, 혼합형, 기타형이 있다.

19 기획담당자가 어렵고 많은 노력을 요하는 비정형적 기획은 꺼리고 전례답습적인 정형적 결정·기획을 선호하는 현상을 나타낸 법칙은?

① 유도기획 법칙

② 파킨슨 법칙

③ 윌슨의 법칙

④ 그레샴 법칙

⑤ 그로쉬의 법칙

20 다음 중 근속급의 장점에 해당하지 않는 것은?

① 생활보장으로 조직에 대한 귀속의식 확대

② 연공 존중의 동양적 풍토에서 질서 확립 및 사기 유지

③ 주 직무가 불분명한 조직에 적절

④ 하위직에 적용 용이

⑤ 인사관리의 융통성

21 행정개혁수단 가운데 테일러(F. Taylor)의 과학적 관리법 내용을 가장 잘 반영하고 있는 것은?

① 다면평가제(360-degree appraisal)

② 성과상여금제(bonus pay)

③ 고위공무원단제(Senior Civil Service)

④ 목표관리제(MBO)

⑤ 근무성적평정제도(performance evaluation)

22 행정개혁으로 인한 저항을 감소시키는 방법으로 옳지 않은 것은?

① 의사전달의 촉진

② 기득권 이익의 제한

③ 참여기회의 확대

④ 개혁안의 명확화

⑤ 집단토론과 훈련

23 앤소프의 성장 벡터에 대한 설명으로 옳지 않은 것은?

① 시장개발의 경우 시장침투보다 위험이 큰 전략이므로, 신제품의 개발보다는 기존 제품으로 시장점유율을 우선 확보해야 한다.

② 신시장, 신제품의 경우 위험도가 가장 높으므로 다각화 전략이 필요하다.

③ 제품개발 전략의 경우 브랜드에 대한 고객의 충성도가 높은 경우 유리하다.

④ 기존시장에 기존 제품을 판매하는 것은 시장침투 전략에 해당한다.

⑤ 제품개발, 시장침투, 기장개발 등의 전략을 확대전략으로 파악하고, 다각화를 이와 대비되는 전략으로 보았다.

24 아래의 내용을 주장한 학자와 그에 대한 설명으로 옳은 것은?

> ㉠ 안정적이면서 명확한 권한계층
> ㉡ 태도 및 대인관계의 비개인성
> ㉢ 과업전문화에 기반한 체계적인 노동의 분화
> ㉣ 규제 및 표준화된 운용절차의 일관된 시스템

① 메이요 – 호손실험으로 인간에 대한 관심을 높이는 계기를 마련하였다.

② 테일러 – 기계적, 폐쇄적 조직관 및 경제적 인간관이라는 가정을 기반으로 과학적 관리론을 제시하였다.

③ 페이욜 – 기업조직의 전체적인 관리의 측면에서 관리원칙을 주장하였다.

④ 막스 베버 – 권한구조에 대한 이론에 기반을 둔 관료제 이론을 제시하였다.

⑤ 민츠버그 – 기업경영조직의 형태를 단순구조, 기계적 관료제, 전문적 관료제, 사업부제, 애드호크라시로 구분하였다.

25 다음 소유와 경영의 분리에 관한 설명 중 옳은 것은?

① 출자자와 경영자의 분리를 의미한다.
② 일반경영자와 전문경영자의 분리를 의미한다.
③ 기업과 경영의 분리를 의미한다.
④ 자본가와 종업원의 분리를 의미한다.
⑤ 기업지배의 문제와 관련되어 있으며, 이는 기업의 경영자에게 공장, 기계, 토지 등의 물적 구성물과 기업 활동을 통한 이윤의 지배권을 인정하는 대신, 기업의 경영활동은 소유자의 지배로 귀속하는 것을 의미한다.

26 맥그리거의 X-Y 이론에 대한 설명 중 바르지 않은 것은?

① 맥그리거는 Y이론의 가정이 X이론의 가정보다 타당하다고 믿었기 때문에 의사결정, 책임, 도전적인 직무에 종업원들을 참여시키는 것은 직무 동기를 극대화시킨다고 보았다.
② X-Y이론은 욕구위계이론을 주창한 매슬로우의 이론을 기반으로 하고 있다.
③ X이론에서는 대부분의 종업원들은 작업과 관련된 모든 요소에 대하여 안전을 추가하며 야심이 거의 없다고 가정한다.
④ Y이론에서는 종업원들은 조직의 목표에 관여하는 경우에 자기지향과 자기통제를 행하지만, 훌륭한 의사결정능력은 경영자들에게만 있다고 가정한다.
⑤ X이론은 구성원들을 달래가면서 이끄는 것과 강제 및 통제하며 처벌로써 이끌어야 하는 두 방식이 있다.

27 변혁적 리더십에 관한 설명 중 바르지 않은 것은?

① 하위자의 욕구수준을 매슬로우가 제시하였던 상위 수준으로 끌어올림으로써 하위자를 근본적으로 변혁시키는 리더이다.
② 정서적 동료에게 각자의 책임과 기대하는 바를 명확하게 제시한다.
③ 변혁적 리더십을 발휘하는 리더는 하위자로부터 기대 이상의 성과를 얻어낼 수 있다.
④ 주어진 목적의 중요성과 의미에 대한 하위자의 인식 수준을 제고시킨다.
⑤ 하위자가 개인적 이익을 넘어서서 자신과 집단, 조직 전체의 이익을 위해 일하도록 만든다.

28 다음 Herzberg의 2요인 이론 중 동기요인에 속하지 않는 것은?

① 성장 및 발전　　　　　　　② 도전감

③ 개인 간 인간관계　　　　　④ 책임감

⑤ 성취감

29 다음 중 MRP의 효율적 적용을 위한 가정으로 바르지 않은 것은?

① 전체 조립 구성품들은 조립 착수 시점에 활용이 가능해야 한다.

② 전체 품목들은 저장이 가능해야 하며, 매출 행위가 있어야 한다.

③ 일부 자료에 대한 조달 기간의 파악이 가능해야 한다.

④ 재고기록서의 자료 및 자재명세서의 자료가 일치해야 한다.

⑤ 제조공정이 독립적이어야 한다.

30 가격결정에 관한 설명 중 바르지 않은 것은?

① 종속제품에 대한 가격결정은 특정 제품과 같이 사용될 수 없는 제품에 대해 부과되는 가격이다.

② 사양제품에 대한 가격결정은 주력 제품과 함께 판매되는 각종 사양제품 혹은 액세서리에 부과되는 가격이다.

③ 묶음제품 가격결정은 기업이 관련 제품들을 함께 묶어 저렴한 가격으로 판매하는 것이다.

④ 제품계열에 대한 가격결정은 한 제품계열을 구성하는 여러 제품들 간에 어느 정도의 가격차이를 둘 것인가를 결정하는 것이다.

⑤ 손실유도가격결정은 특정제품의 가격을 대폭 인하하여 다른 품목의 수익성을 확보하기 위한 일종의 심리가격결정이다.

31 다음은 제품수명주기 중 한 단계의 마케팅 전략이다. 이에 해당하는 제품수명주기의 단계를 고르면?

> • 원가는 낮고, 이익은 높은 편에 속한다.
> • 제품 브랜드와 모델의 다양화를 실시한다.
> • 브랜드의 차별화와 편의를 강조하는 광고를 한다.
> • 마케팅의 목표는 이전 점유율 유지 및 이윤 극대화이다.

① 도입기   ② 성장기
③ 성숙기   ④ 침체기
⑤ 쇠퇴기

32 다음 선물거래의 경제적 기능에 해당하지 않는 것은?

① 시장의 공평성에 기여   ② 금융시장의 효율적인 자원배분
③ 현물거래의 활성화   ④ 현물에 대한 가격예시기능
⑤ 가격변동위험의 이전기능

33 다음 괄호 안에 들어갈 말을 순서대로 바르게 나열하면?

> (㉠)은/는 거래조건 및 계약조건 등이 표준화되어 있으며, 정해진 장소에서 거래된다는 특징이 있는 반면에, (㉡)은/는 거래 장소에는 구애를 받지 않고 더불어 대상 제품이 표준화되어 있지도 않는다는 특성이 있다.

① ㉠ 선물계약, ㉡ 현물거래   ② ㉠ 선도계약, ㉡ 현물거래
③ ㉠ 선도계약, ㉡ 선물계약   ④ ㉠ 현물거래, ㉡ 선물계약
⑤ ㉠ 선물계약, ㉡ 선도계약

34 가격이 10% 상승할 때 수요량이 12% 감소하는 재화에 대해 최저가격제가 적용되어 가격이 10% 상승하면, 그 재화의 매출에 어떤 변화가 나타나겠는가?

① 매출량 증가, 매출액 증가
② 매출량 증가, 매출액 감소
③ 매출량 감소, 매출액 증가
④ 매출량 감소, 매출액 감소
⑤ 매출량 동일, 매출액 증가

35 독점시장의 균형상태를 표시한 것으로 옳은 것은?

① $MR=MC>P$
② $P>MR=MC$
③ $MR>MC>P$
④ $P>MR>MC$
⑤ $MR>MC=P$

36 케인즈(Keynes)에 의한 자본의 한계효율(MEC)에 대한 정의로 옳은 것은?

① 절대적인 예상소득과 자본재의 구입가격을 동일하게 만드는 할인율
② 예상소득의 현재가치를 자본재가격과 동일하게 만드는 할인율
③ 예상소득을 시장이자율로 할인한 값과 자본재 구입가격의 비율
④ 자본재의 구입가격과 절대적인 예상소득을 시장이자율로 할인한 값의 비율
⑤ 자본재의 구입가격을 시장이자율로 할인한 값

37 공개시장조작을 통한 중앙은행의 국채매입이 본원통화와 통화량에 미치는 영향에 대한 설명으로 옳은 것은?

① 본원통화는 감소하고 통화량은 증가한다.

② 본원통화는 증가하고 통화량은 감소한다.

③ 본원통화는 감소하고 통화량은 불변한다.

④ 본원통화와 통화량 모두 감소한다.

⑤ 본원통화와 통화량 모두 증가한다.

38 다음 중 변동환율제도의 장점으로 꼽을 수 있는 것은?

⊙ 국제결제상의 불확실성 축소
ⓒ 국제수지 불균형의 신속한 조정
ⓒ 국내경제 안정을 위한 금융통화정책의 자유로운 사용

① ⊙

② ⓒ

③ ⓒ, ⓒ

④ ⊙, ⓒ

⑤ ⊙, ⓒ, ⓒ

39 다음 보기의 ㉠, ㉡에 들어갈 것으로 가장 올바른 것은?

> 멘델-플레밍 모형에서 정부가 수입규제를 시행할 경우, 변동환율제에서는 순수출이 (㉠), 고정환율제에서는 순수출이 (㉡).

	㉠	㉡
①	증가하고	불변한다.
②	증가하고	증가한다.
③	불변하고	증가한다.
④	불변하고	불변한다.
⑤	불변하고	감소한다.

40 다음 중 ㉠과 ㉡에 들어갈 알맞은 것은?

> 시장에서 초과수요가 발생하면 그 상품의 가격이 (㉠)하고, 초과공급이 발생하면 가격이 (㉡)한다.

	㉠	㉡
①	하락	급등
②	상승	하락
③	상승	상승
④	하락	상승
⑤	동일 급등	

41 다음은 항상소득이론(permanent income theory)과 관련된 설명이다. 옳은 것을 모두 모아 놓은 것은?

> ㉠ 임시소득과 임시소비와는 관계가 없다.
> ㉡ 단기에서 MPC(한계소비성향)가 APC보다 크다.
> ㉢ 장기적으로 APC(평균소비성향)는 일정하다.
> ㉣ 항상소득이론은 사람들은 소비를 일정하게 유지하고 싶어 한다는 것을 전제로 한다.

① ㉠, ㉡, ㉢   ② ㉠, ㉡, ㉣
③ ㉠, ㉢, ㉣   ④ ㉡, ㉢, ㉣
⑤ ㉠, ㉡, ㉢, ㉣

42 다음 중 물가 지수에 대한 설명으로 틀린 것은?

① 생산자물가지수는 국내에서 생산하여 국내시장에 출하되는 모든 재화와 서비스요금(부가가치세를 제외한 공장도 가격)의 변동을 측정하기 위하여 작성하는 지수를 말한다.

② 소비자물가지수란 도시가계가 일상생활을 영위하기 위해 구입하는 상품가격과 서비스 요금의 변동을 종합적으로 측정하기 위해 작성하는 지수를 가리킨다.

③ 생활물가지수는 소비자들의 체감물가를 설명하기 위해 구입 빈도가 낮고 지출비중이 낮아 가격변동을 민감하게 느끼는 품목으로 작성한 지수를 말한다.

④ 근원물가지수는 물가변동의 장기적인 추세를 파악하기 위한 것으로 근원 인플레이션 지수를 말한다.

⑤ 수출입 물가지수는 수출입상품의 가격변동이 국내물가에 미치는 영향과 수출입상품의 원가변동을 측정하는 데 이용한다.

43 다음 설명과 관련이 깊은 것은?

> A국은 1930년대 자기 나라 영해에서 막대한 양의 천연가스를 발견하게 되었다. 이 천연가스의 발견은 특정 생산요소의 부존량이 증가하는 것으로 생각할 수 있다. 이에 따라 이 천연가스를 개발하기 위해 다른 산업으로부터 노동과 자본 등 다른 생산요소가 이동하기 시작하였다. 그 결과 천연가스를 집약적으로 사용하는 광업부문의 생산과 고용은 증대한 반면, 천연가스를 집약적으로 사용하지 않는 여타 부문 예컨대 공업부문의 생산과 고용은 줄어들기 시작하였다.

① 립진스키 정리
② 스톨퍼 – 사무엘슨 정리
③ 헥셔 – 올린 정리
④ 레온티에프 역설
⑤ 스톨퍼 사무엘슨 정리

44 소득소비곡선상의 X재의 수요가 증대할 때 Y재의 수요는 감소하는 경우 X재에 대해서 Y재를 무엇이라 부르는가?

① 보통재
② 보완재
③ 대체재
④ 열등재
⑤ 정상재

45 고용보험법의 목적으로 알맞지 않은 것은?

① 고용의 촉진
② 국가의 직업지도와 직업소개 기능 강화
③ 구직자의 여가활동 촉진
④ 근로자 등의 생활안정
⑤ 구직 활동 촉진

46 국민연금보험료 납부 예외 사유로 옳지 않은 것은?

① 사업 중단, 실직 또는 휴직 중인 경우

② 병역의무를 수행하는 경우

③ 교정시설에 수용 중인 경우

④ 보호감호시설이나 치료감호시설에 수용 중인 경우

⑤ 1년 이상 행방불명된 경우

47 사회보험의 특징에 관한 설명으로 옳지 않은 것은?

① 모든 가입자에게 최저한의 소득을 보장해 주는 제도이다.

② 사회적 위험으로부터 사람들을 보호하기 위해 강제적 가입방식으로 운용된다.

③ 보험료는 소득수준에 따라 차등부과된다.

④ 기여정도와 비례하여 급여를 받는다.

⑤ 수급권은 권리로서 보장받는다.

48 국민연금법상 수급권자(유족연금의 경우에는 사망한 가입자 또는 가입자였던 자)를 기준으로 수급권자에 의하여 생계를 유지하고 있는 자로서 규정된 부양가족연금액으로 옳지 않은 것은?

① 배우자 : 연 15만원

② 장애상태에 있는 자녀(배우자가 혼인 전에 얻은 자녀를 포함) : 15만원

③ 19세 미만 : 연 10만원

④ 장애상태에 있는 부모(부 또는 모의 배우자, 배우자의 부모를 포함) : 연 10만원

⑤ 60세 이상 : 연 10만원

49 다음 중 사회보험의 특성에 해당하지 않는 것은?

① 보험성   ② 부양성

③ 선별성   ④ 강제성

⑤ 사회성

50 다음 중 노인장기요양보험법상 재가급여에 해당하지 않는 것은?

① 방문간호   ② 단기보호

③ 방문목욕   ④ 주 · 야간보호

⑤ 가족요양비

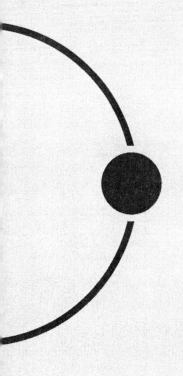

PART

02

정답 및 해설

직업기초능력평가

1. ①

타고난 재능은 인정하지 않고 재능을 발휘한 노동의 부분에 대해서만 그 소득을 인정하게 된다면 특별나게 열심히 재능을 발휘할 유인을 찾기 어려워 결국 그 재능은 상당 부분 사장되고 말 것이다. 따라서 이러한 사회에서 ㉠과 같이 선천적 재능 경쟁이 치열해진다고 보는 의견은 글의 내용에 따른 논리적인 의견 제기로 볼 수 없다.

2. ②

필자가 언급하는 '능력'은 선천적인 것과 후천적인 것이 있다고 말하고 있으며, 후천적인 능력에 따른 결과에는 승복해야 하지만 선천적인 능력에 따른 결과에 대해서는 일정 부분 사회에 환원하는 것이 마땅하다는 것이 필자의 주장이다. 따라서 능력에 의한 경쟁 결과가 반드시 불평의 여지가 없이 공정하다고만은 볼 수 없다는 것이 필자의 견해라고 할 수 있다.

3. ①

첫 문장에서 지구 온도가 상승하고 있다고 했고, 그 다음 문장에서 한 번 더 강조하고 있으므로 첫 번째 괄호에는 '다시 말해서'가 적합하고, 두 번째 괄호에는 '~일지라도'와 어울리는 '비록'이 들어가야 한다.

4. ③

비교우위에 의한 자유무역의 이득은 한 나라 내의 모든 경제주체가 혜택을 본다는 것을 뜻하지 않는다. 자유무역의 결과 어느 나라가 특정 재화를 수입하게 되면, 소비자는 보다 싼 가격으로 이 재화를 사용할 수 있게 되므로 이득을 보지만 이 재화의 국내 생산자는 손실을 입게 된다.

① 동일한 종류의 재화라 하더라도 나라마다 독특한 특색이 있게 마련이다. 따라서 자유무역은 각국 소비자들에게 다양한 소비 기회를 제공한다.

② 어느 나라가 비교우위가 있는 재화를 수출하게 되면 이 재화의 생산량은 세계시장을 상대로 크게 늘어난다. 이 경우 규모의 경제를 통해 생산비를 절감할 수 있게 된다.

④ 독과점의 폐해를 방지하려면 진입장벽을 없애 경쟁을 촉진하여야 한다. 따라서 자유무역은 경쟁을 활성화하여 경제 전체의 후생 수준을 높일 수 있다.

5. ①

문맥으로 보아 전염률, 점유율은 전혀 관계가 없다. 유병률과 발병률은 다른 의미이며, 이 차이를 구분하는 것이 문제 해결의 관건이 될 수 있다. 유병률은 전체 인구 중 특정한 장애나 질병 또는 심리신체적 상태를 지니고 있는 사람들의 분율로서, 어느 시점 또는 어느 기간에 해당 장애나 질병, 심리신체적 상태를 지니고 있는 사람의 수를 전체 인구 수로 나누어 계산한다. 유병률은 이전부터 해당 장애가 있었든 아니면 해당 장애가 새로 생겼든 간에 현재 그 장애를 앓고 있는 모든 사람을 뜻하는 반면, 발병률 또는 발생률(incidence rate 또는 incidence)은 일정 기간 동안에 모집단 내에서 특정 질병을 새롭게 지니게 된 사람의 분율을 뜻한다. 유병은 집단 내의 개체 간 차이를 반영하는 현상이라는 점에서 발생과 구별된다. 발생은 한 개체 내에서 일어난 특정 상태의 변화를 말한다.

6. ②

ⓜ 책임정당정부 이론이라는 화두 제시

ⓔ 책임정당정부 이론에 대한 설명

ⓖ 유럽에서 나타난 정당의 모습

ⓒ 대중정당의 모습

ⓛ 책임정당정부 이론을 뒷받침하는 대중정당

7. ①

전통은 과거로부터 이어온 것 중 현재의 문화 창조에 이바지할 수 있는 것만을 말한다. 인습이나 유물은 현재 문화 창조에 이바지할 수 없으므로 전통과는 구별되어야 한다는 것이 글의 중심 내용이다.

8. ③

승자의 저주는 경쟁을 통해 거래에 성공하였지만 오히려 큰 손실을 보게 되는 것을 의미한다. 그러나 ③의 경우, 경쟁이 있기는 하지만 거래 행위가 아니다.

9. ③

(마) 문제제시 – (나) 의견제시 – (라) 반론제기 – (가) (라)에 대한 반론 – (다) 해결방안 제시

10. ④

④ 개인적인 추측에 해당하므로 내포적인 사고의 예에 해당한다.
①②③ 외연적인 사고의 사례

11. ①

① (가)에서 '기능론적 차원에서 자유의 소중함을 강조한다.'라고 했으므로 '기능론적 차원에서의 자유의 중요성'이 화제로 적절하다.
② (나)에서 밀은 '자유는 수단이 아니라 목적 그 자체라는 것'을 역설했다고 하였으므로 적절하다.
③ (다)에서 자유의 추구는 일정한 방향 아래 향유되는 것이 바람직하다고 하였으므로 '자유의 추구와 관련한 자유의 조건'을 화제로 볼 수 있다.
④ (라)에서 '자기 발전이라는 좋은 삶을 추구하기 위한 방향의 틀 안에서 자유를 마음껏 구가해야 한다는 것이다.'라고 했으므로 적절하다.

12. ④

제시된 글은 비즈니스 레터이다.

① 기안서

② 설명서

③ 자기소개서

13. ③

③ 액체와 기체는 물질의 상태라는 한 영역 안에 있지만 물질의 상태에는 액체와 기체 외에도 고체 등이 존재하므로 상호 배타적이지 않다.

① 앞과 뒤는 방향 반의어이다.

② 삶과 죽음은 상보 반의어이다.

④ '크다'와 '작다'는 등급 반의어이다.

14. ②

② 수출과 내수 간 양극화 현상은 다양한 양극화 현상과 함께 선진국 진입의 걸림돌로 작용하는 요소이다.

15. ②

'그림 이론'에 대한 설명에서 언어가 세계와 대응한다는 내용에 이어지는 문장이므로 ②번이 적절하다.

16. ④

제시된 내용은 사용하는 언어에 의해 사고 능력이 결정된다는 언어결정론자의 입장을 보여준 글이다.
따라서 ㉣은 언어적 표현이 경험에서 비롯된다는 경험결정론의 입장이므로 통일성을 해치는 문장이 된다.

17. ④

- A가 진실을 말할 때,

  A : 파란색 구슬, B : 파란색 구슬, C : 노란색 구슬

  이 경우, 빨간색 구슬을 가진 사람이 없어서 모순이다.

- B가 진실을 말할 때,

  A : 빨간색 또는 노란색 구슬, B : 빨간색 또는 노란색 구슬, C : 노란색 구슬

  이 경우, 파란색 구슬을 가진 사람이 없어서 모순이다.

- C가 진실을 말할 때,

  A : 빨간색 또는 노란색 구슬, B : 파란색 구슬, C : 빨간색 또는 파란색 구슬

  이로부터, A는 노란색 구슬, B는 파란색 구슬, C는 빨간색 구슬을 가지고 있다.

위의 내용에 의하여 빨간색, 파란색, 노란색 구슬을 받은 사람을 차례로 나열하면 C, B, A이다.

18. ①

둥글게 앉은 자리를 일렬로 펼쳐 생각해 볼 수 있다.

최 차장과 남 대리가 마주보고 앉았다는 것은 이 두 사람을 기준으로 양쪽으로 두 개의 자리씩 있다는 것이 된다. 또한 오 부장과 박 과장이 나란히 앉아 있으므로 오 부장과 박 과장은 최 차장과 남 대리가 둘로 가른 양쪽 중 어느 한쪽을 차지하고 앉아 있게 된다.

남 대리가 양 사원의 오른쪽에 앉았다고 했으므로 양 사원의 왼쪽은 남은 조 사원이 앉게 되는 경우만 있게 됨을 알 수 있다. 따라서 오 부장과 박 과장의 정확한 자리만 결정되지 않았으며, 이를 오 부장을 중심으로 시계방향으로 순서대로 정리하면, 오 부장-박 과장-남 대리-양 사원-조 사원-최 차장의 순서 또는 오 부장-남 대리-양 사원-조 사원-최 차장-박 과장의 순서가 됨을 알 수 있다. 결국 조 사원의 양 옆에는 두 가지 경우에 모두 양 사원과 최 차장이 앉아 있게 된다.

19. ③

주어진 내용에 따라 정리해 보면 다음과 같음을 알 수 있다.

A집 다음에 B집을 방문하나 이어서 방문하지 않고, D집 다음에는 바로 C집을 방문한다.

그리고 E집을 A집 보다 먼저 방문하므로

E → A → D → C → B

20. ④

- 블랙은 이 열이 실제로 온도계에 변화를 주지 않기 때문에 이를 '잠열(潛熱)'이라 불렀다.
  → ㉠ A의 온도계로는 잠열을 직접 측정할 수 없었다. (참)
- 눈이 녹는점에 있음에도 불구하고 많은 양의 뜨거운 물은 눈을 조금밖에 녹이지 못했다. 이는 잠열 때문이다.
  → ㉡ 얼음이 녹는점에 이르러도 완전히 녹지 않는 것은 잠열 때문이다. (참)
- A에서는 얼음이 녹으면서 생긴 물과 녹고 있는 얼음의 온도가 녹는점에서 일정하게 유지되었는데 이 상태는 얼음이 완전히 녹을 때까지 지속되었다.
  → ㉢ A의 얼음이 완전히 물로 바뀔 때까지, A의 얼음물 온도는 일정하게 유지된다. (참)

21. ②

외부환경요인 분석은 언론매체, 개인 정보망 등을 통하여 입수한 상식적인 세상의 변화 내용을 시작으로 당사자에게 미치는 영향을 순서대로, 점차 구체화하는 것이다. 내부환경과 외부환경을 구분하는 기준은 '나', '나의 사업', '나의 회사' 등 환경 분석 주체에 직접적인 관련성이 있는지 여부가 된다. 대내외적인 환경을 분석하기 위하여 이를 적절하게 구분하는 것이 매우 중요한 요소가 된다.

22. ②

저렴한 제품을 공급하는 것은 자사의 강점(S)이며, 이를 통해 외부의 위협요인인 대형 마트와의 경쟁(T)에 대응하는 것은 ST 전략이 된다.
① 직원 확보 문제 해결과 매출 감소에 대응하는 인건비 절감 등의 효과를 거둘 수 있어 약점과 위협요인을 최소화하는 WT 전략이 된다.
③ 고객 유치 노하우는 자사의 강점을 이용한 것이며, 이를 통해 편의점 이용률을 제고하는 것은 위협요인을 제거하는 것이 되므로 ST 전략이 된다.
④ 자사의 기회요인인 매장 앞 공간을 이용해 지역 주민 이동 시 쉼터를 이용할 수 있도록 활용하는 것은 매출 증대에 기여할 수 있으므로 WO 전략이 된다.

23. ①

주어진 조건을 잘 풀어보면 민수는 A기업에 다닌다, 영어를 잘하면 업무 능력이 뛰어나다, 업무 능력이 뛰어나지 못하면 영어를 못한다, 영어를 못하는 사람은 A기업에 다니지 않는다, A기업 사람은 영어를 잘한다. 전체적으로 연결시켜 보면 '민수 → A기업에 다닌다. → 영어를 잘한다. → 업무 능력이 뛰어나다.' 이므로 '민수는 업무 능력이 뛰어나다.'는 결론을 도출할 수 있다.

24. ③

아르바이트 일수가 갑은 3일, 병은 2일임을 알 수 있다. 무는 갑이나 병이 아르바이트를 하는 날 항상 함께 한다고 했으므로 5일 내내 아르바이트를 하게 된다. 을과 정은 일, 월, 화, 목 4일간 아르바이트를 하게 된다. 병에 따라 갑이 아르바이트를 하는 요일이 달라지므로 아르바이트 하는 요일이 확정되는 사람은 세 명이다.
① 수요일에는 2명, 나머지 요일에는 4명으로 인원수는 확정된다.
② 갑은 3일, 을은 4일, 병은 2일, 무는 5일 이므로 갑과 을, 병과 정의 아르바이트 일수를 합한 값은 7로 같다.
④ 일별 인원수는 4명 또는 2명으로 모두 짝수이다.

25. ④

냉수의 부하시간대는 7월 1일부터 8월 31일까지에 속한 기간과 속하지 않은 기간으로 구분되며 속한 기간은 다시 정해진 시간대로 양분되어 차등 요금이 적용된다. 따라서 사계절로 구분되는 것은 아니다.

26. ①

공동난방비를 고려하지 않으므로 기본요금과 사용요금을 계산하면 다음과 같다.
• A씨
  기본요금 : $52.40 \times 100 = 5,240$원
  사용요금 : 66.23(동절기)$\times 500 = 33,115$원
  합계 : $38,355$원
• B씨
  기본요금 : $3,822$원($0 \sim 1,000$Mcal/h)
  사용요금 : 135.41×200(첨두부하시간)$+ 104.16 \times 200$(중간부하시간)$= 47,914$원
  합계 : $51,736$원
따라서 A씨 요금 합계와 B씨의 요금 합계를 합하면 $90,091$원이 된다.

27. ③

바꿔드림론은 신용 상태가 좋지 않은 채무자를 대상으로 하기 때문에 신용 등급이 6~10등급 이내이어야 한다.
① 법정 최고 이자는 20%를 넘어가므로 금융채무 총액이 3천만 원을 초과하지 않는 지원 대상이 된다.
② 부양가족이 3명이며 급여소득이 4.5천만 원 이하이므로 지원 대상이 된다.
④ 신용대출금에 대한 연 18%는 고금리 채무이자이며 6개월 이상 상환 중이므로 지원 대상이 된다.

28. ④

현수막을 제작하기 위해서는 라, 다, 마가 선행되어야 한다. 따라서 세미나 기본계획 수립(2일) + 세미나 발표자 선정(1일) + 세미나 장소 선정(3일) = 최소한 6일이 소요된다.

29. ②

각 작업에 걸리는 시간을 모두 더하면 총 11일이다.

30. ④

멤버십의 등록 고객 수를 x라 하면

여성의 수는 $\dfrac{75}{100}x$, 남성의 수는 $\dfrac{25}{100}x$

여성 중에 우수고객은 $\dfrac{75}{100}x \times \dfrac{40}{100} = \dfrac{3,000}{10,000}x$

남성 중에 우수고객은 $\dfrac{25}{100}x \times \dfrac{30}{100} = \dfrac{750}{10,000}x$

우수고객 중 여성일 확률은 $\dfrac{\dfrac{3,000}{10,000}x}{\dfrac{3,000}{10,000}x + \dfrac{750}{10,000}x} = \dfrac{3,000}{3,750} = \dfrac{4}{5}$ 이므로 80%이다.

31. ①

자식의 나이를 x라 하면,

$(x + 24 - 6) = 5(x - 6)$

$48 = 4x,\ x = 12$

아버지의 나이는 $12 + 24 = 36$

∴ 아버지의 나이 36세, 자식의 나이는 12세

32. ②

순서를 고려하지 않고 3명을 뽑으므로

$$_5C_3 = \frac{5!}{3! \times (5-3)!}$$

$$= \frac{5 \times 4 \times 3 \times 2 \times 1}{3 \times 2 \times 1 \times 2 \times 1}$$

$$= 10(가지)$$

33. ③

불량품 체크 전 생산라인 A의 일률= $\frac{100}{4}$ = 25개/시간, B의 일률은 $\frac{100}{2}$ = 50개/시간

불량률을 감안한 생산일률 A= $25 \times 0.8 = 20$개/시간, B= $50 \times 0.9 = 45$개/사간

A, B를 동시에 가동하면 생산량이 20% 상승한다고 하였으므로 이 때의 일률을 구하면

$(20 + 45) \times 1.2 = 78$개/시간

A를 먼저 32시간 가동하면 생산량= $20 \times 32 = 640$

A, B를 동시에 가동했을 때 $10,000 - 640 = 9,360$개의 정상제품이 만들어 지므로 일률이 78을 넣어 시간을

구하면 $\frac{9,360}{78} = 120$시간

처음 32시간과 120시간을 더하면 총 가동시간인 152시간을 구할 수 있다.

34. ③

A의 매출액의 합계를 x, B의 매출액의 합계를 y로 놓으면

$x + y = 91$

$0.1x : 0.2y = 2 : 3 \rightarrow 0.3x = 0.4y$

$x + y = 91 \rightarrow y = 91 - x$

$0.3x = 0.4 \times (91 - x)$

$0.3x = 36.4 - 0.4x$

$0.7x = 36.4$

$\therefore x = 52$

$0.3 \times 52 = 0.4y \rightarrow y = 39$

x는 10% 증가하였으므로 $52 \times 1.1 = 57.2$

y는 20% 증가하였으므로 $39 \times 1.2 = 46.8$

두 기업의 매출액의 합은 $57.2 + 46.8 = 104$

35. ③

2025년 영향률 : $\dfrac{2,565}{17,734} \times 100 ≒ 14.5(\%)$

36. ③

2024년 수혜 근로자수 : $0.147 \times 17,510 ≒ 2,574(=약\ 257만\ 4천\ 명)$

37. ④

④ 2025년 시간급 최저임금은 5,210원이고 전년대비 인상률은 7.20%이므로

2026년의 전년대비 인상률이 2025년과 같을 경우 시간급 최저임금은

$\dfrac{107.2}{100} \times 5,210 = 5,585.12(=약\ 5,585원)$가 되어야 한다.

38. ③

3/4 분기 성과평가 점수는 $(10 \times 0.4) + (8 \times 0.4) + (10 \times 0.2) = 9.2$로, 성과평가 등급은 A이다. 성과평가 등급이 A이면 직전 분기 차감액의 50%를 가산하여 지급하므로, 2/4 분기 차감액인 20만 원(∵ 2/4 분기 성과평가 등급 C)의 50%를 가산한 110만 원이 성과급으로 지급된다.

39. ④

각 노선의 건설비용과 사회적 손실비용을 구하면 다음과 같다.

노선	구분	비용
A	건설비용	$(1.2 \times 1,000) + (0.5 \times 200) + (8.3 \times 100) = 2,130$억 원
	사회적 손실비용	$20,000 \times 1,000 = 20,000,000$원
B	건설비용	$20 \times 100 = 2,000$억 원
	사회적 손실비용	$20,000 \times 1,000 \times 2 = 40,000,000$원
C	건설비용	$(0.8 \times 1,000) + (1.5 \times 200) + (12.7 \times 100) = 2,370$억 원
	사회적 손실비용	$20,000 \times 1,000 \times 1.5 = 30,000,000$원

40. ①

①②③ 매출량 증가폭 대비 매출이익의 증가폭은 기울기를 의미하는 것이다.

매출량을 x, 매출이익을 y라고 할 때,

A는 $y = 2x - (20,000 + 1.5x) = -20,000 + 0.5x$

B는 $y = 2x - (60,000 + 1.0x) = -60,000 + x$

따라서 A의 기울기는 0.5, B의 기울이는 1이 돼서 매출량 증가폭 대비 매출이익의 증가폭은 투자안 A가 투자안 B보다 항상 작다.

④ A의 매출이익은 매출량 40,000일 때 0이고, B의 매출이익은 매출량이 60,000일 때 0이 된다. 따라서 매출이익이 0이 되는 매출량은 투자안 A가 투자안 B보다 작다.

41. ③

㉠ A의 매출이익
- 매출액 $= 2 \times 60,000 = 120,000$
- 매출원가 $= 20,000 + (1.5 \times 60,000) = 110,000$
- 매출이익 $= 120,000 - 110,000 = 10,000$

㉡ B의 매출이익
- 매출액 $= 2 \times 60,000 = 120,000$
- 매출원가 $= 60,000 + (1.0 \times 60,000) = 120,000$
- 매출이익 $= 120,000 - 120,000 = 0$

∴ 투자안 A가 투자안 B보다 크다.

42. ④

㉠ 청년층 중 사형제에 반대하는 사람 수(50명) > 장년층에서 반대하는 사람 수(25명)

㉡ B당을 지지하는 청년층에서 사형제에 반대하는 비율 : $\dfrac{40}{40+60}=40\%$

B당을 지지하는 장년층에서 사형제에 반대하는 비율 : $\dfrac{15}{15+15}=50\%$

㉢ A당은 찬성 150, 반대 20, B당은 찬성 75, 반대 55의 비율이므로 A당의 찬성 비율이 높다.

㉣ 청년층에서 A당 지지자의 찬성 비율 : $\dfrac{90}{90+10}=90\%$

청년층에서 B당 지지자의 찬성 비율 : $\dfrac{60}{60+40}=60\%$

장년층에서 A당 지지자의 찬성 비율 : $\dfrac{60}{60+10}≒86\%$

장년층에서 B당 지지자의 찬성 비율 : $\dfrac{15}{15+15}=50\%$

따라서 사형제 찬성 비율의 지지 정당별 차이는 청년층보다 장년층에서 더 크다.

43. ④

경영전략을 수립하고 각종 경영정보를 수집/분석하는 업무를 하는 기획팀에서 요구되는 자질은 재무/회계/경제/경영 지식, 창의력, 분석력, 전략적 사고 등이다.

44. ④

지원본부의 역할은 생산이나 영업 등 자체의 활동보다 출장이나 교육 등 타 팀이나 전사 공통의 업무 활동에 있어 해당 조직 자체적인 역량으로 해결하기 어렵거나 곤란한 업무를 원활히 지원해 주는 일이 주된 업무 내용이 된다.

제시된 팀은 지원본부(기획, 총무, 인사/교육, 홍보/광고), 사업본부(마케팅, 영업, 영업관리), 생산본부(생산관리, 생산기술, 연구개발) 등으로 구분하여 볼 수 있다.

45. ③

제시문은 기업 인수와 합병 즉, M&A의 의미와 기업에게 주는 의미를 간략하게 설명하는 글이다. 기업 입장에서 M&A는 기업의 외적 성장을 위한 발전전략으로 이해된다. 따라서 M&A는 외부적인 경영자원을 활용하여 기업의 성장을 도모하는 가장 적절한 방안으로 볼 수 있는 것이다. '인수'는 상대 기업을 인수받아 인수하는 기업의 일부로 예속하게 되는 것이며, '합병'은 두 기업을 하나로 합친다는 의미를 갖는다. 두 가지 모두 기업 경영권의 변화가 있는 것으로, 제휴나 합작 등과는 다른 개념이다.

46. ②

업무시간을 단축하게 되면 직원 채용에 대한 시간, 비용, 인건비가 증가하게 된다.

47. ④

환경이 안정적이거나 일상적인 기술, 조직의 내부 효율성을 중요시하며 기업의 규모가 작을 때에는 업무의 내용이 유사하고 관련성이 있는 것들을 결합해서 (B)와 같이 기능적 조직구조 형태를 이룬다. 반면, 급변하는 환경변화에 효과적으로 대응하고 제품, 지역, 고객별 차이에 신속하게 적응하기 위해서는 (A)와 같이 분권화된 의사결정이 가능한 사업별 조직구조 형태를 이룰 필요가 있다. 사업별 조직구조는 개별 제품, 서비스, 제품그룹, 주요 프로젝트나 프로그램 등에 따라 조직화된다. 즉, 그림과 같이 제품에 따라 조직이 구성되고 각 사업별 구조 아래 생산, 판매, 회계 등의 역할이 이루어진다.

48. ④

공동 숙박에 의해 숙박비를 지출하지 않은 인원에 대해서는 1일 숙박당 20,000원을 지급할 수 있다고 규정하고 있으므로 처음 지급된 4만 원의 숙박비에서 2만 원을 제외한 나머지 2만 원을 회사에 반납하여야 한다.
① '철도운임에 갈음하여 전철요금을 지급할 수 있다.'고 규정하고 있으므로 전철요금이 더 비싸도 철도운임 대신 전철요금이 지급된다.
② 부득이한 경우에도 숙박비 상한액의 10분의 3을 넘지 아니하는 범위에서 추가로 지급할 수 있다고 규정하고 있으므로 숙박비 상한액 5만 원의 10분의 3인 1만 5천 원이 추가되어 6만 5천 원만 지급하는 것이므로 3만 5천 원은 자비로 지불한 것이 된다.
③ 공용차량을 이용한 출장일수는 일비의 2분의 1이 지급되므로 $70,000 \times 3 + 35,000 \times 2 = 28$만 원이 일비로 지급된다.

49. ③

성장과 변화에 대응하는 동태적 균형을 추구한다.

50. ③

INDEX(범위, 행, 열)이고 MOD 함수는 나누어 나머지를 구해서 행 값을 구한다.

INDEX 함수=INDEX($E$2:$E$4, MOD(A2−1, 3)+1)

범위 : $E$2:$E$4

행 : MOD(A2−1, 3)+1

MOD 함수는 나머지를 구해주는 함수=MOD(숫자, 나누는 수), MOD(A2−1, 3)+1의 형태로 된다.

A2의 값이 1이므로 1−1=0, 0을 3으로 나누면 나머지 값이 0이 되는데 0+1을 해줌으로써INDEX($E$2:$E$4,1)

이 된다.

번호 6의 김윤중의 경우

INDEX($E$2:$E$4, MOD(A7−1, 3)+1)

6(A7의 값)−1=5, 5를 3으로 나누면 나머지가 2

2+1=3이므로 3번째 행의 총무팀 값이 들어감을 알 수 있다.

51. ④

MIN 함수에서 최솟값을 반환한 후, IF 함수에서 "이상 없음" 문자열이 출력된다. B3의 내용이 1로 바뀌면 출력은 "부족"이 된다.

㉠ 반복문은 사용되고 있지 않다.

㉢ 현재 입력으로 출력되는 결과물은 "이상 없음"이다.

52. ②

① 'ㅎ'을 누르면 2명이 뜬다.

③ '55'를 누르면 3명이 뜬다.

④ 'ㅂ'을 누르면 1명이 뜬다.

53. ③

① **모바일 컴퓨팅**(Mobile Computing) : 휴대형 컴퓨터 등을 이용하여 자유로이 업무를 수행하는 것을 말한다.
② **분산 컴퓨팅**(Distributed Computing) : 인터넷에 연결된 여러 컴퓨터들의 처리 능력을 이용하여 거대한 계산 문제를 해결하려는 분산처리 모델을 말한다.
④ **그리드 컴퓨팅**(Grid Computing) : 컴퓨팅 기기를 하나의 초고속 네트워크로 연결하여, 컴퓨터의 계산능력을 극대화한 차세대 디지털 신경망 서비스를 말한다.

54. ②

허균의 누나가 누군지 알아보는 것이므로 허균과 누나가 동시에 들어있는 웹문서를 검색해야 한다.

55. ④

④ ㈔는 G3부터 G12 값의 합이다. 따라서 '＝SUM(G3:G12)'로 구할 수 있다.

56. ②

COUNTBLANK 함수는 비어있는 셀의 개수를 세어준다. COUNT 함수는 숫자가 입력된 셀의 개수를 세어주는 반면 COUNTA 함수는 숫자는 물론 문자가 입력된 셀의 개수를 세어준다. 즉, 비어있지 않은 셀의 개수를 세어 주기 때문에 이 문제에서는 COUNTA 함수를 사용해야 한다.

57. ④

① 봉사
② 준법
③ 예절

58. ③

제시된 내용은 준법에 대한 설명이다.

59. ④

'봉사'는 고객에게 서비스 정신을 발휘하는 행동 등 자신보다 남을 위하는 것이며, '준법'은 법을 지키는 일뿐만 아니라 규정 준수나 약속 지키기 등을 포함한 민주 시민으로서 기본적으로 지켜야 할 의무이자 생활 자세이다. 제시된 행동수칙에서는 사내 규정이나 약속 등 강제하는 규율이 있는 것에 해당하는 것이 준법, 직원 스스로가 의지를 가지고 고객을 위해 행동하는 자발적인 것이 봉사의 의미로 볼 수 있다.

60. ①

인사를 생략해도 되는 경우는 양손에 무거운 짐을 들고 있을 때이다.

1. ④

행정구제의 유형

㉠ 사전적 구제 수단 : 청문, 민원처리, 청원, 입법예고

㉡ 사후적 구제 수단 : 행정상의 손해전보(손해배상, 손실보상), 행정심판, 행정소송

2. ⑤

㉺ 1주 : 휴일을 포함한 7일을 말한다.

㉻ 단시간근로자 : 1주 동안의 소정근로시간이 그 사업장에서 같은 종류의 업무에 종사하는 통상 근로자의 1주 동안의 소정근로시간에 비하여 짧은 근로자를 말한다.

3. ②

① 헌법 재판소는 9인의 재판관으로 구성된다.

③ 헌법재판소의 장은 국회의 동의를 얻어 대통령이 임명한다.

④ 헌법재판소의 재판관은 국회에서 선출하는 3인, 대통령이 지명하는 3인, 대법원장이 지명하는 3인을 포함하며, 9인의 재판관은 대통령이 임명한다.

⑤ 헌법재판소의 결정에 대해서는 원칙적으로 재심을 청구할 수 없다. 다만, 극히 예외적으로 행정작용에 대한 권리구제형 헌법소원심판에서 내린 결정에 판단유탈이 있을 경우에 재심을 허용한 판례가 있다.

4. ①

②③④⑤ 무효인 법률행위에 해당한다.

※ **법률행위의 취소**

㉠ 일단은 법률행위가 유효하게 성립하지만 취소라는 의사표시를 통해 소급적으로 무효로 만드는 것

㉡ **취소사유** : 행위무능력자의 법률행위, 착오에 의한 의사표시, 사기·강박에 의한 의사표시

5. ③

즉결심판의 경우, 피고인의 자백만으로 유죄 인정을 할 수 있다.

6. ②

죄형법정주의 : 사회적으로 비난받아 마땅한 행위를 저질렀다 하더라도 법률이 없으면 처벌할 수 없다. 즉, 어떤 행위가 범죄가 되는지, 그러한 범죄를 저지르면 어떤 처벌을 받는지가 미리 성문의 법률에 규정되어 있어야 한다는 원칙을 말한다.
① 검사의 공소제기가 없다면 법원이 심판할 수 없으며 공소가 제기되어 심판을 하는 경우에도 검사가 공소제기한 사실에 한정되어야 한다는 원칙
③ 공소제기는 국가기관만 할 수 있다는 원칙
④ 국가기관 중에서 검사만이 공소를 제기할 수 있다는 원칙
⑤ 기소·불기소 여부는 재량으로 결정할 수 있다는 원칙

7. ④

법의 3대 이념 중 '같은 것은 같게, 다른 것은 다르게' 취급한다는 것은 정의에 해당하고, 같은 것과 다른 것의 기준은 각 사회의 통념이나 보편 이데올로기가 되며 이것에 부합하는 법의 이념은 합목적성이다. 법적 안정성은 주어진 자료에서 보이지 않는다.

8. ④

국회는 매년 9월 1일 정기회와 수시로 진행하는 임시회로 운영된다.

9. ②

미성년자의 행위가 사술이 되기 위해서는 단순히 말로 속이는 행위가 아닌 동의서 위조나 주민등록의 위조와 같은 적극적인 행위를 하여야 한다.

10. ③

③ 공법상 사건 중 자연적 사실이다.
① 민법상 채권의 소멸시효는 10년이나, 공법상 채권의 소멸시효는 5년이다.
② 조세의 과오납은 공법상 부당이득이다.
④ 사인과 국가 간의 공사도급계약은 사법상 계약이다.
⑤ 행정개입청구권은 개인적 공권의 확대경향으로 새롭게 인정된 공권이다.

11. ⑤

우리나라 행정법의 기본원리에는 민주행정의 원리, 법치행정의 원리, 복지행정의 원리, 사법국가주의, 지방분권
주의가 있다.

12. ①

② 자체 수입액이 총수입액의 1/2 이상이어야 한다.
③ 형태에 따라 정부부처형, 주식회사형, 공사형으로 구분 가능하다.
④ **정부투자기관** : 정부 지분이 50% 이상
⑤ **정부출자기관** : 정부 지분이 50% 미만

13. ②

정치 · 행정 이원론은 행정에서 정치성을 분리하는 것을 말한다.

14. ⑤

① 개인과 공공의 이익이 서로 맞지 않을 때 개인의 이익만을 극대화한 결과 경제 주체 모두가 파국에 이르게
   된다는 이론이다.
② 주인 없는 목초지를 공동으로 이용하는 경우 발생하는 일이다.
③ 보이지 않는 손을 신뢰하기보다는 적극적인 정부개입의 필요성을 정당화한다.
④ 편익은 개인에게 집중, 비용은 전체에게 분산된다. (행위자들이 '개인의 편익이 공멸로 인해 부담하게 될 비
   용보다 크다.'라고 인식할 때 발생)

15. ①

서비스에 직접 참여하지 않는 특정인을 배제하기가 곤란하므로 근원적으로 무임승차자 문제를 해결하기가 곤란하다. 무임승차자 문제를 원칙적으로 해결할 수 있는 대안은 수익자 부담원칙, 응익성원칙, 사용자부담원칙 등이 있다.

※ **공동생산** : 종래에는 정부만이 담당하던 서비스 제공 업무에 전문가인 공무원과 민간이 공동으로 참여하는 것으로, 자원봉사활동에 의해 정부활동을 보완하는 경우를 말한다.

16. ④

우리나라의 적극행정 : 공무원이 불합리한 규제를 개선하는 등 공공의 이익을 위해 창의성과 전문성을 바탕으로 적극적으로 업무를 처리하는 행위

㉠ **행태적 측면**
- 통상적으로 요구되는 정도 이상의 노력을 기울여 맡은 바 임무를 수행
- 업무관행을 반복하지 않고 가능한 최선의 방법을 찾아 업무를 처리하는 행위
- 새로운 행정수요 등에 선제적으로 대응하여 새로운 정책을 발굴 · 추진하는 행위
- 이해충돌 발생 시 적극적인 조정 등을 통해 업무를 처리하는 행위

㉡ **규정의 해석 · 적용**
- 불합리한 규정, 절차, 관행을 스스로 개선하는 행위
- 환경변화에 맞게 규정을 적극적으로 해석 · 적용하는 행위
- 규정과 절차가 없어도 가능한 해결방안을 찾아 업무를 추진하는 행위

17. ③

경로의존성은 일정한 경로에 의존하기 시작하면, 그것이 비효율적임을 알아도 그 경로를 벗어나지 못하는 것을 말한다. 즉, 다른 경로가 효율적임을 알면서도 기존의 경로를 택하는 것이다.

18. ④

㉡ 행정관리설(1880) → ㉠ 통치기능설(1930~1940) → ㉣ 행정행태론(1940) → ㉾ 발전행정론(1960) → ㉢ 신행정론(1970) → ㉺ 신공공관리론(1980)

19. ⑤

민츠버그(Mintzberg)의 조직유형론

조직유형	단순구조	기계적 관료제	전문적 관료제	사업부제(분화형태)	임시체제
지배적 구성부문	최고관리층(전략정점) (strategic apex)	기술구조 (technostructure)	핵심운영층 (작업중추) (operation core)	중간계선 (중간관리층) (middle line)	지원참모 (support staff)
조정기제	직접 감독(직접 통제)	업무(작업)의 표준화	기술의 표준화	산출의 표준화	상호조정

20. ③

총체적 품질관리 … 고객만족을 제1차적 목표로 삼고 조직구성원의 광범위한 참여 하에 조직의 과정·절차를 지속적으로 개선함으로써 장기적·전략적으로 서비스의 질을 관리하기 위한 관리원칙
ⓒ 목표관리제(MBO)에 대한 내용이다.
ⓔ TQM은 조직의 환경변화에 적절히 대응하기 위해 결과보다는 투입 및 과정을 지속적으로 개선한다. 결과를 중시하는 것은 MBO이다.

21. ③

루스벨트행정부에서 예산국장을 역임한 스미스(Harold D. Smith)는 전통적 원칙을 8가지로 유형화하고 이와 대비되는 현대적 원칙을 제시하였다. 출제자는 전통적 예산원칙은 독일의 재정학자인 노이마크(Neumark), 현대적 예산원칙은 스미스(Harold D. Smith)가 체계적으로 제시했다는 점에서 현대적 예산원칙을 찾는 문제로 출제한 것으로 보인다. 현대적 예산원칙은 ⓒ 보고의 원칙, ⓔ 책임의 원칙, ⓜ 계획의 원칙, ⓞ 재량의 원칙, ⓩ 시기신축성의 원칙, 5개이다. 나머지는 모두 F. Neumark나 W. Sundelson이 주장한 전통적 예산원칙에 해당한다.

22. ⑤

G. Caiden의 국가발전단계별 행정기능
㉠ 전통적 기능
㉡ 국민형성기능
㉢ 경제관리적 기능
㉣ 사회복지기능
㉤ 환경규제기능

23. ④

피들러는 중요 상황요소로서 리더와 부하간의 신뢰관계, 과업구조, 리더 지위의 권력 정도라는 3가지 요소로 보고, 이를 토대로 리더십 상황을 리더에게 유리한 상황과 불리한 상황으로 유형화하였다. 이 모델에서는 상황이 리더에게 유리하거나 불리한 경우에는 업무지향적 리더십 유형이 적합하고, 중간 정도의 상황에서는 인간관계지향적 리더십 유형이 적합하다고 본다.

24. ⑤

공정별 배치는 다품종이면서 소량생산에 적합한 방식이다.

25. ①

품절 및 과잉재고는 허용되지 않는다.
※ **경제적주문량(EOQ)의 기본가정**
  ㉠ 제품의 수요가 일정하고 균일하다.
  ㉡ 조달기간이 일정하며, 조달이 일시에 이루어진다.
  ㉢ 품절이나 과잉재고가 허용되지 않는다.
  ㉣ 주문비와 재고유지비가 일정하며, 재고유지비는 평균재고에 기초를 둔다.

26. ②

구매의사결정의 가장 첫 단계는 문제 인식이다. 문제를 인식한 소비자는 정보를 탐색하고 몇 가지 대안을 평가한 후 구매에 들어가며, 구매 후 행동으로 이어진다.

27. ⑤

공정성 이론은 인지부조화이론을 기초로 하는 동기부여 과정 이론 중 하나이다.

28. ④

㉠ BCG 매트릭스는 각 사업부의 시장성장률과 상대적 시장점유율을 기준으로 경쟁사 대비 성과를 계산해 4분위면에 표시하는 방법이다. 시장성장률은 사업부가 위치한 산업의 성장이 고성장인지 저성장인지를 가려낸다. BCG 매트릭스의 변형인 GE 매트릭스는 시장성장률과 시장점유율 대신 시장매력도와 기업의 강점을 기준으로 사업부의 경쟁적 위치를 파악한다.
㉡ 매트릭스 상에서 원의 크기는 매출액 규모를 의미한다.

29. ①

균형성과표에서 제시하는 독창적인 네 가지 관점은 재무적 관점, 고객 관점, 내부프로세스(업무처리) 관점, 학습 및 성장 관점으로 분류된다. 이 가운데 앞의 두 가지는 조직 환경에 속하는 주주와 고객의 외부적 시각을 반영하고, 뒤의 두 가지는 조직 내부의 시각을 대표한다.

㉠ **재무적 관점** : 순이익, 매출신장률, 시장점유율, 원가절감률, 자산 수준 등을 종합적으로 파악하여 기업의 성과를 나타내는 지표를 말한다.

㉡ **고객 관점** : 재무적으로 성공하기 위해서 기업이 고객들에게 어떻게 받아들여지고 또 그들에게 무엇을 제시하여야 하는가를 다룬다. 고객만족도, 고객유지율, 신규고객증가수, 고객 불만 건수, 고객확보율 등이 주요 성과측정지표에 해당한다.

㉢ **내부프로세스(업무처리) 관점** : 고객과 주주가 원하는 목표를 달성하고 프로세스와 서비스의 질을 높이기 위해 기업 내부의 업무처리를 어떤 방식으로 할 것인가를 다룬다. 기업의 전략에 부합하는 계획과 생산 및 판매 등 일련의 비즈니스 과정에서 나타나는 신뢰성 또는 신속성 등을 말한다. 조직 전체의 차원에서 통합적으로 이루어지는 업무절차를 중시하며, 전자결재율, 고객 대응 시간, 업무처리시간, 반품률, 불량률 등이 주요 지표이다.

㉣ **학습 및 성장 관점** : 네 가지 관점들 가운데 최하부구조에 해당한다. 바꿔 말하면, 나머지 세 가지 관점의 목표 달성을 위한 가장 기본적인 토대를 제공하는 관점이라고 할 수 있다. 조직이 지속적으로 가치를 창출할 수 있는 방안, 그리고 구성원의 만족도와 역량증진 등 주로 인적자원의 성과를 다룬다. 대표적으로 업무숙련도, 조직원들의 사기 및 의욕, 정보시스템 활용능력, 교육훈련 및 투자 등이 이에 해당한다. 전통적인 재무적 관점에서는 단순한 비용으로 취급될 수 있는 요소들이 여기에서는 장기적이고 전략적인 차원에서 결과적으로 재무적 성과의 증대로 이어질 수 있다.

※ 균형성과표는 이상 네 가지 관점들을 종합하여 균형잡힌 성과측정과 관리를 도모한다. 요컨대 재무적 관점 뿐 아니라 비재무적 관점까지 아울러 조직의 성과를 판단, 평가하고, 이를 토대로 장기적인 전략을 도모하는 전략적 성과평가시스템의 일환이라고 할 수 있다. 즉, 재무적-비재무적 관점 간의 균형, 단기적-장기적 목표 간의 균형, 과정-결과의 균형, 내부-외부적 관점의 균형 등을 중시하는 성과관리시스템이라고 할 수 있다. 균형성과표를 통해 조직은 보다 거시적인 관점에서 장기적인 성과증진을 도모할 수 있으며, 시스템적 관점에서 업무효율을 극대화하고, 외부환경의 변동이나 새로운 수요에 능동적으로 대응할 수 있는 발판을 마련할 수 있다.

30. ⑤

QWL은 시간 및 인력의 부족으로 인해 거의 제대로 실행되어지는 경우가 많다.

31. ④

집단자극제는 집단의 노력이므로, 개개인의 노력이나 성과가 직접적으로 반영되지 않는다.

※ 집단자극제

장점	단점
• 업무의 요령 등을 다른 사람들에게 감추지 않는다. • 신입 종업원의 경우, 훈련에 상당히 적극적이다. • 작업배치를 함에 있어 종업원들의 불만을 감소시킨다. • 집단의 조화가 중요하므로, 서로간의 팀워크와 협동심이 높아진다.	• 집단의 노력이므로, 개개인의 노력이나 성과가 직접적으로 반영되지 않는다. • 성과에 대한 기준설정이 명확하게 시간연구에 의한 것이 아닌, 기존의 실적에 의한 것일 경우에, 해당 성과 상승의 원인이 업무방식의 개선에 의한 것인지, 아니면 실제 종업원의 노력에 의한 것인지 판단하기가 어렵다.

32. ②

② 자본자산 가격결정모형은 포트폴리오 선택이론이 개발된 이후 샤프, 린트너, 모신 등에 의해 개발되었다. 이 모형은 주식이나 채권 등 자본자산들의 기대수익률과 위험과의 관계를 이론적으로 정립한 균형 모델로서 커다란 의미를 지니고 있다. 하지만 이질적인 예측을 하는 경우 자본자산 가격결정모형은 성립이 불가능하다. 또한 증권을 비롯한 자본자산의 위험과 수익 사이에 존재하는 균형관계를 설명하는 모형이다.

33. ⑤

재무비율분석에서는 상대적으로 용이하게 기업의 경영성과와 재무 상태 등을 알아볼 수 있는 특징이 있다.

34. ③

실망노동자는 비경제활동인구로서, 그 수가 증가하면 실업률의 감소가 일어난다.

35. ①

순수독점기업의 가격에 따른 총수입은

㉠ P=2,000원일 때의 총수입=2,000×10만개=2억 원

㉡ P=4,000원일 때의 총수입=4,000×5만개=2억 원

따라서 가격이 하락할 때 총수입은 불변이므로, MR=0이다.

36. ②

효용극대화가 이루어지기 위해서는 한계효용균등의 법칙이 성립해야 한다.

즉, $\dfrac{M_{사과}}{P_{사과}}=\dfrac{M_{배}}{P_{배}}$ 이어야 하므로, 배의 가격이 17.5원일 때 효용이 극대가 된다.

37. ④

명목 GDP=(GDP 디플레이터×실질 GDP)/100

따라서 명목 GDP는 (110×1,500)/100=1,650이다.

38. ③

③ 완전경쟁시장에서는 한계수입곡선이 수평의 수요곡선과 같다. 균형점에서는 한계수입(8)=가격(−4Q+20)이므로 균형수량은 3이다. 소비자잉여는 수요가격과 시장가격의 차이를 합한 것이며 검은 삼각형의 면적 $\dfrac{(12\times3)}{2}=18$과 같다.

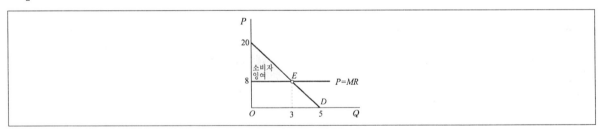

39. ④

①②③⑤ 통화량을 감소시키는 요인이다.

40. ③

소비자의 균형소비량은 예산선과 무차별곡선(효용함수)이 일치하는 점에서 구할 수 있다. 이 관계를 만족시키기 위해서는 X재, Y재의 가격과 선호도가 필요하고 소비자의 소득이 주어져 있어야 균형소비량을 알 수 있다.

41. ①

한계기술대체율이 체감하는 것은 등량곡선이 우하향하기 때문이 아니라 원점에 대하여 볼록하기 때문이다. 예를 들어 등량곡선이 우하향하는 직선인 경우, 등량곡선은 우하향하지만 한계기술대체율은 일정하다.

42. ②

유동성함정(liquidity trap)이란 이자율이 최저수준으로 떨어지면 채권가격이 최고로 높아 모든 채권을 매각하여 투기적 화폐수요가 최대가 되는 구간을 말한다. 최저 이자율 수준에서 투기적 화폐수요곡선은 수평선이 되고, 투기적 화폐수요가 이자율에 무한탄력적이 된다.

유동성함정구간에서는 확대금융정책을 실시하더라도 이자율이 하락하지 않기 때문에 금융정책의 정책효과가 사라진다. 반면 재정정책을 실시하더라도 구축효과가 발생하지 않으므로 재정정책의 정책효과는 커진다.

43. ④

정부지출의 변화는 IS곡선의 이동을 가져온다.

구분	내용
IS곡선	독립소비, 투자, 정부지출, 수출 증가 > IS 우측으로 이동, 조세, 수입 증가 > IS좌측으로 이동
LM곡선	통화량 증가 > LM 우측으로 이동, 물가, 화폐수요 증가 > LM 좌측으로 이동

44. ②

② 선택을 통하여 자신이 얻게 되는 만족감을 기대효용이라 하며 많은 대안 중 어떠한 것을 선택했을 때 포기한 대안 중 가장 큰 가치를 말한다. 따라서 제시된 사례에서는 배가 고프지만 참고 기다리는 시간을 바로 기회비용으로 볼 수 있으며 기회비용보다 음식이나 서비스를 통해 얻게 되는 만족감 즉, 기대효용이 크기 때문에 다른 음식점으로 가지 않고 줄을 서서 기다리는 것이다.

45. ①

급여의 종류(국민연금법 제49조)
㉠ 노령연금
㉡ 장애연금
㉢ 유족연금
㉣ 반환일시금

46. ④

④ 사회보험은 강제적으로 가입이 이루어지나 사보험은 임의적으로 가입이 이루어진다.

※ **사회보험과 사보험의 특징**

구분	사회보험	사보험(민간보험)
가입방법	강제적 가입	임의적 가입
보험료 부과방식	소득수준에 따른 차등부과	위험정도, 급여수준에 따른 부과
보험급여	필요에 따른 균등급여	보험료 수준에 따른 차등급여
보험료 징수방식	법률에 따른 강제징수	사적 계약에 따른 징수
원리	사회적 적절성(복지)	개인적 적절성(형평)
보호	최저수준의 소득보장	개인의 의사와 지불능력에 좌우

47. ③

③ 이 법은 고령이나 노인성 질병 등의 사유로 일상생활을 혼자서 수행하기 어려운 노인등에게 제공하는 신체활동 또는 가사활동 지원 등의 장기요양급여에 관한 사항을 규정하여 노후의 건강증진 및 생활안정을 도모하고 그 가족의 부담을 덜어줌으로써 국민의 삶의 질을 향상하도록 함을 목적으로 한다〈법 제1조〉.
① 장기요양급여는 노인 등이 가족과 함께 생활하면서 가정에서 장기요양을 받는 재가급여를 우선적으로 제공하여야 한다〈법 제3조 제3항〉.
② 장기요양인정 및 장기요양등급 판정 등을 심의하기 위하여 공단에 장기요양등급판정위원회를 둔다〈제52조 제1항〉. 등급판정기준은 장기요양 1~5등급과 장기요양 인지지원등급으로 나뉜다〈시행령 제7조〉.
④ 장기요양사업의 관리운영기관은 국민건강보험공단으로 한다〈법 제48조 제1항〉.
⑤ 장기요양보험료는 국민건강보험법에 따른 보험료(건강보험료)와 통합하여 징수한다〈법 제8조 제2항〉.

48. ②

사회보장기본법 제3조 제3호에 의하면, "공공부조라란 국가 및 지방자치단체의 책임 하에 생활유지 능력이 없거나 생활이 어려운 국민의 최저생활을 보장하고 자립을 지원하는 제도를 의미한다."라고 정의한다. 현재 공공부조와 관련해서는 '국민기초생활보장제도'가 실시되고 있다.

49. ②

② 주택연금은 부부 중 한명의 나이가 만 55세 이상이어야 한다.

50. ④

국민건강보험법 제62조 … 요양급여비용을 심사하고 요양급여의 적정성을 평가하기 위하여 건강보험심사평가원을 설립한다.

직업기초능력평가

1. ④

필자는 현재 우리나라의 역간 거리가 타 비교대상에 비해 짧게 형성되어 있어 운행 속도 저하에 따른 속도경쟁력 약화를 문제점으로 지적하고 있다. 따라서 역간 거리가 현행보다 길어야 한다는 주장을 뒷받침할 수 있는 선택지 ① ~ ④와 같은 내용을 언급할 것으로 예상할 수 있다. 다만, 역세권 문제나 부동산 시장과의 연계성 등은 주제와의 관련성이 있다고 볼 수 없다.

2. ③

제1조에 을(乙)은 갑(甲)에게 계약금 → 중도금 → 잔금 순으로 지불하도록 규정되어 있다.

① 제1조에 중도금은 지불일이 정해져 있으나, 제5조에 '중도금 약정이 없는 경우'가 있을 수 있음이 명시되어 있다.

② 제4조에 명시되어 있다.

④ 제5조의 규정으로, 을(乙)이 갑(甲)에게 중도금을 지불하기 전까지는 을(乙), 갑(甲) 중 어느 일방이 본 계약을 해제할 수 있다. 단, 중도금 약정이 없는 경우에는 잔금을 지불하기 전까지 계약을 해제할 수 있다.

3. ④

'구별하지 못하고 뒤섞어서 생각함'을 이르는 '혼동'은 올바르게 사용된 단어이며, '혼돈'으로 잘못 쓰지 않도록 주의한다.

① 최저임금 인상이 자영업자의 추가적인 인건비 인상을 발생시키는 원인이 된다는 내용이므로 '표출'이 아닌 '초래'하는 것이라고 표현해야 한다.

② 앞의 내용으로 보아 급하고 과도한 최저임금인상에 대한 수식어가 될 것이므로 '급격한'이 올바른 표현이다.

③ 최저임금인상 대신 그만큼에 해당하는 근로 장려세제를 '확대'하는 것의 의미를 갖는 문장이다.

4. ④

앞의 빈칸은 박을수가 7년 전 김갑수로 개명신청 했으며 덧붙여 일본인으로 귀화했다고 했으므로 '또한'이 적절하다. 두 번째 빈칸은 앞의 내용과 뒤의 내용이 상반되기 때문에 '하지만'이 적절하다.

5. ③

㈜ 유명인 모델이 한 상품의 광고에만 지속적으로 나올 경우의 장점에 대해 말하고 있으므로 첫 문장의 다음에 바로 이어지는 것이 적절하다.

㈐ ㈜에 대한 부가적인 설명이다.

㈎ ㈜와 반대되는 사례를 들고 있다.

㈏ '하지만'이 나오는 것으로 보아, 앞의 내용에 대한 부정적인 내용이 온다는 것을 알 수 있다. 모델의 중복 출연에 대한 단점에 대한 내용이므로 ㈎의 뒤에 오게 된다.

㈑ 전체적인 결론에 대한 내용이다.

6. ④

① 단절 전 형성 방식은 이동단말기와 기존 기지국 간의 통화 채널이 단절되기 전에 새로운 기지국과의 통화 채널을 형성하는 방식이다.

각 기지국이 같은 주파수를 사용하고 있다면, 그런 주파수 조정이 필요 없으며 새로운 통화 채널을 형성하고 나서 기존 통화 채널을 단절할 수 있다.

② 신호의 세기가 특정값 이하로 떨어지게 되면 핸드오버가 명령되어 이동단말기와 새로운 기지국 간의 통화 채널이 형성된다. 형성 전 단절 방식과 단절 전 형성 방식의 차이와는 상관 없다.

③ 새로운 기지국 간의 통화 채널이 형성되어야 함도 포함되어야 한다.

7. ④

제시문의 마지막 문장에서 르네상스 시대의 화가들이 원근법을 사실적인 공간 표현의 수단으로 여기고 매우 중요시했음을 알 수 있다.

① 제시문을 통해서 파악할 수 있는 정보는 원근법이 브루넬레스키에 의해 만들어졌다는 것이다.

② 15세기의 원근법이란 경험적인 원근법이 아닌 수학적으로 계산된 공간의 재현 법칙이었다.

③ 15세기에 원근법이 발명되고 나서야 비로소 미술가들은 현실과 똑같은 공간을 화면에 옮겨 놓을 수 있게 되었다.

8. ①

'보유 · 관리하는 정보만이 대상이므로 공공기관은 정보를 새로 작성(생성)하거나 취득하여 공개할 의무는 없음'이라고 언급되어 있으므로 정보 요청자의 요구에 맞게 새로 작성하여 공개할 의무는 없다.

② 공공기관이 자발적, 의무적으로 공개하는 것을 '정보제공'이라고 하며 요청에 의한 공개를 '청구공개'라 한다.

③ 법에 의해 보호받는 비공개 정보가 언급되어 있다.

④ 결재 또는 공람절차 완료 등 공식적 형식 요건 결여한 정보는 공개 대상 정보가 아니다.

9. ③

③ 블록체인이 공개적으로 분산되면 각 참여자는 블록체인의 모든 거래를 확인할 수 있다.

10. ①

② '작품2'는 회화적 이미지를 첨가하여 외형적 아름다움뿐만 아니라 글자가 나타내는 의미까지 시각화하여 전달하였으므로 글자가 나타내는 의미와 상관없이 글자를 작품의 재료로만 활용하고 있다고 볼 수 없다.

③ '작품3'은 글자의 의미와는 무관하게 글자의 형태만을 활용하여 제작자의 신선한 발상을 전달하기 위한 작품으로 타이포그래피의 조형적 기능에 중점을 둔 것이라고 할 수 있다.

④ '작품1'은 가독성을 중시하였으며 타이포그래피의 언어적 기능에 중점을 둔 것이라고 할 수 있다. 그러나 '작품2'는 타이포그래피의 조형적 기능에 중점을 두면서 글자의 의미를 시각화해 전달한 작품이다.

11. ②

㈑는 '그것은'으로 시작하는데 '그것'이 무엇인지에 대한 설명이 필요하기 때문에 ㈑는 첫 번째 문장으로 올 수 없다. 따라서 첫 번째 문장은 ㈎가 된다. '겉모습'을 인물 그려내기라고 인식하기 쉽다는 일반적인 통념을 언급하는 ㈎의 다음 문장으로, '하지만'으로 연결하며 '내면'에 대해 말하는 ㈐가 적절하다. 또 ㈐ 후반부의 '눈에 보이는 것 거의 모두'를 ㈏에서 이어 받고 있으며, ㈏의 '공간'에 대한 개념을 ㈑에서 보충 설명하고 있다.

12. ④

여행을 일상의 권태로부터의 탈출과 해방의 이미지, 생존의 치욕을 견디게 할 수 있는 매혹과 자발적 잠정적 탈출이라고 하고 있다.

13. ③

위 글은 부패방지평가 보고대회가 개최됨을 알리고 행사준비관련 협조사항을 통보받기 위하여 쓴 문서이다.

14. ④

㉠ 사건의 확률로 미래를 예측 → 도박사의 오류가 아니다.

㉡ 도박사의 오류 B(확률이 낮은 사건이 일어난 것은 시행을 많이 해봤을 것이다)

㉢ 도박사의 오류는 특정사건을 예측하거나 과거를 추측하는 문제이지 확률이 높고 낮음을 추론하는 것이 아니다. 도박사의 오류 A, B 둘 다 아니다.

15. ④

뒤에 이어지는 문장에서 빈칸에 들어갈 문장을 부연설명하고 있다. 뒤에 이어지는 문장에서 '정확성은 마땅히 해야 하는 것이며, 칭찬할 것은 아니다.'라는 내용을 이야기 하고 있으므로, 이와 일치하는 내용은 ④번이다.

16. ④

글의 전반부에서는 비은행 금융회사의 득세에도 불구하고 여전히 은행이 가진 유동성 공급의 중요성을 언급한다. 또한 글로벌 금융위기를 겪으며 제기된 비대칭정보 문제를 언급하며, 금융시스템 안정을 위해서 필요한 은행의 건전성을 간접적으로 강조하고 있다. 후반부에서는 수익성이 함께 뒷받침되지 않을 경우의 부작용을 직접적으로 언급하며, 은행의 수익성은 한 나라의 경제 전반을 뒤흔들 수 있는 중요한 과제임을 강조한다. 따라서, 후반부가 시작되는 첫 문장은 건전성과 아울러 수익성도 중요하다는 화제를 제시하는 ④가 가장 적절하며 자칫 수익성만 강조하게 되면 국가 경제 전반에 영향을 줄 수 있는 불건전한 은행의 문제점이 드러날 수 있으므로 '적정 수준'이라는 문구를 포함시켜야 한다.

17. ②

각각 경우의 표를 만들면

	언어	수리	외국어	사회탐구
A	○	○		
B		○	○	
C		○		○
D		○	○	
계	3	4	3	2

이중 A가 외국어 문제를 풀었다면 B, 또는 D가 사회탐구 문제를 풀었으므로 C는 반드시 언어영역 문제를 풀어야 한다.

만약 A가 사회탐구 문제를 풀었다면 B와 D는 사회탐구 문제를 풀 수 없으므로 반드시 언어영역 문제를 풀어야하고 C 외국어영역 문제를 풀어야 한다.

18. ③

보기에 조건을 대입하여 하나씩 제거하면 답을 금방 찾을 수 있다.
• 병과 무가 해외연수를 받는 사이에 적어도 두 사람이 해외연수를 받는다고 하였으므로 병과 무 사이에 두 명이 존재한다.
• 한 달에 한 사람이 받으므로 겹치지는 않는다.
• 정과 갑은 인접해 있을 수 없으므로 최소 사이에 1명은 있어야 한다.

19. ④

제시된 내용에 따라 정리를 하면

	영어	일본어	중국어	러시아어
A	×	○	×	○
B			×	○
C	×	×	○	×
D			×	○

① 영어, 일본어 둘 중 하나는 남자 두 명이 수강하게 된다.
② D는 남자이므로 반드시 두 과목을 수강하게 된다.
③ B는 영어와 러시아어를 수강하게 되면 옳은 내용이 된다.
④ B와 D는 영어 또는 일본어를 수강하게 되므로 틀린 내용이다.

20. ④

가위바위보를 해서 모두 이기면 $30 \times 5 = 150$점이 된다.
여기서 한 번 비기면 총점에서 4점이 줄고, 한 번 지면 총점에서 6점이 줄어든다.
만약 29번 이기고 1번 지게 되면 $(29 \times 5) + (-1) = 144$점이 된다.
즉, 150점에서 −6, 또는 −4를 통해서 나올 수 있는 점수를 가진 사람만이 참말을 하는 것이다. 정의 점수 140점은 1번 지고, 1번 비길 경우 나올 수 있다. $(28 \times 5) + 1 - 1 = 140$

21. ①

㉠과 ㉢에 의해 A − D − C 순서이다.
㉥에 의해 나머지는 모두 C 뒤에 들어왔다는 것을 알 수 있다.
㉡과 ㉤에 의해 B − E − F 순서이다.
따라서 A − D − C − B − E − F 순서가 된다.

22. ③

인천에서 모스크바까지 8시간이 걸리고, 6시간이 인천이 더 빠르므로
09 : 00시 출발 비행기를 타면 $9 + (8 - 6) = 11$시 도착
19 : 00시 출발 비행기를 타면 $19 + (8 - 6) = 21$시 도착
02 : 00시 출발 비행기를 타면 $2 + (8 - 6) = 4$시 도착

23. ④

농부와 의사의 집은 서로 이웃해 있지 않으므로, 가운데 집에는 광부가 산다. 가운데 집에 사는 사람은 광수이고, 개를 키우지 않는다. 파란색 지붕 집에 사는 사람이 고양이를 키우므로, 광수는 원숭이를 키운다. 노란 지붕 집은 의사의 집과 이웃해 있으므로, 가운데 집의 지붕은 노란색이다. 따라서 수덕은 파란색 지붕 집에 살고 고양이를 키운다. 원태는 빨간색 지붕 집에 살고 개를 키운다.

24. ③

제시된 설문조사에는 광고 매체 선정에 참고할 만한 조사 내용이 포함되어 있지 않다. 따라서 ③은 이 설문조사의 목적으로 적합하지 않다.

25. ④

①③ 법률의 공포문 전문에는 대통령인이 찍혀 있다. 확정된 법률을 대통령이 공포하지 아니할 때에는 국회의장이 공포하며, 이 경우 국회의장인이 찍혀 있다.
② 조약 공포문의 전문에는 대통령인이 찍혀 있다.

26. ④

63,000원의 25%인 15,750원을 납부하면 나머지 75%인 47,250원을 지원해 주는 제도이다.
① 국민연금 제도의 가입은 별도로 확인 처리해야 한다고 언급되어 있다.
② 18세 이상 60세 미만의 구직급여 수급자로 제한되어 있다.
③ 종합소득(사업 · 근로소득 제외)이 1,680만 원을 초과하는 자는 지원 제외 대상이다.

27. ①

① 새로운 경쟁사들이 시장에 진입할 가능성은 경쟁사(Competitor) 분석에 들어가야 할 질문이다.

28. ④

가팀, 다팀을 연결하는 방법은 2가지가 있는데,
㉠ 가팀과 나팀, 나팀과 다팀 연결 : 3 + 1 = 4시간
㉡ 가팀과 다팀 연결 : 6시간
즉, 1안이 더 적게 걸리므로 4시간이 답이 된다.

29. ②

다팀, 마팀을 연결하는 방법은 2가지가 있는데,

㉠ 다팀과 라팀, 라팀과 마팀 연결 : 3 + 1 = 4시간

㉡ 다팀과 마팀 연결 : 2시간

즉, 2안이 더 적게 걸리므로 2시간이 답이 된다.

30. ①

두 개 모두 화이트 초콜릿일 확률 : $\dfrac{4}{6} \times \dfrac{4}{8} = \dfrac{1}{3}$

두 개 모두 다크 초콜릿일 확률 : $\dfrac{2}{6} \times \dfrac{4}{8} = \dfrac{1}{6}$

두 개 모두 화이트 초콜릿이거나 다크 초콜릿일 확률 : $\dfrac{1}{3} + \dfrac{1}{6} = \dfrac{1}{2}$

따라서 구하는 확률은 $1 - \dfrac{1}{2} = \dfrac{1}{2}$

31. ④

펜의 개수를 x, 연필의 개수를 y, 지우개의 개수를 z라고 할 때,

$x + y + z = 40$
$y = x + 5$
$z = y + 3$
$x + (x + 5) + (x + 8) = 3x + 13 = 40$
$x = 9, y = 14, z = 17$

32. ①

$100 = 7 \times 14 + 2$이므로 2일째 되는 날은 화요일이다.

따라서 1일째 되는 날은 월요일이다.

33. ②

조건 ㈎에서 R석의 티켓의 수를 a, S석의 티켓의 수를 b, A석의 티켓의 수를 c라 놓으면

$a+b+c=1,500$ ······ ㉠

조건 ㈏에서 R석, S석, A석 티켓의 가격은 각각 10만 원, 5만 원, 2만 원이므로

$10a+5b+2c=6,000$ ······ ㉡

A석의 티켓의 수는 R석과 S석 티켓의 수의 합과 같으므로

$a+b=c$ ······ ㉢

세 방정식 ㉠, ㉡, ㉢을 연립하여 풀면

㉠, ㉢에서 $2c=1,500$ 이므로 $c=750$

㉠, ㉡에서 연립방정식

$\begin{cases} a+b=750 \\ 2a+b=900 \end{cases}$

을 풀면 $a=150$, $b=600$ 이다.

따라서 구하는 S석의 티켓의 수는 600장이다.

34. ④

서울역에서 승차권 예매를 한 20분의 시간을 제외하면 걸은 시간은 총 36분이 된다.

갈 때 걸린 시간을 x분이라고 하면 올 때 걸린 시간은 $36-x$분

갈 때와 올 때의 거리는 같으므로

$70 \times x = 50 \times (36-x)$

$120x = 1,800 \rightarrow x = 15$분

사무실에서 서울역까지의 거리는 $70 \times 15 = 1,050$m

왕복거리를 구해야 하므로 $1,050 \times 2 = 2,100$m가 된다.

35. ③

증감률 구하는 공식은 $\dfrac{\text{올해 매출} - \text{전년도 매출}}{\text{전년도 매출}} \times 100$이다.

따라서 $\dfrac{362-271}{271} \times 100 \fallingdotseq 33.6(\%)$

36. ③

2024년 아메리카 국가 수출 상담실적은 271(칠레)+985(미국)=1,256이고,

아시아 국가 수출 상담실적은 369(타이완)+548(인도)+968(중국)=1,885이므로

$\dfrac{1,885}{1,256}$ ≒1.5배다.

37. ②

자원의 수입은 바다를 통해 배로 들어오게 된다. 따라서 원료들은 제조과정에서 중량 및 부피가 감소하므로 이것을 가공하여 시장으로 보내게 된다.

①④은 알 수 없다.

③ 〈표1〉에서 자원 수입에 대한 자료만 주었을 뿐 우리나라가 원료지향형 공업이라는 어떠한 근거도 찾을 수 없다.

38. ③

① A지역의 전체 면적은 2021년부터 2025년까지 지속적으로 증가한 것이 아니라 2023년 2.78km^{2}에서 약 2.69km^{2}로 감소하였다.

② 삼림 면적은 2021년에 A지역 전체 면적의 25% 미만에서 2025년에는 55% 이상으로 증가하였지만 토지유형 중 증가율이 가장 높은 것은 훼손지이다.

④ 2021년 나지 면적은 전체 면적의 30% 이상을 차지하였고 점차 감소하는 경향을 보이나 2023년에는 증가하였다.

39. ③

ⓒ 남자 사원인 동시에 독서량이 5권 이상인 사람은 남자 사원 4명 가운데 '태호' 한 명이다. 1/4=25(%)이므로 옳지 않은 설명이다.

ⓒ 독서량이 2권 이상인 사원 가운데 남자 사원의 비율 : 3/5

인사팀에서 여자 사원 비율 : 2/6

전자가 후자의 2배 미만이므로 옳지 않은 설명이다.

ⓙ $\dfrac{독서량}{전체 사원 수} = \dfrac{30}{6} = 5$(권)이므로 옳은 설명이다.

ⓔ 해당되는 사람은 '나현, 주연, 태호'이므로 3/6=50(%)이다. 따라서 옳은 설명이다.

40. ④

④ 2025년부터 인증심사원 1인당 연간 심사할 수 있는 농가수가 상근직은 400호, 비상근직은 250호를 넘지 못하도록 규정이 바뀐다고 할 때 A지역에는 (4 × 400호) + (2 × 250호) = 2,100이므로 440개의 심사 농가 수에 추가의 인증심사원이 필요하다. 그런데 모두 상근으로 고용할 것이고 400호 이상을 심사할 수 없으므로 추가로 2명의 인증심사원이 필요하다. 그리고 같은 원리로 B지역도 2명, D지역에서는 3명의 추가의 상근 인증심사원이 필요하다. 따라서 총 7명을 고용해야 하며 1인당 지급되는 보조금이 연간 600만 원이라고 했으므로 보조금 액수는 4,200만 원이 된다.

41. ③

③ 2021 ~ 2024년은 세계 HDD 시장의 중국 생산이 감소하였다.

42. ④

㉠ 서울의 어음부도율은 차이가 없지만, 지방은 2월과 4월에 회복세를 보였다.

㉡ 1월 : $\frac{43}{130}\times100 ≒ 33$(%), 4월 : $\frac{37}{94}\times100 ≒ 39$

㉢ 어음부도율이 낮아지는 것은 국내경기가 전월보다 회복세를 보이고 있다는 것으로 볼 수 있다.

43. ①

7S모형은 조직의 현상을 이해하기 위해 조직의 핵심적 구성요소를 파악한 것으로, 이를 중심으로 조직을 진단하는 것은 조직의 문제해결을 위한 유용한 접근방법이다.

조직진단 7S 모형은 조직의 핵심적 역량요소를 공유가치(shared value), 전략(strategy), 조직구조(structure), 제도(system), 구성원(staff), 관리기술(skill), 리더십 스타일(style) 등 영문자 'S'로 시작하는 단어 7개로 구성하고 있다.

44. ④

비공식조직의 역기능

• 비공식 집단은 파벌 집단을 조성함으로써 조직의 분열을 조장할 수 있다.
• 비공식집단이 조직목표에 불만이 있을 때 자기나름대로의 목표를 세워 공식조직의 목표에 도전하거나 대항하여 조직을 저해할 수도 있다.
• 비공식집단은 조직 내의 어떤 구성원이 비공식집단의 세력을 배경으로 하거나 정실적인 접촉을 통하여 개인적 이익을 도모하는데 이용될 가능성이 있다.
• 비공식집단은 근거 없는 헛소문이나 거짓 정보를 만들어 유포시키는 역기능을 할 수도 있다.

45. ③

사내외 교육은 교육훈련비 명목으로 기안서나 지출결의서를 작성해야 하며 기안서는 팀장이, 지출결의서는 대표이사가 결재를 한다.

46. ②

법인카드를 사용하려고 하므로 법인카드신청서를 작성하고 그 금액이 300,000원이므로 50만 원 이하는 팀장에게 결재권이 있다.

47. ②

작업상의 안전과 건강을 담당하는 조직이 모두 관리이사 산하로 편제될 경우, 기술이사 산하에는 전문기술실만 남게 된다고 볼 수 있어, 2실이 아닌 1실이 있게 된다.
① 관리이사 추가로 모두 4명의 이사가 된다.
③ 이사장 직속 기구가 되어 이사장에게 직접 보고를 하는 조직이 된다.
④ 직업건강실, 건설안전실, 서비스안전실이 관리이사 산하 조직이 된다.

48. ④

대리 직급 시에 있었던 휴직과 포상 내역은 모두 과장 직급의 경력평정에 포함되지 않으므로 과장 1년의 근무만 적용되어 $0.5 \times 12 = 6$점이 된다.
① 당해직급에 적용되는 것이므로 과장 직책인 자는 과장 직급의 근무경력으로만 근무평정이 이루어진다.
② 4년 차인 경우, 3년간은 월 0.5점씩 가산되어 18점이 되며, 4년째에는 $0.4 \times 12 = 4.8$점이 되어 도합 22.8점이 되므로 23점이 될 수 없다.
③ $0.5 \times 24 + 2 = 14$점이 된다.

49. ④

미흡한 품질관리 시스템을 보완하여 약점을 최소화하고 고객서비스에 부응하는 전략이므로 적절한 WT전략이라고 볼 수 있다.
① 교육을 통한 조직문화 체질 개선 대책 마련(W)
② 산업 변화(T)에 부응하는 정비기술력 개발(S)
③ 직원들의 관행적 사고 개선(W)을 통해 고객과의 신뢰체제 유지 및 확대(S)

50. ③

FREQUENCY(배열1, 배열2) : 배열2의 범위에 대한 배열1 요소들의 빈도수를 계산

*PERCENTILE(범위, 인수) : 범위에서 인수 번째 백분위수 값

함수 형태=FREQUENCY(Data_array, Bins_array)

Data_array : 빈도수를 계산하려는 값이 있는 셀 주소 또는 배열

Bins_array : Data_array 를 분류하는데 필요한 구간 값들이 있는 셀 주소 또는 배열

수식 : {=FREQUENCY(B3:B9, E3:E6)}

51. ①

LOOKUP은 LOOKUP(찾는 값, 범위 1, 범위 2)로 작성하여 구한다.

VLOOKUP은 범위에서 찾을 값에 해당하는 열을 찾은 후 열 번호에 해당하는 셀의 값을 구하며, HLOOKUP은 범위에서 찾을 값에 해당하는 행을 찾은 후 행 번호에 해당하는 셀의 값을 구한다.

52. ②

㈎는 WAVE, ㈏는 MP3에 관한 설명이다.

53. ④

코드 2205(2022년 5월), 1D(유럽 독일), 01001(가공식품류 소시지) 00064(64번째로 수입된)가 들어가야 한다.

54. ④

④는 아프리카 이집트에서 생산된 장갑의 코드번호이다.

① 중동 이란에서 생산된 신발의 코드번호

② 동남아시아 필리핀에서 생산된 바나나의 코드번호

③ 일본에서 생산된 의류의 코드번호

55. ③

코드 2303(2023년 3월), 4L(동남아시아 캄보디아), 03011(농수산식품류 후추), 00001(첫 번째로 수입된)이 들어가야 한다.

56. ①

② **엑스트라넷(extranet)** : 인트라넷의 확장형이라 생각할 수 있는데 인터넷을 통해 사내 정보를 이용할 수 있도록 한 인트라넷을 외부보안을 유지한 채 협력업체나 고객들이 각자의 전산망을 이용하여 업무를 처리할 수 있도록 연결한 것이다.

③ **원격접속(remote desktop)** : 자신이 사용권한을 가지고 있는 전제하에 다른 곳에 위치한 컴퓨터를 온라인으로 연결(TCP/IP체계)하여 사용하는 서비스를 말한다.

④ **그룹웨어(groupware)** : 기업 전산망에 전자 우편과 전자 결재 시스템으로 데이터베이스 프로그램을 결합하여, 조직 사이의 의사소통을 원활하게 하고 업무 효율을 높일 수 있도록 만든 컴퓨터 프로그램을 말한다.

57. ②

문화지체현상은 급속히 발전하는 물질문화와 비교적 완만하게 변하는 비물질문화간에 변동속도의 차이에서 생겨나는 사회적 부조화 현상이다.

① 급격한 사회변동의 과정에서 종래의 규범이 약화 내지 쓸모 없게 되고 아직 새로운 규범의 체계가 확립되지 않아서 규범이 혼란한 상태 또는 규범이 없는 상태로 된 사회 현상

③ 청소년범죄, 이혼의 급증 등 전통적 가치체계가 상실된 현대에 가족의 소중함을 되찾고 이를 결속력으로 해소하려는 현상

④ 혼자서 했을 때보다 주위의 여러 사람이 함께 함으로 인해 개인의 작업능률 및 수행능력이 더 높아지는 현상

58. ②

V(Value) : 서비스는 고객에게 가치를 제공하는 것

59. ③

①②④ 스스로 자진해서 하는 근면
③ 외부로부터 강요당한 근면

60. ②

위 사례를 보면 성실하게 사회생활을 하면 반드시 성공을 하게 되며, 성실에는 근면한 태도와 정직한 태도가 모두 관련이 된다는 것을 알 수 있다.

1. ②

주어진 지문은 '착한 사마리안인의 법'이다.

찬성 : 윤리적 행위를 양심에 호소해 보아야 효력이 없으므로 법으로 강제한다.

반대 : 도덕적 자율 행위를 법적으로 해결하면 법과 도덕의 구분이 무너진다.

2. ④

자료문은 신체의 자유에 관한 내용으로 형이 확정되기 이전의 미결수는 무죄로 본다는 형사 피고인의 무죄 추정의 원칙에 충실한 것이다

3. ①

법률 행위는 확정성, 실현 가능성, 적법성, 사회적 타당성을 고려해서 효과를 판단할 수 있다.

4. ⑤

형사소송법은 시행된 날로부터 법이 폐지될 때까지 효력을 가지며, 형법과는 달리 소급효금지의 원칙은 적용되지 않는다.

5. ①

복지행정의 원리는 행정작용은 적극적으로 국민의 인간다운 생활을 보장하고, 국민들의 삶의 질을 향상시키는 데 있어야 한다는 원리이다.

② **사법국가주의** : 행정권이 우위에 있는 행정국가주의를 지양하고, 행정에 대한 사법심사를 인정해야 한다는 원리

③ **민주행정의 원리** : 행정이 민주주의에 따라 행해져야 하며 국민의 의사를 반영하여 국민의 이익증진에 이바지 해야 한다는 원리

④ **법치행정의 원리** : 행정은 법의 테두리 내에서 행해져야 한다는 것으로 국가가 국민의 자유와 권리를 제한하거 나, 새로운 의무를 부과할 때에는 국회가 제정한 법률에 근거가 있어야 하고 국가는 이러한 법률에 구속을 받으며 국민에게 피해 발생 시 법적인 구제절차가 확립되어야 한다는 원리

⑤ **지방분권주의** : 권력이 중앙정부에 집중된 중앙집권주의를 지양하고, 각 지역마다 관할지방자치단체에 권한을 부여하여 지역의 사무는 주민참여와 주민의 여론에 따라 처리해야 한다는 원리

6. ③

여자의 근로는 특별한 보호를 받으며, 고용 · 임금 및 근로저건에 있어서 부당한 차별을 받지 아니한다.

7. ②

행정심판은 위법행위와 부당행위를 대상으로, 행정소송은 위법행위를 대상으로 한다.

8. ⑤

기업도 소비자 보호에 다양한 의무를 갖고 있다.

9. ③

「대한민국헌법 제47조」

㉠ 국회의 정기회는 법률이 정하는 바에 의하여 매년 1회 집회되며, 국회의 임시회는 대통령 또는 국회재적의원 4분의 1 이상의 요구에 의하여 집회된다.

㉡ 정기회의 회기는 100일을, 임시회의 회기는 30일을 초과할 수 없다.

㉢ 대통령이 임시회의 집회를 요구할 때에는 기간과 집회요구의 이유를 명시하여야 한다.

10. ③

① 자신의 선행행위와 모순되는 후행행위는 허용되지 않는다는 원칙

② 대리인이 대리행위를 함에 있어서 본인을 위한 것을 표시하고 의사표시를 하여야 한다는 원칙

④ 사회의 모든 구성원들은 상대방의 신뢰를 헛되이 하지 않도록 권리의 행사와 의무이행에 신의를 좇아 성실하게 하여야 한다는 원칙

④ 동일한 범죄로 인하여 거듭 처벌할 수 없음

11. ②

법치행정의 원리란 행정기관의 행정작용이 법에 위배되어서는 안 될 뿐만 아니라, 미리 정해진 법률에 의거하여 행정권이 발동되어야 함을 말한다. 의회가 제정한 법률에 의해서만 국민의 권리를 제한할 수 있어야 한다. 법치행정이 이뤄질 때 행정권의 자의적 행사와 관료에 의한 인적통치를 막을 수 있다. 행정법의 내용도 헌법의 기본정신에 부합되어야 법의 정당성도 확보될 수 있다. 또 과거에는 법치행정은 국민에 대한 규제적 기능을 수행하는 측면이 강했으나 오늘날은 행정이 해야 할 기능을 부여하고 그 활동을 촉진하는 기능을 수행한다.

12. ②

전통적 행정과정 : 정치 · 행정 이원론

현대적 행정과정 : 정치 · 행정 일원론

13. ③

델파이 기법… 예측하려는 분야의 전문가들에게 설문지로 의견을 묻고, 근접한 결론에 이를 때까지 반복하여 유도 · 분석 · 종합하는 방법을 이용한 미래예측기법이다.

14. ①

관료제는 자격 또는 능력에 따라 규정된 기능을 수행하는 분업의 원리에 따른다. 자기가 맡은 분야의 유능한 기술을 가진 전문인을 양성하여 분업화된 직무를 맡긴다(전문화와 분업).

15. ②

직업공무원제는 일반행정가주의와 계급제를 지향하고 있다.

※ 엽관주의와 실적주의

엽관주의	복수정당제가 허용되는 민주국가에서 선거에 승리한 정당이 정당 활동에 대한 공헌도와 충성심 정도에 따라 공직에 임명하는 제도
실적주의	개인의 능력·실적을 기준으로 정부의 공무원을 모집·임명·승진시키는 인사행정체제

16. ④

점증주의적 예산결정은 고리형의 상호작용을 통한 합의를 중시한다. 선형적 과정을 중시하는 것은 합리주의적 예산결정에 해당한다.

17. ⑤

지방자치의 특징 … 지역행정, 생활행정(급부행정, 복지행정), 대화행정(일선행정), 자치행정, 종합행정

18. ⑤

⑤ 세계화로 인한 경쟁의 심화는 중앙정부와 지방정부 간 기능적 분업화를 통한 경쟁력 향상을 요구하게 되면서 신지방분권의 동인이 되었다.

① 신중앙집권은 과거의 중앙집권과 달리 지방자치의 가치와 역사적 공헌을 인정하는 토대 위에 행정국가의 능률성 향상이라는 사회적 요청에 부응하기 위한 중앙과 지방 간의 권력구조를 재편성하는 것이다.

② 정보통신기술발전은 시간과 공간을 단축시켜 과거에는 불가능했던 국가의 지방정부에 대한 즉각적인 지시와 통제가 가능하게 만들어 신중앙집권화를 촉진시키는 요인이 되었다.

③ 신중앙집권화는 권력은 분산하나 지식과 기술은 집중함으로써 지방자치의 민주화와 능률화의 조화를 추구한다.

④ 도시와 농촌 사이의 경제적·사회적 불균형 해소를 위한 국가 관여 범위의 확대는 신중앙집권화의 촉진요인으로 작용했다.

19. ④

ⓛ 중앙정부의 공공재 공급을 설명하는 이론이다.

ⓒ 중앙집권 논리에 해당한다.

※ 티부(Tiebout) 가설 … 소규모 구역에 의한 지방자치를 옹호하는 이론이다. 여러 지방정부가 존재하므로 선호에 따라 지방간 이동이 가능하다. 이를 통해 지방공공재 공급의 적정 규모가 결정될 수 있다고 설명한다.

※ 새뮤얼슨(Samuelson)의 공공재 공급 이론 … 공공재 공급은 정치적 과정으로밖에 공급될 수 없다는 이론으로 중앙정부의 역할을 중요시한다.

20. ②

㉠ⓛ 비실험   ⓜ 준실험

21. ①

문제에서는 실적주의의 폐해에 대해 묻고 있다. 이에 대한 것으로는 소극화, 집권화, 보신주의, 대표성 저하, 형식화 및 비인간화, 대응성 및 책임성 저해 등이 있다.

22. ②

행정개혁의 특징으로는 변화지향성, 목표지향성, 정치성, 저항성, 개방성, 지속적·계획적인 변화, 동태성·의식성·행동지향성, 포괄적 관련성 등이 있다.

23. ⑤

⑤ 상황 부합 이론에 따르면, 상황이 아주 좋거나 반대로 나쁠 때는 과제지향 리더가 효과적인 반면, 보통 상황에서는 관계지향 리더가 효과적이다.

24. ③

타인으로부터의 인정은 4단계, 존경 욕구에 해당한다. 소속감 욕구는 집단의 소속, 타인과의 관계 형성 등을 말한다.

25. ③

③ 지원적 리더십에 대한 설명으로 지원적 리더십은 부하가 스트레스를 많이 받거나 단조롭고 지루한 업무를 수행하는 상황에서 작업환경의 부정적인 측면을 최소화시킴으로써 부하가 업무를 더욱 원활하게 수행할 수 있도록 해주는 유형이다.

26. ④

차별화전략에 관한 설명이다.
- 원가우위 전략 : 비용요소를 철저하게 통제하고 기업조직의 가치사슬을 최대한 효율적으로 구사하는 전략이다.
- 집중화전략 : 메인 시장과는 다른 특성을 지니는 틈새시장을 대상으로 해서 소비자들의 니즈를 원가우위 또는 차별화 전략을 통해 충족시켜 나가는 전략이다. 또한 경쟁자와 전면적 경쟁이 불리한 기업이나 보유하고 있는 자원 또는 역량이 부족한 기업에게 적합한 전략이다.

27. ④

④번은 OFF JT(Off The Job Training)에 관한 설명이다.

28. ⑤

본 사례는 종속가격(Captive Pricing) 결정전략에 대한 내용이다. 종속가격 결정전략은 주 제품에 대해서는 가격을 낮게 책정해서 이윤을 줄이더라도 시장 점유율을 늘리고 난 후 종속 제품인 부속품에 대해서 이윤을 추구한다.

29. ③

임금관리의 요소

임금관리 3요소	내용	분류 (대상)
임금수준	적정성	생계비 수준, 사회적 임금수준, 동종업계 임금수준 감안
임금체계	공정성	연공급, 직능급, 성과급, 직무급
임금형태	합리성	시간제, 일급제, 월급제, 연봉제

30. ④

직무기술서는 수행되어야 할 과업에 초점을 두며, 이는 직무분석의 결과를 토대로 직무수행과 관련된 과업 그리고 직무행동을 일정한 양식에 기술한 문서를 의미하고, 직무명세서는 인적요건에 초점을 두며, 이는 직무분석의 결과를 토대로 직무수행에 필요로 하는 작업자들의 적성이나 기능 또는 지식, 능력 등을 일정한 양식에 기록한 문서를 의미한다.

31. ④

④ 상품의 특성 및 경쟁상품과의 관계, 자사의 기업 이미지 등 각종 요소를 평가·분석하여 그 상품을 시장에 있어서 특정한 위치에 설정하는 것을 포지셔닝이라고 한다.

32. ②

기업이 사업에 필요한 자본을 조달할 때는 우선순위가 이를 자본조달 우선순위 이론이라고 하는데 그 선호하는 순위는 내부자금 → 부채 → 전환사채 → 주식 순이다.

33. ⑤

CAPM에서의 자본시장은 균형 상태인 것으로 가정한다.

34. ④

기회비용(opportunity cost)은 특정 경제적 선택의 기회비용이다. 즉, 경제적 선택을 위하여 포기할 수밖에 없었던 차선(the second-best)의 경제적 선택의 가치이다. 기회비용은 화폐단위로 측정이 가능하며, 자유재(0)를 제외한 나머지 경제재의 기회비용은 +이다. 또한 기회비용은 암묵적 비용이 포함되어 암묵적 비용이 포함되지 않는 회계학적 비용과는 다르다.

35. ③

지니계수는 0에서 1사이의 비율을 가지며, 1에 가까울수록 불균등한 상태를 나타낸다. 지니계수가 0.40 미만이면 고른 균등 분배, 0.40에서 0.50 사이이면 보통의 분배를 나타내며, 0.5 이상이면 저균등 분배를 의미한다.

36. ⑤

GDP 디플레이터 $= \dfrac{\text{비교연도의 } GDP}{\text{기준연도의 } GDP} \times 100 = \dfrac{(5 \times 20) + (3 \times 20)}{(3 \times 20) + (4 \times 25)} \times 100 = 100$이므로 변동없다.

37. ④

솔로우 모형에서는 생산되는 요소대체가 가능한 1차 동차 생산함수를 가정하고 있으며, 생산되는 재화의 종류는 1가지만 있다고 가정한다.

38. ①

립진스키 정리 … 한 요소의 부존량이 증가할 때 그 요소를 집약적으로 사용하는 생산물의 생산량은 증가하고 다른 요소를 집약적으로 사용하는 생산물의 생산량은 감소한다.

39. ②

오퍼곡선으로는 국제수지의 조정 여부를 알 수 없다.

※ **오퍼곡선(상호수요곡선)**

ㄱ **개념** : 오퍼곡선은 여러 가지 국제가격수준에서 그 국가가 수출하고자 하는 상품량과 수입하고자 하는 상품량의 조합을 나타내는 곡선이다. 양국의 오퍼곡선이 교차하는 점에서 교역조건과 교역량이 결정된다.

ㄴ **교역조건의 변화로 인한 오퍼곡선의 이동**

구분	내용
수입재에 대한 선호도 증가	오퍼곡선 오른쪽으로 이동
국민소득의 증가	오퍼곡선 오른쪽으로 이동
수입관제의 부과	오퍼곡선 왼쪽으로 이동

ㄷ **교역조건의 변화** : 자국민의 수입재에 대한 선호가 증가하면 오퍼곡선이 우측으로 이동한다. 따라서 교역량은 증가하나 교역조건은 악화된다.

40. ③

③ 비교생산비설(비교우위론)에 의하면 동일 상품의 생산에 필요한 노동투입량은 국가마다 다르다.

※ 리카도(David Ricardo)의 비교우위론

　　㉠ 개념 : 비교우위란 다른 생산자에 비해 같은 상품을 더 적은 기회비용으로 생산할 수 있는 능력을 말한다. 한 재화의 기회비용은 다른 재화 기회비용의 역수이다. 즉, 어떤 재화에서 기회비용이 높다면 다른 재화에서는 낮은 기회비용을 갖는다. 이는 곧 비교우위는 기회비용의 상대적 크기를 나타낸다는 말이다.

　　㉡ 가정

　　　• 노동만이 유일한 생산요소이고 노동은 균질적이다.

　　　• 생산함수는 규모의 불변함수이고 1차 동차함수이다.

　　　• 국제 간 생산요소의 이동이 없다.

　　㉢ 결론

　　　• 무역은 비교생산비의 차이에서 발생한다.

　　　• 각국은 비교생산비가 저렴한 비교우위가 있는 상품을 수출하고 비교열위에 있는 상품을 수입한다.

　　　• 생산특화에 의한 소비가능영역 확대를 통해 각 교역국의 사회후생을 증가시킨다.

41. ②

관세의 종류

구분	내용
수출관세	수출품에 대하여 부과되는 관세를 가리킨다.
재정관세	국고수입을 주목적으로 부과되는 관세이다.
통과관세	국경을 통과하는 물품에 대하여 부과되는 관세를 말한다.
보호관세	국내산업의 보호를 목적으로 부과되는 관세를 말한다.
종가관세(종가세)	수입물품의 가격을 과세표준으로 하여 부과되는 관세이다.
수입관세	수입품에 대하여 부과되는 관세이다.
종량관세(종량세)	수입품의 개수·용적·면적·중량 등의 일정한 단위수량을 관세표준으로 하여 부과되는 세금이다.
특혜관세	특혜관세는 저개발국으로부터의 수입품에 대하여 타국에서의 수입품에 부과하는 것보다도 특별히 낮은 세율로 부과하는 관세를 의미한다.

42. ①

① 양쪽 시장의 경우 상품차별화를 통한 품질경쟁(비가격경쟁)이 일어난다. 또한 어느 한 기업의 가격하락은 다른 기업의 가격하락을 유발한다.

43. ①

제시된 내용은 자원의 희소성과 분배의 문제에 대해 언급하고 있다. 자원의 희소성 때문에 선택의 문제가 발생하므로 최소의 비용으로 최대의 만족을 추구하는 효율성이 판단기준이 되고, 분배의 경우 가장 바람직한 상태인 형평성이 판단기준이 된다.

44. ①

베블렌효과(veblen effect) … 가격이 상승한 소비재의 수요가 오히려 증가하는 현상이다. 미국의 경제학자 베블렌이 그의 저서 '유한계급론'에서 고소득 유한계급의 과시적인 고액의 소비행동을 논한 데서 비롯되었다.

45. ④

④ 민간보험의 보험료 부과방식에 대한 설명이다. 사회보험은 소득수준에 따른 차등부과방식이다.

46. ③

① 최저생활 보호의 원리에 대한 설명이다.
② 생존권 보장의 원리에 대한 설명이다.
④ 자립 조성의 원리에 대한 설명이다.
※ 공공부조의 원리 및 원칙
   ㉠ 공공부조의 6대 원리
   • 생존권 보장의 원리 : 국민은 생활이 어렵게 되었을 때 자신의 생존을 보장 받을 수 있는 권리가 법적으로 인정된다.
   • 국가책임의 원리 : 빈곤하고 생활 능력이 없는 국민에 대해서는 궁극적으로 국가가 책임지고 보호한다.
   • 최저생활 보호의 원리 : 단순한 생계만이 아니라 건강하고 문화적인 수준을 유지할 수 있는 최저한도의 생활이 보장되어야 한다.
   • 무차별 평등의 원리 : 사회적 신분에 차별 없이 평등하게 보호받을 수 있어야 한다.
   • 자립 조성의 원리 : 자립적이고 독립적으로 사회생활에 적응해 나갈 수 있도록 돕는다.
   • 보충성의 원리 : 수급자가 최저한도의 생활을 유지할 수 없는 경우에 최종적으로 그 부족분을 보충한다.

ⓛ 공공부조의 6대 원칙
- 신청보호의 원칙 : 우선적으로 국가에게 보호신청을 한 후 직권보호를 받는다.
- 기준과 정도의 원칙 : 대상자의 연령, 세대구성, 소득관계 및 자산 조사를 통해 부족분만을 보충한다.
- 필요즉응의 원칙 : 무차별 원리에 대한 보완적 성격으로 보호 신청이 있을 시 즉시 보호 여부를 결정해야 한다.
- 세대단위의 원칙 : 공공부조는 세대를 단위로 하여 그 서비스의 필요여부 및 정도를 결정한다.
- 현금부조의 원칙 : 수급권자의 낙인감과 불신을 최소화하기 위해 금전 급여를 원칙으로 한다.
- 거택보호의 원칙 : 수급권자가 거주하는 자택에서 공공부조가 제공된다.

47. ④

④ 공적연금제도는 재정조달 방식이 부과방식일 경우 현재의 노령세대는 근로세대로부터, 현재의 근로세대는 미래세대로부터 소득이 재분배되기 때문에 세대 간 재분배라고 볼 수 있다.

48. ⑤

취업촉진수당의 종류〈고용보험법 제37조 제2항〉
㉠ 조기(早期)재취업 수당
㉡ 직업능력개발 수당
㉢ 광역 구직활동비
㉣ 이주비

49. ③

㉠ 연금은 소득상실의 위험에 대한 소득보장이고, 특히 장기소득보장을 부여하는 사회보험의 일종으로 단기성은 연금제도의 특성으로 볼 수 없다.
㉣ 사회보험은 보험료의 강제적 징수와 정형화된 보험금의 지급을 그 특징으로 하기 때문에 자율성과는 거리가 있다.

50. ⑤

⑤ 건강보험심사평가원의 업무이다.

※ 국민연금공단의 업무〈국민연금법 제25조〉

　　㉠ 가입자에 대한 기록의 관리 및 유지

　　㉡ 연금보험료의 부과

　　㉢ 급여의 결정 및 지급

　　㉣ 가입자, 가입자였던 자, 수급권자 및 수급자를 위한 자금의 대여와 복지시설의 설치 · 운영 등 복지사업

　　㉤ 가입자 및 가입자였던 자에 대한 기금증식을 위한 자금 대여사업

　　㉥ 가입대상과 수급권자 등을 위한 노후준비서비스 사업

　　㉦ 국민연금제도 · 재정계산 · 기금운용에 관한 조사연구

　　㉧ 국민연금기금 운용 전문인력 양성

　　㉨ 국민연금에 관한 국제협력

　　㉩ 그 밖에 이 법 또는 다른 법령에 따라 위탁받은 사항

　　㉪ 그 밖에 국민연금사업에 관하여 보건복지부장관이 위탁하는 사항

제 03 회 | 정답 및 해설

 직업기초능력평가

1. ④

3문단을 보면, 비보완적 방식 가운데 결합 방식과 분리 방식은 서로 다른 평가 기준에서도 브랜드 평가 점수를 비교하고 있음을 알 수 있다.

2. ③

위 글은 직장 내에서의 의사소통의 부재로 인하여 팀까지 해체된 사례이다. 이는 김 팀장과 직원들 사이의 적절한 의사소통이 있었다면 부하직원들의 사표라는 극단적 처세를 방지할 수 있었을 것이다. 의사소통은 직장생활에서 자신의 업무뿐 아니라 팀의 업무에도 치명적인 영향을 미친다는 것을 보여주는 사례이다.

3. ①

첫 번째 빈칸 앞에서는 데모크리토스에 대한 설명이고 빈칸 뒤에는 데카르트에 대한 다른 설명을 하는 것이므로 '한편'이 적절하고, 두 번째 빈칸은 앞의 내용을 풀어서 다시 설명하고 있으므로 '다시 말해'가 적절하다.

4. ②

② 윗글에서는 기존의 주장을 반박하는 방식의 서술 방식은 찾아볼 수 없다.

5. ③

㉠은 적응의 과정을 ㉡은 이질성의 극복 방안, ㉢은 동질성 회복이 쉽다는 이야기로 ㉣은 이질화의 극복에 대한 문제 제기를 하고 있다. 그러므로 ㉢ → ㉣ → ㉡ → ㉠이 가장 자연스럽다.

6. ①

Daniel의 마지막 문장에서 sales report를 가져다 달라고 부탁했다.

"Thank you. Also, please reserve a room at the Plaza Hotel from November 5 to 16. And would you please bring me the quarterly sales report after lunch? I have to make some presentation material for the conference."

「Daniel : 11월에 시카고에 방문해야만 합니다.

Hein : 11월 15일에 개최되는 US 마케팅 회의에 참석하시는 건가요?

Daniel : 네. 그리고 그곳에 있는 고객 몇 분을 방문하려 합니다.

Hein : 지금 바로 비행기표 예약을 할까요?

Daniel : 네, 11월 5일 대한 항공으로 예약해주세요.

Hein : 알겠습니다. 여행사에 연락해서 가급적 빨리 비행 일정을 확인하도록 하겠습니다.

Daniel : 고마워요. 그리고 11월 5일부터 16일까지 Plaza 호텔 객실 예약도 해주세요. 그리고 점심시간 후에 분기 별 영업 보고서를 가져다주실 수 있나요? 회의 때 쓸 몇 가지 발표 자료를 만들어야 합니다.

Hein : 알겠습니다. 그리고 시카고에서 만나실 고객의 목록을 만들어 놓겠습니다.」

7. ①

"희생제의의 기원이나 형식을 밝히기 위한 종교현상학적 연구들이 시도되어 왔다. 그리고 인류학적 연구에서는 희생제의에 나타난 인간과 문화의 본질에 대한 탐색이 있어 왔다."를 보면 인간 사회의 특성과 사회 갈등 형성 및 해소를 희생제의와 희생양의 관계를 통해 설명하는 것은 인류학적 연구이다.

8. ①

사이버공간과 인간 공동체를 비교해 보면 사이버공간 전체의 힘은 다양한 접속점들 간의 연결을 얼마나 잘 유지하느냐에 달려 있고, 인간 공동제의 힘 역시 접속점 즉 개인과 개인, 다양한 집단과 집단 간의 견고한 관계유지에 달려 있다고 본다.

그러므로 유사성을 부정하고 아닌 차이를 부각하는 내용이어야만 한다.

9. ④

위세품은 정치, 사회적 관계를 표현하기 위해 사용된 물품이다. 당사자 사이에만 거래되어 일반인이 입수하기 어려운 물건으로 피장자가 착장(着裝)하여 위세를 드러내던 것을 착장형 위세품이라고 한다. 생산도구나 무기 및 마구 등은 일상품이기도 하지만 물자의 장악이나 군사력을 상징하는 부장품이기도 하다. 이것들은 피장자의 신분이나 지위를 상징하는 물건으로 일상품적 위세품이라고 한다.

10. ①

배경지식이 전혀 없던 상태에서는 X선 사진을 관찰하여도 아무 것도 찾을 수 없었으나 이론과 실습 등을 통하여 배경지식을 갖추고 난 후에는 X선 사진을 관찰하여 생리적 변화, 만성 질환의 병리적 변화, 급성질환의 증세 등의 현상을 알게 되었다는 것을 보면 관찰은 배경지식에 의존한다고 할 수 있다.

11. ②

첫 번째 의미 – 기적적인 것의 반대
두 번째 의미 – 흔하고 일상적인 것
세 번째 의미 – 인위적의 반대
① 기적적인 것의 반대는 맞으나 인위적인 것의 반대는 아니다.
② 흔하고 일상적인 것이 아니고, 인위적인 행위에 해당한다.
③ 기적적인 것의 반대이므로 맞으나 흔하고 일상적인 것은 아니다.
④ 기적적인 것의 반대이므로 맞으나 흔하고 일상적인 것은 아니다.

12. ①

슬로비치 모델은 언론의 보도가 확대 재생산되는 과정에 대한 이론이고, 빈칸 이후의 '이로 말미암은 부정적 영향…'을 볼 때, 빈칸에 들어갈 문장은 ①이 가장 적절하다.

PART. 02 정답 및 해설

13. ②

① mtDNA와 같은 하나의 영역만이 연구된 상태에서는 그 결과가 시사적이기는 해도 결정적이지는 않다.

③ 그 수형도는 인류학자들이 상상한 장엄한 떡갈나무가 아니라 윌슨이 분석해 놓은 약 15만 년밖에 안 된 키 작은 나무와 매우 유사하였다.

④ 언더힐의 가계도도 윌슨의 가계도와 마찬가지로 아프리카 지역의 인류 원조 조상에 뿌리를 두고 갈라져 나오는 수형도였다.

14. ④

첫 번째 문단에서 '일정한 주제 의식이나 문제의식을 가지고 독서를 할 때 보다 창조적이고 주체적인 독서 행위가 성립될 것이다.'라고 언급하고 있다.

15. ①

두 번째 문단에서 '간단한 읽기, 쓰기와 셈하기 능력만 갖추고 있으면 얼마 전까지만 하더라도 문맹 상태를 벗어날 수 있었다.'고 언급하고 있다.

16. ③

두 번째 문단 후반부에서 내적 형상이 물체에 옮겨진 형상과 동일한 것은 아니라고 하면서, '돌이 조각술에 굴복하는 정도'에 응해서 내적 형상이 내재한다고 하였다.

① 두 번째 문단 첫 문장에서 '형상'이 질료 속에 있는 것이 아니라, 장인의 안에 존재하던 것임을 알 수 있다.

② 첫 번째 문단 마지막 문장에서 질료 자체에는 질서가 없다고 했으므로, 지문의 '질료 자체의 질서와 아름다움'이라는 표현이 잘못되었다.

④ 마지막 문장에 의하면, 장인에 의해 구현된 '내적 형상'을 감상자가 복원함으로써 아름다움을 느낄 있다고 하였다. 자연 그대로의 돌덩어리에서는 복원할 '내적 형상'이 있다고 할 수 없다.

17. ④

네 문장 중 하나만 거짓이므로

Ⅲ이 거짓이면 교내 마라톤 코스는 7km이고 Ⅰ, Ⅱ는 거짓이다.

Ⅳ이 거짓이면 교내 마라톤 코스는 8km이고 Ⅰ, Ⅱ는 거짓이다.

따라서 Ⅲ, Ⅳ는 항상 참이다.

또 Ⅰ 또는 Ⅱ가 참이면 둘 중 하나는 거짓이므로 Ⅲ, Ⅳ는 참이다.

따라서 항상 옳은 것은 ④이다.

18. ①

민경이와 린이만 여자이고 김 씨와 강 씨는 여자이다.

또 석진이는 박 씨 또는 이 씨 인데, 두 번째 문장에 의해 석진이 성은 박 씨이다. 따라서 찬수의 성은 이 씨이고, 찬수는 꼴찌가 아니다. 석진이는 찬수보다 빠르고 민경이보다 늦었다고 했으므로 1등이 민경이, 2등이 석진이, 3등이 찬수이다. 따라서 1등을 한 민경이의 성이 김 씨이고 린이는 강 씨이다.

19. ④

제시된 내용에 따라 정리해 보면

첫 번째와 두 번째 내용에 따라 D > E > A

세 번째 내용을 보면 A가 가장 적게 나가는 것이 아니므로 A 뒤에 C가 온다.

그러므로 D > E > B > A > C가 된다.

20. ③

주어진 조건에서 확정 조건은 다음과 같다.

B, F ( )	A, ( ) 갑	C, D, E 중 2명 ( )

그런데 세 번째 조건에서 을은 C와 F에게 교육을 하지 않았다고 하였으므로 F가 있는 조와 이미 갑이 교육을 하는 조를 맡지 않은 것이 된다. 따라서 맨 오른쪽은 을이 되어야 하고 남는 한 조인 B, F조는 병이 될 수밖에 없다. 또한 이 경우, 을이 C를 교육하지 않았다고 하였으므로 을의 조는 D와 E가 남게 되며, C는 A와 한 조가 되어 결국 다음과 같이 정리될 수 있다.

B, F 병	A, C 갑	D, E 을

따라서 선택지 ③에서 설명된 'C는 갑에게 교육을 받는다.'가 정답이 된다.

21. ②

조건대로 하나씩 채워나가면 다음과 같다.

	A	B	C	D	E
해외펀드	×	×	○	×	×
해외부동산	×	○	×	×	×
펀드	×	×	×	×	○
채권	○	×	×	×	×
부동산	×	×	×	○	×

A와 E가 추천한 항목은 채권, 펀드이다.

22. ②

참인 명제의 대우는 항상 참이다.

ⓒ의 대우는 '귀걸이가 없는 사람은 팔찌가 있다'이다. ⓒ과 조합하면 b가 항상 옳은 것을 알 수 있다.

23. ①

우산을 챙길 확률은 비가 올 확률과 같고 도서관에 갈 확률을 눈이 올 확률과 같다. 내일 기온이 영하이면 눈이 오고, 영상이면 비가 온다. 따라서 내일 우산을 챙길 확률은

$\frac{40}{100} \times \frac{20}{100} = \frac{8}{100}$ 이고 내일 도서관에 갈 확률은 $\frac{40}{100} \times \frac{80}{100} = \frac{32}{100}$ 이다.

24. ④

이 의류 브랜드의 강점은 세련된 디자인으로 디자인 자체가 강점인 브랜드에서 경기침체를 이유로 디자인 비용을 낮추게 된다면 브랜드의 강점이 사라지므로 올바른 전략은 아니다.

① 디자인과 생산과정이 수직화되어 있으므로 빠른 생산력을 가지고 있다. 따라서 신흥시장 즉 진출 가능한 국가에서 빠른 생산력을 가지고 점유율을 높일 수 있다.

② 후발 주자에게 자리를 내주지 않기 위해서는 저렴한 생산비용인 대신 광고를 늘려 점유율을 유지하여야 한다.

③ 신흥시장에서 점유율을 높이기 위해 광고를 하여 낮은 인지도를 탈피하여야 한다.

25. ②

① 재원의 확보계획은 기본계획에 포함되어야 한다.

③ 환경부장관은 국가 폐기물을 적정하게 관리하기 위하여 10년마다 종합계획을 수립하여야 한다.

④ 시장·군수·구청장은 10년마다 관할 구역의 기본계획을 세워 도지사에게 제출하여야 한다.

26. ③

위의 주어진 조건을 기반으로 각 비용을 구하면 다음과 같다.

• 우진이와 여자 친구의 프리미엄 고속버스 비용 = 37,000원 × 2(명) × 2(왕복) = 148,000원
• 조카 2(여 : 50%를 할인 받음)의 운임 = 37,000원 × 50% × 2(왕복) = 37,000원
• 조카 1은 하행인 경우 우진이의 무릎에 앉아가고, 상행인 경우에 좌석을 지정해서 가는 것이므로 이는 편도에 해당한다.

조카 1(남 : 75% 할인 받음)의 운임 = 하행선 무료 + 37,000원 × (100 − 75%) = 9,250원

∴ 148,000원 + 37,000원 + 9,250원 = 194,250원이 된다.

27. ③

지원 구분에 따르면 모친상과 같은 경조사는 경조사 지원에 포함되어야 한다. 따라서 F의 구분이 잘못되었다.

28. ③

③ 20××년 변경된 사내 복지 제도에 따르면 1인 가구 사원에게는 가~사 총 7동 중 가~다동이 지원된다.

29. ④

디젤 발전은 내연력을 통한 발전이므로 친환경과 지속가능한 에너지 정책을 위한 발전 형태로 볼 수 없다. 오히려 디젤 발전을 줄여 신재생에너지원을 활용한 전력 생산 및 공급 방식이 에너지 신산업 정책에 부합한다고 볼 수 있다.

30. ④

할인하기 전 가방의 판매 가격을 x, 모자의 판매 가격을 y라 하면

$x + y = 58,000$

$\dfrac{30}{100}x + \dfrac{15}{100}y = 15,000$

$\therefore x = 42,000$

31. ②

유자시럽 24g과 물 176g을 섞은 유자차의 농도 : $\dfrac{24}{24+176} \times 100 = 12(\%)$

12%의 유자차 50g에 들어 있는 유자시럽의 양 : $\dfrac{12}{100} \times 50(\mathrm{g})$

8%의 유자차 $(50+x)$g에 들어 있는 유자 시럽의 양 : $\dfrac{8}{100} \times (50+x)(\mathrm{g})$

유자시럽의 양은 변하지 않으므로

$\dfrac{12}{100} \times 50 = \dfrac{8}{100} \times (50+x)$

$600 = 400 + 8x \quad \therefore x = 25(\mathrm{g})$

32. ④

A의 일의 속도를 a라고 하고, B의 일의 속도를 b라고 하면

$$a = \frac{w}{12}, \; b = \frac{w}{20}$$

A가 4일 동안 할 수 있는 일의 양은 $\frac{w}{12} \times 4 = \frac{w}{3}$

남은 일의 양은 $w - \frac{w}{3} = \frac{2}{3}w$

A와 B가 힘을 합친 속도는 $\frac{w}{12} + \frac{w}{20} = \frac{2}{15}w$

남은 일을 힘을 합쳐서 할 때 걸리는 기간 $\frac{2}{3}w \div \frac{2}{15}w = 5$ 일

33. ②

두 주사위를 동시에 던질 때 나올 수 있는 모든 경우의 수는 36이다. 숫자의 합이 7이 될 수 있는 확률은 (1,6), (2,5), (3,4), (4,3), (5,2), (6,1) 총 6가지, 두 주사위가 같은 수가 나올 확률은 (1,1), (2,2), (3,3), (4,4), (5,5), (6,6) 총 6가지다.

$$\therefore \frac{6}{36} + \frac{6}{36} = \frac{1}{3}$$

34. ④

4명이 각자 받은 금액을 x라 하면, 4명이 받은 금액은 모두 같으므로, 하루 매출액의 총액은 $4x$

A가 받은 금액 → $x = 10 + (4x - 10) \times \frac{1}{5}$

$\therefore \; x = 40$

하루 매출총액은 $4x = 4 \times 40 = 160$만 원

35. ③

두 사람이 달리는 속도를 초속으로 바꾸어 계산하면 $\dfrac{3.6 \times 1,000}{60 \times 60} = 1\,\mathrm{m/s}$

기차와 같은 방향으로 달릴 때는 기차가 달리는 사람을 지나치는데 오랜 시간이 걸리므로 A가 기차와 같은 방향, B가 기차와 반대방향으로 달리고 있다.

A는 24초, B는 20초이므로 두 사람의 거리 차는 $1 \times (24 + 20) = 44\,\mathrm{m/s}$

기차는 이 거리를 4초 만에 통과하였으므로 기차의 속력은 $\dfrac{44}{4} = 11$

기차와 같은 방향으로 달리는 A를 지나칠 때의 속력은 $11 - 1 = 10\,\mathrm{m/s}$, 반대 방향으로 달리는 B를 지나칠 때의 속력은 $11 + 1 = 12\,\mathrm{m/s}$

기차의 길이는 $10 \times 24 = 12 \times 20 = 240\,\mathrm{m}$

36. ①

$x = 667.6 - (568.9 + 62.6 + 22.1) = 14.0$

37. ②

여자의 십만 명 당 사망자 수가 가장 많은 곳은 470.2인 부산이다.
남자의 십만 명 당 사망자 수가 많은 지역은 부산 > 대전 > 대구 > 서울 > 광주 순이다.
여자의 십만 명 당 사망자 수가 많은 지역은 부산 > 대전 > 대구 > 광주 > 서울 순이다.

38. ③

남자의 수 $= x$, $x : 100,000 = 20,955 : 424.1$

$424.1x = 20,955 \times 100,000$이고, $x = \dfrac{2,095,500,000}{424.1} ≒ 4,940,000$이다.

여자의 수 $= y$, $y : 100,000 = 16,941 : 330.2$

$330.2y = 16,941 \times 100,000$이고, $y = \dfrac{1,694,100,000}{330.2} = 5,130,000$이다.

따라서 $4,941,000 + 5,130,000 = 10,070,000$명이다.

39. ②

② 2030년 운송정보부가 전체에서 차지하는 비중은 $\dfrac{22.0}{78.1} \times 100 ≒ 28.2\%$

① 운송정보부의 2024년 전년대비 투자액의 증가율은 $\dfrac{13.1 - 10.9}{10.9} \times 100 ≒ 20.2\%$로 가장 크다.

③ 2030년부터 2040년까지 매년 30%씩 증가하면, 즉 10년간 전년대비 1.3배가 된다면 $1.3^{10} =$ 약 13.8배가 된다. 휴먼안전센터의 경우 2040년에 2030년에 비해 약 2배의 금액으로 투자전망이 되었다.

④ 휴먼안전센터의 경우 2023년 대비 2040년에 3배 넘게 증가하여 다른 부서보다 높은 증가율을 보인다.
  ※ 100%(1배) 증가 = 2배, 200%(2배) 증가 = 3배, 50%(0.5배) 증가 = 1.5배

40. ③

㉠ 전체 판정성공률

• A : $\dfrac{35 + 25}{100} = 60(\%)$

• B : $\dfrac{20 + 45}{100} = 65(\%)$

  ∴ A < B

㉡ 실제 도주자가 여성일 때 판정성공률

• A : $\dfrac{35}{50} \times 100 = 70(\%)$

• B : $\dfrac{20}{50} \times 100 = 40(\%)$

  ∴ A > B

㉢ 실제 도주자가 남성일 때 판정성공률

• A : $\dfrac{25}{50} \times 100 = 50(\%)$

• B : $\dfrac{45}{50} \times 100 = 90(\%)$

  ∴ A < B

㉣ ㉡㉢에서 보면 A는 여성 도주자에 대한 판정성공률이 높고, B는 남성 도주자에 대한 판정성공률이 높다는 것을 알 수 있다.

41. ④

④ OECD 순위는 2019년부터 현재까지 하위권이라 볼 수 있다.

42. ③

③ 2022년 산림골재가 차지하는 비중은 54.5%이고, 2020년 육상골재가 차지하는 비중은 8.9%로 8배 이하이다.

43. ②

② 조직변화 중 전략이나 구조의 변화는 조직의 조직구조나 경영방식을 개선하기도 한다.

44. ②

② **인사팀** : 인력수급계획 및 관리, 직무 및 정원의 조정 종합, 노사관리, 상벌관리 등
① **총무팀** : 소모품의 구입과 관리, 사무실 임차 및 관리, 차량 및 통신시설의 운영 등
③ **영업팀** : 판매 계획, 시장조사, 광고, 선전, 계약, 재고 조절 등
④ **기획팀** : 경영계획 및 전략 수립, 전사기획업무 종합 및 조정 등

45. ①

경영자의 역할
㉠ **대인적 역할**
 • 조직을 대표
 • 조직을 리드
 • 조직의 상징
㉡ **정보적 역할**
 • 외부환경 모니터
 • 변화를 전달
 • 정보를 전달
㉢ **의사결정적 역할**
 • 문제 조정
 • 대외 협상

46. ②

조직을 가로로 구분하는 것을 직급이라 하며, 업무를 배정하면 조직을 세로로 구분하게 된다.

47. ③

임직원 행동강령에서는 '그 밖에 지역관할 행동강령책임관이 공정한 직무수행이 어려운 관계에 있다고 정한 자가 직무관련자인 경우'라고 규정하고 있으므로 지역관할 행동강령책임관의 판단으로 결정할 수 있다.

① '지역관할 행동강령책임관이 그 권한의 범위에서 그 임직원의 직무를 일시적으로 재배정할 수 있는 경우에는 그 직무를 재배정하고 본사 행동강령책임관에게 보고하지 아니할 수 있다.'고 규정하고 있다.

② 규정되어 있는 '사적인 접촉'은 어떠한 경우에도 사전에 보고되어야 하며, 보고받는 자가 부재 시에는 사후에 반드시 보고하도록 규정하고 있다.

④ 여행을 가는 경우는 사적인 접촉에 해당되며, 직무관련자가 대학 동창인 것은 부득이한 사유에 해당한다. 따라서 이 경우 사무소장에게 보고를 한 후 여행에 참여할 수 있으며 정보 누설 등의 금지 원칙을 준수하여야 한다.

48. ④

유기적 조직은 비공식적인 상호의사소통이 원활히 이루어지며, 규제나 통제의 정도가 낮아 변화에 따라 쉽게 변할 수 있는 특징을 가진다. 엄격한 위계질서가 존재하는 조직은 기계적 조직에 해당한다.

49. ③

전략변화는 조직의 경영과 관계되며 조직의 목적을 달성하고 효율성을 높이기 위해 조직구조, 경영방식, 각종 시스템 등을 개선하는 것을 말한다.

50. ④

=SUM($B$2:C2) 이렇게 수식을 입력을 하고 아래로 채우기 핸들을 하게 되면 셀 주소가 다음과 같이 변하게 된다.

=SUM($B$2:C2) → D2셀

=SUM($B$2:C3) → D3셀

=SUM($B$2:C4) → D4셀

B2셀은 절대참조로 고정하였으므로 셀 주소가 변하지 않고, 상대참조로 잡은 셀은 열이 C열로 고정되었고 행 주소가 바뀌게 된다.

그러면 각각 셀에 계산된 결과가 다음과 같이 나온다.

D2셀에 나오는 값 결과 : 15 (5+10=15)

D3셀에 나오는 값 결과 : 36 (5+7+10+14=36)

D4셀에 나오는 값 결과 : 63 (5+7+9+10+14+18=63)

51. ④

목표값 찾기는 수식으로 구하려는 결과값은 알지만 해당 결과를 구하는 데 필요한 수식 입력 값을 모르는 경우 사용하는 기능이다. 제시된 대화 상자의 빈칸에는 다음과 같은 내용이 입력된다.

• 수식 셀 : 결과값이 출력되는 셀 주소를 입력 → 반드시 수식이어야 함
• 찾는 값 : 목표값으로 찾고자 하는 값 입력
• 값을 바꿀 셀 : 목표 결과값을 계산하기 위해 변경되는 값이 입력되어 있는 셀 주소 입력

52. ①

윈도우즈의 특징
㉠ 단일 사용자의 다중작업이 가능하다.
㉡ GUI(Graphic User Interface) 환경을 제공한다.
㉢ P&P를 지원하여 주변장치 인식이 용이하다.
㉣ 긴 파일이름을 지원한다.
㉤ OLE(개체 연결 및 포함) 기능을 지원한다.

53. ①

RANK 함수는 지정 범위에서 인수의 순위를 구할 때 사용하는 함수이다. 결정 방법은 수식의 맨 뒤에 0 또는 생략할 경우 내림차순, 0 이외의 값은 오름차순으로 표시하게 되면, 결과값에 해당하는 필드의 범위를 지정할 때에는 셀 번호에 '$'를 앞뒤로 붙인다.

54. ②

① **워드프로세서** : 글이나 그림을 입력하여 편집하고, 작성한 문서를 저장·인쇄할 수 있는 프로그램
③ **프레젠테이션** : 프레젠테이션은 컴퓨터나 기타 멀티미디어를 이용하여 각종 정보를 대상자에게 전달하는 행위이며 프레젠테이션 프로그램은 이를 위해 사용되는 프로그램으로 파워포인트, 프리랜스 그래픽스 등이 있다.
④ **데이터베이스** : 대량의 자료를 관리하고 내용을 구조화하여 검색이나 자료관리 작업을 효과적으로 실행하는 프로그램

55. ①

이름을 기준으로 그룹화 되어 있다.

56. ④

DAVERAGE 함수는 지정된 범위에서 조건에 맞는 자료를 대상으로 지정된 열의 평균을 계산하는 함수이다. =DAVERAGE(A4:E10,"체중",A1:C2)는 A4:E10 영역에서 직급이 대리이고 키가 170초과 180미만인 데이터의 체중 평균을 구하는 함수식으로, 직급이 대리이고 키가 170초과 180미만인 체중은 D5, D6셀이므로 이에 해당하는 72와 64의 평균인 68이 결과값이 된다.

57. ④

영업부장의 말대로 하면 법을 위반하는 행위이므로 이에 대한 대답이 먼저 나와야 한다.

58. ④

복잡하고 까다로운 절차로 인하여 부패가 생겨난다. 행정절차는 단순하고 투명할수록 좋다. 부패는 개인적 일탈의 문제와 더불어 구조적 산물이다. 즉 우리의 공공부문의 부패는 과거의 역사적 누적의 결과이며, 왜곡되어 있는 국가구조의 결과물로서, 부정적인 정치적, 경제적, 사회적 요소들의 결합체라고 할 수 있다. 또한 부패문제에 대한 관대화 경향은 일반 국민들이 부패문제에 대하여 적극적인 관심을 지니지 못하도록 하였을 뿐만 아니라, 부패문제를 특별한 것으로 인식하지 못하도록 하여, 결국 부패의 악순환에서 벗어나지 못하도록 하였다. 따라서 사소한 부패에도 엄중하게 대응하며 정부의 노력 뿐 아니라 개인들의 의식 개선이 필요하다.

59. ④

윤리적 인간은 자신의 이익보다는 공동의 이익을 우선하는 사람을 말한다.

60. ③

③ 직장탈퇴적 인간관계 유형에 해당한다.
직장인의 인간관계 유형으로는 직장중심적 인간관계와 직장탈퇴적 인간관계로 분류할 수 있으며, 직장중심적 인간관계는 직장동료들과의 인간관계를 중시하며 삶의 중요한 영역으로 생각하나 직장탈퇴적 인간관계는 직장에 대한 소속감과 만족도가 낮아 직장 외의 인간관계를 더욱 중시하는 경향을 가지고 있다.

1. ②

법은 정의를 실현하는 데 그 목적을 두고 인간의 외면적 행위에 대하여 강제성과 타율성을 가지고 있다. 또한 위반 시에는 처벌을 하며 권리와 의무를 동시에 규율하는 양면성을 지니고 있다.

2. ①

만 20세 이상의 대한민국 국민은 누구나 배심원 자격을 갖고 있다.

3. ⑤

인정사망은 '추정'의 성격을 띠고 있으므로, 반대 사실을 들어 번복이 가능하다.

4. ③

기간의 계산은 초일 불산입 원칙으로 기산점은 9월 4일이 되므로 3월의 기간은 12월 3일 오후 12시가 되면 만료하게 된다. 시행시점은 이 기간의 만료점이 경과한 시점인 12월 4일 오전 0시가 되는 것이다.

5. ③

부당노동행위에는 불이익대우, 황견계약, 단체교섭 거부, 지배 · 개입 및 경비원조가 있다.

6. ②

ⓒⓔⓗ 친고죄

※ 반의사불벌죄와 친고죄

반의사불벌죄	• 피해자가 가해자의 처벌을 원하지 않는다는 의사를 표할 경우 처벌할 수 없는 범죄 • 피해자의 의사표시 없이 공소 가능
친고죄	• 범죄 피해자 기타 법률이 정한 자의 고소가 있어야 공소를 제기할 수 있는 범죄 • 고소 · 고발이 있어야 공소 제기 가능

7. ④

형법에 명시된 위법성 조각사유 : 정당행위, 정당방위, 긴급피난, 자구행위, 피해자의 승낙

8. ①

㈎는 자유권적 기본권에 대한 설명으로 신체의 자유, 재산권 보장, 종교의 자유, 결사의 자유 등이 있으며, ㈏는 사회권적 기본권에 대한 설명이다. ㈏에 해당하는 사회권에는 인간다운 생활을 할 권리, 교육의 권리, 근로의 권리, 쾌적한 환경에서 생활할 권리 등이 있다.

9. ③

복수인의 공동 목적을 위한 결합체로의 특징은 사단성이라고 한다.

10. ④

사회서비스란 국가 · 지방자치단체 및 민간부문의 도움을 필요로 하는 모든 국민에게 인간다운 생활을 보장하고 다양한 지원을 통해 국민의 삶의 질이 향상되도록 지원하는 제도를 말한다.

11. ①

행정절차법이 규정하고 있는 절차와 원칙 … 신의성실의 원칙, 신뢰보호의 원칙, 처분절차, 신고절차, 행정상 입법예고절차, 행정예고절차, 행정지도절차

12. ④

X 비효율성으로 인해 정부실패가 야기되어 정부의 시장개입 정당성이 약화된다.

13. ③

정책수단의 직접성이 높은 것은 ⓒ 경제적 규제, ⓒ 정부소비, ⓜ 공기업이다.

※ 행정수단의 분류 : 직접성 기준

• 직접성 : 공공활동을 허가하거나 재원을 조달하거나 개시한 주체가 그것을 수행하는데 관여하는 정도

직접성	정책수단	효과성	능률성	형평성	관리 가능성	합법성, 정당성 (정치적지지)
높음	공적보험, 직접대출, 정보제공, 공기업, 경제적 규제, 정부소비(직접시행)	높음	중간	높음	높음	낮음
중간	조세지출, 계약, 사회적 규제, 벌금	낮음/중간	중간	낮음	낮음	높음
낮음	손해책임법(불법행위 책임), 보조금, 대 출보증, 정부출자기업, 바우처	낮음	높음	낮음	낮음	높음

14. ①

아담스(J. Adams)의 공정성(형평성)이론에 대한 내용이다.

브룸(Vroom)의 기대이론은, 동기부여의 강도는 어떤 행위 시 어떤 성과를 초래한다는 주관적 믿음(기대감), 그 성과가 보상을 가져올 것이라는 주관적 확률(수단성), 보상에 부여하는 가치(유인가)에 달려있다는 이론이다.

15. ②

㉠ 시간선택제 전환근무는 1일 최소 3시간 이상, 주당 15~35시간 근무한다. 따라서 제시된 조건에는 적합하다. 그러나 질문 내용이 가장 적합한 '탄력근무 방식'이며 탄력근무제에는 시차출퇴근형, 근무시간선택형, 집약근무형, 재량근무형이 있다. 시간선택제 전환근무나 원격근무제는 탄력근무방식이 아니므로 답이 될 수 없다.

㉡ 주5일 출근해야 하므로 원격근무제 불가. 또한 원격근무제는 탄력근무제에 속하지도 않는다.

㉢ 주5일 출근해야 하고 정형적 업무이므로 출퇴근 의무가 없고 전문적 지식과 기술이 필요한 업무에 적용되는 재량근무제는 불가하다.

㉣ 시차출퇴근제는 1이 8시간, 주 40시간 근무하면서 출퇴근시간조절이 가능하므로 제시된 조건에 적합하다.

㉤ 근무시간선택제는 1일 8시간에 구애받지 않고 1일 4~12시간 근무하되 주5일 근무를 준수해야 하므로 제시된 조건에 적합하다.

16. ④

롬젝(B. Romzek)과 튜브닉(M. Dubnick)의 행정책임 유형

구분		통제의 원천	
		내부적인 통제원천	외부적인 통제원천
통제 정도	높은 통제수준	위계적(관료적 : hierarchial) 책임성	법률적(legal) 책임성
	낮은 통제수준	전문가적(professional) 책임성	정치적(political) 책임성

17. ④

롤스(J. Rawls)는 그의 저서 「정의론」에서 정의의 제1원리가 제2원리에 우선하고 제2원리 중에서는 '기회균등의 원리'가 '차등원리'에 우선한다고 주장한다.

18. ④

④ 기타형에 대한 설명이다.

※ **혼합형 사회적 기업** … 조직의 주된 목적이 취약계층 일자리 제공과 사회서비스 제공으로 혼합된 것이다.

19. ④

기획의 그레샴 법칙(Gresham's Law of Planning) … 기획을 수립할 책임이 있는 기획담당자는 어렵고 많은 노력을 요하는 비정형적 기획을 꺼려하는 경향을 가진다는 것으로, 불확실하고 전례가 없는 상황에서 쇄신적이고 발전지향적인 비정형적 결정이 이루어져야 함에도 불구하고 전례답습적인 정형적 결정·기획이 우선적으로 행해지는 현상을 말한다.

20. ④

근속급의 장점은 지문 이외에 폐쇄적 노동시장 하에서 인력관리 용이, 인사관리의 융통성, 실시용이, 상위직에 적용용이 등이다. 직무급의 장점은 직무에 상응하는 급여 지급, 개인별 임금 차의 불만 해소, 인건비의 효율 증대, 노동시장 적응용이, 능력위주의 인사 풍토 조성, 하위직에 적용용이 등이다.

21. ②

과학적 관리법은 직무분석을 통하여 적정과업량을 설정하고 차별성과급을 통해 생산성을 제고하자는 행정개혁운동이다. 5급 이하 공무원에게 성과에 따라 차별적으로 상여금을 지급하는 성과상여금제는 이러한 과학적 관리법을 반영했다고 볼 수 있다.

22. ②

행정개혁의 극복방안
㉠ **규범적 · 사회적 전략** : 참여의 확대, 의사소통의 촉진, 집단토론과 훈련
㉡ **기술적 · 공리적 전략** : 개혁의 점증적 증진, 적절한 시기의 선택, 개혁안의 명확화와 공공성의 강조, 적절한 인사배치
㉢ **강제적 전략** : 의식적인 긴장조성, 압력의 사용, 상급자의 권한행사

23. ①

시장개발의 경우 새로운 시장에 기존제품으로 진입할 때 사용하는 전략이다. 따라서 신제품 개발에 혁신과 차별화를 두어야 한다.

24. ④

위의 내용은 막스 베버의 관료제 특성 중 일부이다.
※ **막스 베버의 관료제 특성**
　㉠ 안정적이면서 명확한 권한계층
　㉡ 태도 및 대인관계의 비개인성
　㉢ 과업전문화에 기반한 체계적인 노동의 분화
　㉣ 규제 및 표준화된 운용절차의 일관된 시스템
　㉤ 관리 스태프진은 생산수단의 소유자가 아님
　㉥ 문서로 된 규칙, 의사결정, 광범위한 파일
　㉦ 기술적인 능력에 의한 승진을 기반으로 평생의 경력관리

25. ①

① 기업의 소유자인 출자자와 기업을 경영하는 경영자의 분리로서, 자본 소유와 경영 기능의 분리를 의미한다.

26. ④

④ Y이론에서는 훌륭한 의사결정의 능력은 모든 사람들이 가지고 있으며, 이는 경영자들만의 영역이 아니라고 가정한다.

27. ②

② 지도자가 제시한 조직목표를 구성원들이 성취하면 그것에 따른 보상을 주는 목표달성과 보상을 서로 교환하는 현상은 거래적 리더십 이론이다.

28. ③

Herzberg의 2요인 이론 중 동기요인
㉠ 직무자체
㉡ 성취감
㉢ 책임감
㉣ 안정감
㉤ 성장 및 발전
㉥ 도전감

29. ③

MRP의 효율적 적용을 위한 가정
㉠ 전체 자료에 대한 조달 기간의 파악이 가능해야 한다.
㉡ 재고기록서의 자료 및 자재명세서의 자료가 일치해야 한다.
㉢ 제조공정이 독립적이어야 한다.
㉣ 전체 품목들은 저장이 가능해야 하며, 매출 행위가 있어야 한다.
㉤ 전체 조립 구성품들은 조립 착수 시점에 활용이 가능해야 한다.

30. ①

① 종속제품 가격 결정은 주요 제품과 함께 사용하는 종속 제품을 동시에 생산하는 경우 기본제품은 낮은 가격으로, 종속제품은 높은 가격으로 설정하는 방법이다. 노획가격이라고도 한다.

31. ③

제품수명주기는 '도입기 → 성장기 → 성숙기 → 쇠퇴기'이며, 제시된 글은 성숙기의 마케팅 전략에 대한 내용이다.

32. ①

① 공평성은 선물거래의 정책적 기능에 해당된다.

33. ⑤

선물계약은 거래조건 및 계약조건 등이 표준화되어 있으며, 정해진 장소에서 거래된다는 특징이 있는 반면에, 선도계약은 거래 장소에는 구애를 받지 않고 더불어 대상 제품이 표준화되어 있지도 않다는 특성이 있다.

34. ④

가격이 10% 상승할 때 수요량이 12% 감소하는 재화는 수요의 가격탄력성이 탄력적인 재화에 해당된다. 수요의 가격탄력성이 탄력적인 재화에 대해 최저가격제가 적용되면 가격이 상승하므로 매출량은 감소한다. 탄력적인 재화의 기업 수입은 가격 상승 시 하락하고, 가격 하락 시 증가한다. 따라서 가격이 상승하는 위의 문제에서 기업 수입인 매출액은 감소하게 된다.

35. ②

독점시장의 균형점에서는 $P > MR$과 $MR = MC$가 성립되므로 $P > MR = MC$가 된다.

36. ②

자본의 한계효율(Marginal Efficiency of Capital)은 자본재 가격과 그 자본재를 구입하였을 때 얻을 수 있는 수입의 현재가치가 같아지는 할인율을 말한다. 예를 들어, 기계구입가격이 100만 원이고, 그 기계를 구입하였을 때 미래에 얻을 수 있는 수입의 현재가치가 100만 원이 되도록 만들어주는 할인율이 7%라면 자본의 한계효율은 7%가 된다.

37. ⑤

공개시장조작이란 중앙은행이 공개시장에 참여해 국공채나 통화안정증권 등의 매매를 통해 시중의 통화량이나 금리 수준에 영향을 미치는 통화정책 수단을 말한다. 중앙은행이 국채를 매입하면 본원통화가 증가하고 신용창조 과정을 통해 통화량이 증가하게 된다.

38. ③

㉠ 환율이 변하면 국제결제상에서 환차손이 발생할 우려가 있으므로 불확실성이 확대될 수 있다. 따라서 변동환율 제도의 단점에 속한다.

39. ③

정부가 수입규제를 실시하게 되면 순수출이 증가하게 되며, IS곡선이 우측 이동하여 이자율이 상승하게 된다.
㉠ 변동활율제도는 이자율의 상승으로 환율하락을 야기하고 그 결과 수출이 감소하게 된다. 따라서 순수출의 증가 효과는 상쇄한다.
㉡ 고정환율제도에서는 이자율의 상승으로 환율이 하락하려는 압력으로 작동하게 되므로, 중앙은행은 통화량을 증가시켜 환율하락을 막게 된다. 이때 중앙은행의 통화량 증가는 LM곡선을 다시 이동시킨다.

40. ②

② ㉠ 상승이며 ㉡은 하락이 들어가야 한다.
※ 균형가격
  시장에서 공급량과 수요량이 일치하는 상태에서 가격은 더 이상 움직이지 않게 되는데 그 때의 가격 수준을 말한다. 균형가격은 수요량과 공급량이 일치하는 수준에서 균형 가격이 결정된다.

구분	내용
가격 상승 시	수요량 감소, 공급량 증가 → 초과공급 발생 → 가격하락
가격 하락 시	수요량 증가, 공급량 감소 → 초과수요 발생 → 가격상승

41. ③

㉡ 항상소득이론에 의하면 단기소비함수는 소비축을 통과하고, 장기소비함수는 원점을 통과하는 직선이다. 그러므로 단기에는 APC>MPC이고, 장기에는 APC=MPC가 성립한다.

42. ③

③ 물가지수란 물가의 동향을 파악하기 위해 일정시점의 연평균 물가를 100으로 잡고 백분율을 이용해 가격변화 추이를 수치로 나타낸 것을 말한다. 물가의 변동은 그 나라의 투자와 생산, 소비 등을 모두 반영하는 것으로 경제정책 수립에 반드시 필요한 지표이다. 우리나라에서 사용하는 물가지수는 소비자물가지수(CPI)와 생산자물가지수(PPI), GNP 디플레이터, 수출입물가지수 등이 있다.

생활물가지수는 소비자들의 체감물가를 설명하기 위해 구입 빈도가 높고 지출비중이 높아 가격변동을 민감하게 느끼는 품목으로 작성한 지수를 말한다.

※ 물가지수(Price Index)

구분	내용
생산자물가지수	국내에서 생산하여 국내시장에 출하되는 모든 재화와 서비스요금(부가가치세를 제외한 공장도 가격)의 변동을 측정하기 위하여 작성하는 지수를 말한다. 매월 국내시장에 출하되는 재화와 서비스 요금의 공장도가격의 변동을 측정하여 생산자의 부담 등 측정에 활용된다.
소비자물가지수	도시가계가 일상생활을 영위하기 위해 구입하는 상품가격과 서비스 요금의 변동을 종합적으로 측정하기 위해 작성하는 지수를 가리킨다. 매월 상품가격과 서비스 요금의 변동률을 측정하여 물가 상승에 따른 소비자부담, 구매력 등 측정에 활용한다.
생활물가지수	소비자들의 체감물가를 설명하기 위해 구입 빈도가 높고 지출비중이 높아 가격변동을 민감하게 느끼는 품목으로 작성한 지수를 말한다.
근원물가지수	전체 소비자물가 중에서 계절적으로 영향을 받는 농산물과 외부적 요인에 크게 영향을 받는 석유류 등을 제거하고 별도로 집계한 지수를 말하며 물가변동의 장기적인 추세를 파악하기 위한 것으로 근원 인플레이션 지수라 할 수 있다.
수출입 물가지수	수출 및 수입상품의 가격변동을 측정하는 통계지표로 개별품목의 수출입액이 모집단거래액의 1/2,000 이상의 거래비중을 가지는 품목으로서 동종 산업 내 상품군의 가격 변동을 대표하면서 가급적 품질규격 등이 균일하게 유지되고 가격시계열 유지가 가능한 품목을 선정한다. 주로 수출입상품의 가격변동이 국내물가에 미치는 영향과 수출입상품의 원가변동을 측정하는 데 이용한다.

43. ①

① 한 요소의 부존량이 증가할 때 그 요소를 집약적으로 사용하는 생산물의 생산량은 증가하고 다른 요소를 집약적으로 사용하는 생산물의 생산량은 감소한다는 것이 립진스키 정리이다.

44. ③

대체재(경쟁재) … 재화 중에서 동종의 효용을 얻을 수 있는 두 재화를 말한다. 대체관계에 있는 두 재화는 하나의 수요가 증가하면 다른 하나는 감소하고, 소득이 증대되면 상급재의 수요가 증가하고 하급재의 수요는 감소한다. 예를 들어 버터(상급재)와 마가린(하급재), 쌀(상급재)과 보리(하급재), 쇠고기(상급재)와 돼지고기(하급재) 등이다.
② 재화 중에서 동일 효용을 증대시키기 위해 함께 사용해야 하는 두 재화를 말한다.
④ 소득이 증가할수록 그 수요가 줄어드는 재화를 의미한다.

45. ③

고용보험법 제1조 … 이 법은 고용보험의 시행을 통하여 실업의 예방, 고용의 촉진 및 근로자 등의 직업능력의 개발과 향상을 꾀하고, 국가의 직업지도와 직업소개 기능을 강화하며, 근로자 등이 실업한 경우에 생활에 필요한 급여를 실시하여 근로자 등의 생활안정과 구직 활동을 촉진함으로써 경제 · 사회 발전에 이바지하는 것을 목적으로 한다.

46. ⑤

국민연금법 제91조 제1항(연금보험료 납부의 예외) … 납부 의무자는 사업장가입자 또는 지역가입자가 다음 각 호의 어느 하나에 해당하는 사유로 연금보험료를 낼 수 없으면 대통령령으로 정하는 바에 따라 그 사유가 계속되는 기간에는 연금보험료를 내지 아니할 수 있다.
㉠ 사업 중단, 실직 또는 휴직 중인 경우
㉡ 「병역법」에 따른 병역의무를 수행하는 경우
㉢ 「초 · 중등교육법」이나 「고등교육법」에 따른 학교에 재학 중인 경우
㉣ 「형의 집행 및 수용자의 처우에 관한 법률」에 따라 교정시설에 수용 중인 경우
㉤ 종전의 「사회보호법」에 따른 보호감호시설이나 「치료감호법」에 따른 치료감호시설에 수용 중인 경우
㉥ 1년 미만 행방불명된 경우. 이 경우 행방불명의 인정 기준 및 방법은 대통령령으로 정한다.
㉦ 재해 · 사고 등으로 소득이 감소되거나 그 밖에 소득이 있는 업무에 종사하지 아니하는 경우로서 대통령령으로 정하는 경우

47. ④

④ 사보험의 특징이다. 사회보험은 필요에 따른 균등한 급여를 받는다.

48. ②

국민연금법 제52조(부양가족연금액) 제1항 ··· 부양가족연금액은 수급권자(유족연금의 경우에는 사망한 가입자 또는 가입자였던 자를 말한다)를 기준으로 하는 다음 각 호의 자로서 수급권자에 의하여 생계를 유지하고 있는 자에 대하여 해당 호에 규정된 각각의 금액으로 한다. 이 경우 생계유지에 관한 대상자별 인정기준은 대통령령으로 정한다.
㉠ 배우자 : 연 15만원
㉡ 19세 미만이거나 장애상태에 있는 자녀(배우자가 혼인 전에 얻은 자녀를 포함한다. 이하 이 조에서 같다) : 연 10만원
㉢ 60세 이상이거나 장애상태에 있는 부모(부 또는 모의 배우자, 배우자의 부모를 포함한다. 이하 이 조에서 같다) : 연 10만원
[시행일 : 2023. 9. 14.]

49. ③

사회보험의 특성 : 사회성, 보험성, 강제성, 부양성

50. ⑤

⑤ 가족요양비는 특별현금급여에 해당된다.
※ **재가급여의 종류** ··· 방문요양, 방문목욕, 방문간호, 주·야간보호, 단기보호, 기타 재가급여

국민연금공단 실력평가 모의고사

성명

(자 필)

생년월일

| 년 | 월 | 일 |

직업기초능력평가

문번	답란	문번	답란
1	① ② ③ ④	31	① ② ③ ④
2	① ② ③ ④	32	① ② ③ ④
3	① ② ③ ④	33	① ② ③ ④
4	① ② ③ ④	34	① ② ③ ④
5	① ② ③ ④	35	① ② ③ ④
6	① ② ③ ④	36	① ② ③ ④
7	① ② ③ ④	37	① ② ③ ④
8	① ② ③ ④	38	① ② ③ ④
9	① ② ③ ④	39	① ② ③ ④
10	① ② ③ ④	40	① ② ③ ④
11	① ② ③ ④	41	① ② ③ ④
12	① ② ③ ④	42	① ② ③ ④
13	① ② ③ ④	43	① ② ③ ④
14	① ② ③ ④	44	① ② ③ ④
15	① ② ③ ④	45	① ② ③ ④
16	① ② ③ ④	46	① ② ③ ④
17	① ② ③ ④	47	① ② ③ ④
18	① ② ③ ④	48	① ② ③ ④
19	① ② ③ ④	49	① ② ③ ④
20	① ② ③ ④	50	① ② ③ ④
21	① ② ③ ④	51	① ② ③ ④
22	① ② ③ ④	52	① ② ③ ④
23	① ② ③ ④	53	① ② ③ ④
24	① ② ③ ④	54	① ② ③ ④
25	① ② ③ ④	55	① ② ③ ④
26	① ② ③ ④	56	① ② ③ ④
27	① ② ③ ④	57	① ② ③ ④
28	① ② ③ ④	58	① ② ③ ④
29	① ② ③ ④	59	① ② ③ ④
30	① ② ③ ④	60	① ② ③ ④

종합직무지식평가

문번	답란	문번	답란
1	① ② ③ ④ ⑤	31	① ② ③ ④ ⑤
2	① ② ③ ④ ⑤	32	① ② ③ ④ ⑤
3	① ② ③ ④ ⑤	33	① ② ③ ④ ⑤
4	① ② ③ ④ ⑤	34	① ② ③ ④ ⑤
5	① ② ③ ④ ⑤	35	① ② ③ ④ ⑤
6	① ② ③ ④ ⑤	36	① ② ③ ④ ⑤
7	① ② ③ ④ ⑤	37	① ② ③ ④ ⑤
8	① ② ③ ④ ⑤	38	① ② ③ ④ ⑤
9	① ② ③ ④ ⑤	39	① ② ③ ④ ⑤
10	① ② ③ ④ ⑤	40	① ② ③ ④ ⑤
11	① ② ③ ④ ⑤	41	① ② ③ ④ ⑤
12	① ② ③ ④ ⑤	42	① ② ③ ④ ⑤
13	① ② ③ ④ ⑤	43	① ② ③ ④ ⑤
14	① ② ③ ④ ⑤	44	① ② ③ ④ ⑤
15	① ② ③ ④ ⑤	45	① ② ③ ④ ⑤
16	① ② ③ ④ ⑤	46	① ② ③ ④ ⑤
17	① ② ③ ④ ⑤	47	① ② ③ ④ ⑤
18	① ② ③ ④ ⑤	48	① ② ③ ④ ⑤
19	① ② ③ ④ ⑤	49	① ② ③ ④ ⑤
20	① ② ③ ④ ⑤	50	① ② ③ ④ ⑤
21	① ② ③ ④ ⑤		
22	① ② ③ ④ ⑤		
23	① ② ③ ④ ⑤		
24	① ② ③ ④ ⑤		
25	① ② ③ ④ ⑤		
26	① ② ③ ④ ⑤		
27	① ② ③ ④ ⑤		
28	① ② ③ ④ ⑤		
29	① ② ③ ④ ⑤		
30	① ② ③ ④ ⑤		

생년월일 기입란

⓪ ① ② ③ ④ ⑤ ⑥ ⑦ ⑧ ⑨

국민연금공단 실전평가 모의고사

성명

(저 필 성 명)

생 년 월 일

⓪	⓪	⓪	⓪	⓪	⓪	⓪	⓪
①	①	①	①	①	①	①	①
②	②	②	②	②	②	②	②
③	③	③	③	③	③	③	③
④	④	④	④	④	④	④	④
⑤	⑤	⑤	⑤	⑤	⑤	⑤	⑤
⑥	⑥	⑥	⑥	⑥	⑥	⑥	⑥
⑦	⑦	⑦	⑦	⑦	⑦	⑦	⑦
⑧	⑧	⑧	⑧	⑧	⑧	⑧	⑧
⑨	⑨	⑨	⑨	⑨	⑨	⑨	⑨

직업기초능력평가

번호	①	②	③	④		번호	①	②	③	④
1	①	②	③	④		31	①	②	③	④
2	①	②	③	④		32	①	②	③	④
3	①	②	③	④		33	①	②	③	④
4	①	②	③	④		34	①	②	③	④
5	①	②	③	④		35	①	②	③	④
6	①	②	③	④		36	①	②	③	④
7	①	②	③	④		37	①	②	③	④
8	①	②	③	④		38	①	②	③	④
9	①	②	③	④		39	①	②	③	④
10	①	②	③	④		40	①	②	③	④
11	①	②	③	④		41	①	②	③	④
12	①	②	③	④		42	①	②	③	④
13	①	②	③	④		43	①	②	③	④
14	①	②	③	④		44	①	②	③	④
15	①	②	③	④		45	①	②	③	④
16	①	②	③	④		46	①	②	③	④
17	①	②	③	④		47	①	②	③	④
18	①	②	③	④		48	①	②	③	④
19	①	②	③	④		49	①	②	③	④
20	①	②	③	④		50	①	②	③	④
21	①	②	③	④		51	①	②	③	④
22	①	②	③	④		52	①	②	③	④
23	①	②	③	④		53	①	②	③	④
24	①	②	③	④		54	①	②	③	④
25	①	②	③	④		55	①	②	③	④
26	①	②	③	④		56	①	②	③	④
27	①	②	③	④		57	①	②	③	④
28	①	②	③	④		58	①	②	③	④
29	①	②	③	④		59	①	②	③	④
30	①	②	③	④		60	①	②	③	④

종합직무지식평가

번호	①	②	③	④	⑤		번호	①	②	③	④	⑤
1	①	②	③	④	⑤		31	①	②	③	④	⑤
2	①	②	③	④	⑤		32	①	②	③	④	⑤
3	①	②	③	④	⑤		33	①	②	③	④	⑤
4	①	②	③	④	⑤		34	①	②	③	④	⑤
5	①	②	③	④	⑤		35	①	②	③	④	⑤
6	①	②	③	④	⑤		36	①	②	③	④	⑤
7	①	②	③	④	⑤		37	①	②	③	④	⑤
8	①	②	③	④	⑤		38	①	②	③	④	⑤
9	①	②	③	④	⑤		39	①	②	③	④	⑤
10	①	②	③	④	⑤		40	①	②	③	④	⑤
11	①	②	③	④	⑤		41	①	②	③	④	⑤
12	①	②	③	④	⑤		42	①	②	③	④	⑤
13	①	②	③	④	⑤		43	①	②	③	④	⑤
14	①	②	③	④	⑤		44	①	②	③	④	⑤
15	①	②	③	④	⑤		45	①	②	③	④	⑤
16	①	②	③	④	⑤		46	①	②	③	④	⑤
17	①	②	③	④	⑤		47	①	②	③	④	⑤
18	①	②	③	④	⑤		48	①	②	③	④	⑤
19	①	②	③	④	⑤		49	①	②	③	④	⑤
20	①	②	③	④	⑤		50	①	②	③	④	⑤
21	①	②	③	④	⑤							
22	①	②	③	④	⑤							
23	①	②	③	④	⑤							
24	①	②	③	④	⑤							
25	①	②	③	④	⑤							
26	①	②	③	④	⑤							
27	①	②	③	④	⑤							
28	①	②	③	④	⑤							
29	①	②	③	④	⑤							
30	①	②	③	④	⑤							

점 취 선

국민연금공단
실전평가 모의고사

절 취 선

성명

성	명
(정)	(명)

직업기초능력평가

	①	②	③	④			①	②	③	④
1	①	②	③	④		31	①	②	③	④
2	①	②	③	④		32	①	②	③	④
3	①	②	③	④		33	①	②	③	④
4	①	②	③	④		34	①	②	③	④
5	①	②	③	④		35	①	②	③	④
6	①	②	③	④		36	①	②	③	④
7	①	②	③	④		37	①	②	③	④
8	①	②	③	④		38	①	②	③	④
9	①	②	③	④		39	①	②	③	④
10	①	②	③	④		40	①	②	③	④
11	①	②	③	④		41	①	②	③	④
12	①	②	③	④		42	①	②	③	④
13	①	②	③	④		43	①	②	③	④
14	①	②	③	④		44	①	②	③	④
15	①	②	③	④		45	①	②	③	④
16	①	②	③	④		46	①	②	③	④
17	①	②	③	④		47	①	②	③	④
18	①	②	③	④		48	①	②	③	④
19	①	②	③	④		49	①	②	③	④
20	①	②	③	④		50	①	②	③	④
21	①	②	③	④		51	①	②	③	④
22	①	②	③	④		52	①	②	③	④
23	①	②	③	④		53	①	②	③	④
24	①	②	③	④		54	①	②	③	④
25	①	②	③	④		55	①	②	③	④
26	①	②	③	④		56	①	②	③	④
27	①	②	③	④		57	①	②	③	④
28	①	②	③	④		58	①	②	③	④
29	①	②	③	④		59	①	②	③	④
30	①	②	③	④		60	①	②	③	④

종합직무지식평가

1	①	②	③	④	⑤		31	①	②	③	④	⑤
2	①	②	③	④	⑤		32	①	②	③	④	⑤
3	①	②	③	④	⑤		33	①	②	③	④	⑤
4	①	②	③	④	⑤		34	①	②	③	④	⑤
5	①	②	③	④	⑤		35	①	②	③	④	⑤
6	①	②	③	④	⑤		36	①	②	③	④	⑤
7	①	②	③	④	⑤		37	①	②	③	④	⑤
8	①	②	③	④	⑤		38	①	②	③	④	⑤
9	①	②	③	④	⑤		39	①	②	③	④	⑤
10	①	②	③	④	⑤		40	①	②	③	④	⑤
11	①	②	③	④	⑤		41	①	②	③	④	⑤
12	①	②	③	④	⑤		42	①	②	③	④	⑤
13	①	②	③	④	⑤		43	①	②	③	④	⑤
14	①	②	③	④	⑤		44	①	②	③	④	⑤
15	①	②	③	④	⑤		45	①	②	③	④	⑤
16	①	②	③	④	⑤		46	①	②	③	④	⑤
17	①	②	③	④	⑤		47	①	②	③	④	⑤
18	①	②	③	④	⑤		48	①	②	③	④	⑤
19	①	②	③	④	⑤		49	①	②	③	④	⑤
20	①	②	③	④	⑤		50	①	②	③	④	⑤
21	①	②	③	④	⑤							
22	①	②	③	④	⑤							
23	①	②	③	④	⑤							
24	①	②	③	④	⑤							
25	①	②	③	④	⑤							
26	①	②	③	④	⑤							
27	①	②	③	④	⑤							
28	①	②	③	④	⑤							
29	①	②	③	④	⑤							
30	①	②	③	④	⑤							

생년월일

			년	월	일
⓪	⓪	⓪	⓪	⓪	⓪	⓪	⓪
①	①	①	①	①	①	①	①
②	②	②	②	②	②	②	②
③	③	③	③	③	③	③	③
④	④	④	④	④	④	④	④
⑤	⑤	⑤	⑤	⑤	⑤	⑤	⑤
⑥	⑥	⑥	⑥	⑥	⑥	⑥	⑥
⑦	⑦	⑦	⑦	⑦	⑦	⑦	⑦
⑧	⑧	⑧	⑧	⑧	⑧	⑧	⑧
⑨	⑨	⑨	⑨	⑨	⑨	⑨	⑨

가볍게! 빠르게! 확인하는 용어사전 시리즈

시사용어사전 | 경제용어사전 | 부동산용어사전

시사용어사전 1228

매일 접하는 각종 기사와 정보! 공기업/언론사/기업체/공무원 채용을 준비하는 수험생과

현대인이 꼭 알아야 할 최신 시사상식을 쏙쏙 뽑아 이해하기 쉽도록 영역별로 정리

경제용어사전 1050

주요 경제용어는 거의 다 실었다! 금융권/공기업/언론사/기업체/공무원 채용을 준비하기 전에,

경제 공부를 시작하기 전에 읽어보면 경제가 쉬워지도록 사전식으로 구성

부동산용어사전 1310

부동산에 대한 이해를 높이고 부동산의 개발과 활용, 투자 및 부동산 용어 학습에도

적극적으로 이용할 수 있는 교재, 공인중개사 출제용어도 수록

자격증

한번에 따기 위한 서원각 교재

한 권에 준비하기 시리즈 / 기출문제 정복하기 시리즈를 통해 자격증 준비하자!